역사가
기억하는
1,2차 세계대전

1914년부터 1945년까지

궈팡 편저 송은진 옮김

　문명이 발생한 이후로 전쟁은 언제나 존재했다. 5,000년에 걸친 인류의 역사에서 수없이 일어난 전쟁은 저마다 독특한 한 페이지를 차지한다. 규모가 큰 전쟁은 한 시대를 끝내고 또 다른 새로운 시대를 열기도 했다. 이와 같은 이유로 전쟁은 인류의 문명을 표현하는 방식 중 하나라고 말할 수도 있겠다. 고대의 전쟁에서 근대의 기술 전쟁에 이르기까지 이익 집단의 갈등에서 비롯되지 않은 전쟁이 있을까? 거대한 불꽃이 피어오르거나 피가 흐르지 않은 전쟁이 있을까? 또 그 많은 전쟁 가운데 과연 평화를 바라지 않은 적이 있을까? 1914년 6월 28일, 사라예보에서 울린 총성으로 시작된 제1차 세계대전은 유럽 대륙의 전통적인 봉건제의 멸망을 이끌었다.

　19세기 말, 프로이센과 프랑스의 전쟁이 끝났다. 그러나 그 흔적이 채 사라지기도 전에 20세기 초 유럽 대륙에는 다시 한 번 전쟁의 불길이 치솟았다. 마른 강과 솜 강의 강물은 수많은 장군과 병사의 피로 붉게 물들었고, 유럽 땅 곳곳에 그들의 피가 스며들었다. 이후 아시아, 아메리카의 나라들까지 이 전쟁에 참여하여 유럽에서 시작된 이 전쟁은 결국 전 세계의 전쟁이 되었다. 30여 개 국가의 15억 명이 제1차 세계대전의 소용돌이에 휘말렸다. 사람들은 이 전쟁이 끝난 후에도 몸서리치며 다시 전쟁이 일어날까 봐 두려워했다. 그러나 승리자들의 복수심과 야심으로 말미암아 '베르사유 조약'이 탄생했고 이것은 제2차 세계대전의 불씨가 되었다.

전쟁이 끝나고 겨우 스무 해가 지났을 때, 독일의 전쟁광 히틀러는 이탈리아, 일본 등과 손잡고 제2차 세계대전을 일으켰다. 이 전쟁은 전략과 전술, 무기, 그리고 전쟁과 관련한 다른 모든 방면에서 혁신적인 변화를 보였다. 진지전에서 전격전으로, 모제르총에서 중기관총으로, 포탄에서 원자폭탄으로, 탱크에서 비행기와 항공모함으로 …. 무기의 발전은 더 많은 살상을 의미했고, 이제 전쟁은 전쟁터의 병사뿐만 아니라 모든 국민이 온 힘을 모아 치러야 하는 것이 되었다. 새로운 전쟁에서는 경제력과 군사력이 모두 강력한 나라만이 최후의 승자가 될 수 있었다.

　　파시스트와 군국주의자들은 전 세계인의 분노와 원한을 불러일으켰고, 전쟁이 오래 이어진 끝에 승리의 여신은 결국 정의의 편에 섰다. 노르망디 상륙 작전, 아르덴 공세, 미드웨이 해전, 원자폭탄 투하를 겪고 나서야 비로소 파시스트, 나치, 그리고 군국주의가 지구에서 깨끗이 사라질 수 있었다. 불의를 저지른 사람들은 심판을 받았고, 살아남은 사람들은 쉽게 얻을 수 없는 평화의 소중함을 깨닫게 되었다.

차례

제 **1** 장
제1차 세계대전

제 **2** 장

제2차 세계대전

제 1 장

제1차 세계대전

유럽의 분열

제1차 세계대전은 제국주의 국가들이 세계를 자국 중심으로 재구성하려 하고 식민지를 쟁탈하는 과정에서 일어났다. 이 전쟁은 또한 자본주의 경제 체제가 빚어낸 국가 간 불평등의 결과였다. 하지만 더 거슬러 올라가 그 원인을 찾아보면, 19세기에 일어난 유럽 열강의 분쟁에서 이 전쟁이 비롯되었다는 것을 알 수 있다.

철혈재상 비스마르크

제1차 세계대전은 1914년 8월에 시작해서 1918년 11월에 끝났다. 이는 전 세계에 영향을 미친 첫 번째 전쟁으로, 30여 개국의 15억 명에 달하는 사람이 전쟁의 소용돌이에 휘말렸다. 전쟁이 끝난 후 집계된 사망자는 3,000여만 명에 달했고, 이로 말미암아 발생한 경제적 손실은 추산하기 어려울 정도로 막대했다. 전쟁에 참여한 나라들은 크게 영국, 프랑스, 이탈리아, 러시아와 세르비아로 구성된 연합국과 독일, 오스트리아-헝가리제국을 주축으로 하는 동맹국 진영으로 나뉘어 싸웠다.

제1차 세계대전의 원인을 알아보려면 '철혈재상'으로 불린 비스마르크가 프로이센 총리로 임명되던 때로 거슬러 올라가야 한다. 비스마르크는 1815년 4월 1일에 프로이센의 쇤하우젠이라는 작은 마을에서 태어났다. 그는 베를린 대학 법학과를 졸업한 후 법원의 서기가 되었지만, 성격에 맞지 않아 열심히 일하지 않았다고 한다. 그런 한편 정치에 관심이 많아서 이후 프로이센 연방의회의 의원이 되었고, 또 러시아와 프랑스 대사로 일하기도 했다. 1862년 9월 22일, 프로이센 국왕 빌헬름 1세는 군사력을 강화하고 의회와의 충돌을 해결하기 위해 비스마르크를 총리로 임명했다. 비스마르크는 총리로 임명된 후 첫 번째 의회 연설에서 격앙된 목소리로 의원들에게 말했다. "온 힘을 모아 프로이센에 온 기회를 놓치지 말아야 합니다. 안타깝게도 우리는 이미 그 기회를 여러 번 놓쳤습니다. 이제 우리에게 직면한 문제들은 언론이나 다수결에 의해서가 아니라 오로지 철과 피로 해결해야 합니다." 그가 말한 철과 피는 곧 무기와 군사를 의미했다. 이후 비스마르크는 과감하고 독단적으로 프로이센

BEATTY
1871-1936

을 개혁했다. 그는 가장 먼저 군대를 개편해 새로운 병역 제도를 시행하고, 군사력을 강화하는 데 심혈을 기울였다. 그 결과 프로이센 군대는 1864년과 1866년에 차례로 덴마크와 오스트리아-헝가리제국을 무찔렀고, 이 두 번의 승리를 바탕으로 독일 통일의 기초를 쌓았다. 프로이센의 빠른 발전을 목격한 주변국들은 몹시 불안했다. 그러던 중 당시 프랑스 황제 나폴레옹 3세가 프로이센을 먼저 공격하기로 했다.

독일의 부상

1870년 8월 2일, 프랑스 군대는 자르브뤼켄에서 프로이센을 공격했다. 나폴레옹 3세는 이 공격이 '베를린까지 가는 산책'에 불과하다며 매우 쉽게 생각했다. 이때, 그는 자신이 이끄는 군대의 전투력은 과대평가하고 반대로 프로이센 군대는 과소평가하는 잘못을 저질렀다. 그러나 사실 비스마르크는 오히려 오랫동안 이때를 기다려왔고 프로이센 군대는 프랑스의 공격에 대비해 충분히 준비를 마친상태였다. 즉, 프랑스 군대는 자신이 파놓은 함정에 빠진 것이나 다름없었다. 전투가 시작된 지 3일째 되던 날, 프로이센 군대는 총공격을 감행했다. 이에 깜짝 놀란 프랑스 군대는 급히 자신들의 진영으로 후퇴했고, 비스마르크는 이 기회를 놓치지 않았다. 그는 프로이센군에 공격의 기세를 늦추지 말고 프랑스 군대를 끝까지 쫓으라고 명령했다. 8월 중순이 되자 프랑스 군대는 프로이센 군대에 포위되어 스당과 메스의 두 진영으로 나뉘었다. 나폴레옹 3세는 그중 스당에서 포위되어 이러지도 저러지도 못하는 상황이 되었다. 9월 2일, 나폴레옹 3세는 결국 8만 3,000명에 달하는 프랑스 군대를 이끌고 프로이센에 항복했다. 이 소식이 전해지자 프랑스에서는 일대 혼란이 일어났다. 황제가 다스리는 제정을 반대하던 세력은 이 기회를 틈타 제2 제정을 무너뜨리고 제3공화정을 세웠다. 하지만 공화정은 프로이센의 맹렬한 공격을 당해내지 못하고 결국 프로이센 국왕 빌헬름 1세에게 협상을 제안했다. 그리고 프로이센이 제안한 굴욕적인 조건을 모두 받아들여 알자스

▼ 비스마르크는 19세기 유럽 정치를 이야기할 때 빼놓을 수 없는 인물이다. 그는 항상 군사력의 중요함을 역설했고 러시아, 프랑스, 오스트리아-헝가리제국과 연합하거나 분열했다. 또한 총리로 재임하면서 독일 통일을 실현해 유럽 역사의 방향을 바꾸었다.

▲ 독일 황제의 즉위식

1871년 1월 18일 오전, 빌헬름 1세는 프랑스의 베르사유 궁전에 있는 거울의 방에서 독일제국 황제로 즉위했다. 비스마르크(가운데에서 투구를 든 사람)는 독일제국의 총리가 되었다.

와 로렌 지역을 모두 프로이센에 넘기고 배상금으로 50억 프랑을 지급했다.

프로이센 건국 170주년 기념일이던 1871년 1월 18일, 빌헬름 1세는 프랑스 파리에 있는 베르사유 궁전에서 즉위식을 거행했다. 이를 통해 그는 자신이 황제로서 통치하는 독일제국이 건국되었음을 전 세계에 선포했다. 이날 독일인들은 기쁨의 환호성을 질렀지만, 프랑스인들은 울분을 참으며 복수를 다짐했다. 이 다짐은 훗날 40여 년이 흐른 후에야 실현되었다.

비스마르크는 프랑스가 분명히 다시 독일을 공격하리라고 생각했다. 그래서 프랑스에 대해 경계의 눈길을 거두지 않으면서 동시에 주변국들과 동맹을 맺어 프랑스를 고립시키는 정책을 생각해냈다. 비스마르크는 우선 독일, 오스트리아-헝가리제국, 러시아 3개 제국이 손을 잡는 '3제 동맹'을 결성했다. 그러나 얼마 후 오스트리아-헝가리제국과 러시아가 발칸 지역에서 충돌하면서 이 동맹은 깨지고 말았다.

그 후 별다른 움직임 없이 시간만 계속 흘렀다. 그러자 더는 기다릴 수 없다고 생각한 비스마르크는 오스트리아-헝가리제국과 먼저 다시 동맹을 맺었다. 러시아는 이 소식을 듣고 매우 화가 났지만 정중한 말투로 독일에 해명을 요구했다. 비스마르크는 이런 상황을 예상하고 있었기 때문에 즉시 러시아로 외교 사절을 파견했다. 독일의 외교 사절은 러시아 정부에 오스트리아-헝가리제국과 먼저 동맹을 맺은 이유를 설명하고, 러시아도 동맹에 다시 참여할 것을 제안했다. 그의 노력 덕분에 독일과 러시아는 회담을 거쳐 1887년에 다시 동맹을 맺는 조약에 서명했다. 한편, 독일은 1881년에 이미 이탈리아와 동맹을 맺은 상태였다. 당시 북아프리카 튀니지에서 프랑스와 충돌한 이탈리아는 독일과 동맹을 맺어 프랑스를 견제하려고 한 것이었다. 이로써 독일은 비스마르크의 지휘 아래 유럽의 주요 국가들과 모두 동맹을 맺은 셈이 되었다. 그중 오스트리아-헝가리제국은 독일의 가장 믿음직한 동맹국이었다.

군비 경쟁

1888년에 빌헬름 2세가 독일 황제로 즉위했다. 그는 여러 방면에서 비스마르크와 자주 의견 충돌을 일으켰고, 자연히 두 사람의 관계는 나빠졌다. 결국에는 국가의 중요한 정책을 빌헬름 2세가 직접 결정하게 되면서 그동안 독일을 위해 최선을 다해서 일한 비스마르크는 사직하고 정계에서 물러났다.

빌헬름 2세는 비스마르크와 달리 동맹국을 늘리는 것보다 식민지를 쟁탈하는 데 관심이 있었다. 이 과정에서 그는 많은 나라와 충돌했고, 독일과 러시아의 동맹도 더 이상 유지되지 못했다. 이 일은 이후 독일이 제1차 세계대전에서 패하는 데 큰 영향을 미쳤다. 독일과 러시아의 관계가 멀어지자 프랑스가 러시아에 접근했다. 프랑스는 러시아가 산업화를 일구는 데 필요한 재정적 지원을 약속했고, 1892년에 두 나라는 정식으로 '러시아-프랑스 동맹'을 맺었다. 이어서 1904년에 프랑스는 영국과도 '영국-프랑스 협상'을 맺었다. 이는 군사적 동맹은 아니었지만, 두 나라는 협상을 통해 서로 우호 관계라는 것을 확인했다. 이후 1907년에 프랑스의 중재로 영국과 러시아 간의 식민지 분쟁에서 서로의 세력 범위를 확정한 '영국-러시아 협상'도 성사되었다. 같은 해에 프랑스, 영국, 러시아 세 나라는 함께

▲ 빌헬름 2세

1888년부터 1918년까지 재위했고, 내내 제국주의 정책을 펼치며 적극적으로 영토 확장을 시도했다. 또 그는 전 세계에서 해가 비추는 곳은 오직 독일뿐이라면서 모든 나라가 독일에 기대야만 살아남을 수 있다고 말했다. 1914년에 일어난 사라예보 사건을 이용해 제1차 세계대전을 일으켰다.

독일의 위협에 대항하고 영토 확장을 저지하는 데 협력하기로 결의했다. 이를 '3국 협상' 체제라고 부른다. 이로써 유럽은 프랑스, 영국, 러시아를 주축으로 하는 연합국과 독일, 오스트리아-헝가리제국을 중심으로 하는 동맹국의 두 진영으로 크게 나뉘었다. 이와 함께 유럽 대륙에는 서서히 전쟁의 기운이 감돌기 시작했다.

서로 적대적인 두 진영은 모두 병력과 무기를 확충하는 데 집중했다. 독일은 해상 강국인 영국과 프랑스가 바닷길을 봉쇄할 것에 대비해 1900년부터 해군의 군사력을 강화하는 데 주력했다. 영국 또한 전통적인 해상 강국으로서 바다에서의 우위를 유지하기 위해 해군을 더욱 확충했다. 영국은 1905년부터 배수량이 1만 7,900톤에 달하는 전함 드레드노트를 만들기 시작했다. 그러자 다른 나라들도 경쟁적으로 거대한 전함을 만드는 데 뛰어들었다. 1907년에 독일이 드레드노트에 버금가는 전함을 만들겠다고 선포했다. 그러자 영국은 독일이 드레드노트 한 척을 만들면 자신들은 두 척을 만들겠다고 응수했다. 그 후 각국은 육군의 병력을 늘리는 데에도 최선을 다했다. 1880년부터 1913년까지 각각 독일의 상비군은 42만에서 87만으로, 프랑스는 50만에서 80만으로, 러시아는 80만에서 140만으로 늘어났다. 오스트리아-헝가리제국의 병력도 27만에서 80만으로 매우 늘어났다. 이 숫자들은 당시의 군비 경쟁이 얼마나 심했는지를 보여준다.

민감한 지역에서는 두 진영 간의 분쟁과 충돌도 계속되었다. 1905년 3월 31일, 빌헬름 2세는 모로코 남부의 항구 탕헤르를 방문해서 독일이 모로코의 독립과 영토를 지켜주겠다고 말했다. 그러나 이것은 사실상 독일이 모로코를 점령한다는 의미였다. 이에 프랑스가 독일을 공개적으로 비판하면서 두 나라는 첨예하게 대립했다. 이것이 제1차 모로코 위기이다. 제2차 모로코 위기는 6년 후에 일어났다.

1911년 5월 21일, 모로코에서 독일에 대한 저항 운동이 시작되었다. 이에 프랑스는 기회를 놓치지 않고 즉시 지원군을 보냈고, 프랑스 군대는 얼마 후 모로코의 수도 페스를 점령했다. 그러자 독일은 프랑스에 보상금으로 아프리카의 식민지를 내놓으라고 요구했다. 또 같은 해 7월 1일 독일이 자국의 무역선을 보호한다는 명목으로 모로코의 항구 아가디르에 전함을 보내면서 두 나라의 관계는 일촉즉발의 위기 상황이 되었다. 이때, 영국이 프랑스를 지지하고 나섰다. 영국과 프랑스가 연합하자 독일은 별 수 없이 모로코에서 물러났고 심지어 프랑스가 모로코의 종주국이라고 인정해야 했다. 독일과 프랑스가 모로코에서 두 차례에 걸쳐 일으킨 위기는 두 나라의 관계를 상당히 심각한 상황까지 몰고 갔다. 얼마 후, 두 나라는 발칸 지역에서 다시 한 번 충돌했고 이것이 제1차 세계대전의 도화선이 되었다.

사라예보의 총성

독일과 프랑스는 모로코 위기를 겪으면서 서로 영토 확장에 대한 상대방의 야심을 확인했다. 유럽인들은 곧 대규모 전쟁이 터질 것을 직감했고, 이제 문제는 전쟁의 도화선에 누가 불을 붙이느냐는 것뿐이었다. 전쟁의 도화선이 될 가능성이 가장 큰 지역은 바로 오랫동안 '유럽의 화약고'라고 불리던 발칸 지역이었다.

유럽의 화약고

유럽 대륙의 남동쪽에 있는 발칸 반도는 지중해에 접하며 유럽, 아시아, 아프리카 세 대륙이 만나는 지점이다. 지중해와 흑해로 들어가는 길이고 인도양으로 통하는 항로가 지나 이곳은 전략적으로 매우 중요했다. 또 천연자원이 매우 풍부했는데, 특히 석유나 석탄 등 전쟁을 치르는 데 필수적인 자원이 많았다. 발칸 지역은 여러 나

▼ **사라예보에 도착한 페르디난트 대공**
1914년 6월 28일 오전에 페르디난트 대공이 사라예보 기차역에 도착했다. 수많은 환영 인파 속에는 암살 대원 일곱 명도 숨어 있었다

라로 나뉘어 있었지만 민족은 대부분 슬라브인으로 같았다. 슬라브인은 한 민족인 러시아인과 종교가 같아서 러시아와 발칸 지역의 나라들은 매우 밀접한 관계를 유지했다. 발칸 지역의 나라들은 대부분 14세기부터 오스만튀르크제국의 식민 통치를 받아 왔기 때문에 언제나 독립을 갈망했다. 19세기에 들어서면서 오스만튀르크제국이 쇠퇴하자 세르비아, 불가리아, 그리스 같은 나라들이 연이어 독립을 선포했다. 그러나 독립 국가가 늘어나면서 상황은 오히려 더욱 복잡해졌다. 이와 함께 20세기 초에 적극적으로 영토 확장을 시도하던 오스트리아-헝가리제국도 전략적으로 중요한 발칸 지역을 주시하기 시작했다.

1908년 10월 6일, 마침내 오스트리아-헝가리제국이 기다리던 기회가 왔다. 그들은 보스니아 헤르체고비나에 머무는 자국민의 안전을 핑계로 이 지역을 점령했다. 그러자 세르비아가 나서서 오스트리아-헝가리제국을 강하게 비판했다. 세르비아는 슬라브 민족 국가 가운데 러시아에 이어 두 번째로 큰 나라로, 그동안 줄곧 보스니아 헤르체고비나를 합병하려고 했다. 그런데 느닷없이 오스트리아-헝가리제국이 선수를 치자 무척 화가 난 것이다. 세르비아는 오스트리아-헝가리제국을 저지하기 위해 즉시 군대를 일으킬 준비를 했다. 오스트리아-헝가리제국의 군사적 행동에 격분한 러시아도 세르비아를 지지하고 나섰다. 얼마 후, 오스트리아-헝가리제국과 세르비아의 군대는 국경에서 대치했고 일촉즉발의 상황이 되었다. 그런데 이때 독일이 오스트리아-헝가리제국을 지지하면서 상황은 더욱 복잡해졌다. 1909년 3월 21일, 독일은 러시아에 최후통첩을 보냈다. 러시아가 이 전쟁에 참여하면 독일이 세르비아는 물론 러시아까지 공격하겠다고 경고하는 내용이었다. 당시 러시아는 러일 전쟁에서 참패한 후 국력을 회복하지 못한 상태였다. 그런 데다 발칸 지역에 별 관심이 없는 영국과 프랑스가 지원해주지 않자 하는 수 없이 이 지역에서 물러났다. 러시아의 무력한 모습을 목격한 세르비아도 감히 군사적 행동을 하지 못했다. 상황이 이렇게 되자 세르비아 국민은 매우 분개하며 오스트리아-헝가리제국에 대한 적대심을 감추지 않았다. 그들은 반反오스트리아-헝가리제국 성향의 비밀 조직을 결성하고 테러나 암살 같은 극단적인 방법으로 오스트리아-헝가리제국의 영토 확장을 저지하려 했다.

발칸 전쟁

　발칸 지역에 긴장이 고조되던 시기, 오스만튀르크제국은 매우 좋지 않은 상황이었다. 한때 위력을 떨치던 오스만튀르크제국은 이제 다른 나라에 정복당할까 봐 걱정하는 처지가 되었다. 당시 그들에게 가장 위협적인 나라는 바로 이탈리아였다. 1911년 9월 28일, 이탈리아는 오스만튀르크제국에 최후통첩을 보냈다. 북아프리카의 식민지에서 이탈리아 상인의 활동을 방해하지 말고 그 지역의 상권을 개방하라는 것이었다. 그리고 이를 받아들이지 않으면 무력을 사용하겠다고 경고했다. 오스만튀르크제국은 당연히 이탈리아의 경고를 무시했고, 두 나라는 곧 전쟁을 시작했다. 이탈리아는 북아프리카 트리폴리에 대군을 보내 오스만튀르크제국의 식민지를 점령하기 시작했다. 이탈리아 군대는 전투력이 뛰어났으며 비행기, 대포 등 최신 무기를 갖추었다. 오스만튀르크제국은 이탈리아군을 맞아 제대로 반격해보지도 못하고 트리폴리와 키레나이카를 모두 이탈리아에 넘겨 주었다. 오스만튀르크제국의 참패 소식이 전해지자 발칸 지역의 나라들은 매우 기뻐했다. 그들은 이것이 오스만튀르크제국으로부터 완전히 독립할 좋은 기회라고 생각하고 너도나도 전쟁을 준비했다.

　1912년 8월에 세르비아, 불가리아, 그리스, 몬테네그로는 협상을 거쳐 '발칸 동맹'을 맺고, 공동으로 오스만튀르크제국에 대항해 오랫동안 빼앗겼던 영토를 되찾아오기로 결의했다. 얼마 후 동맹군이 발칸 지역에 주둔 중인 오스만튀르크제국 군대를 공격하면서 제1차 발칸 전쟁이 시작되었다. 맹렬한 공격을 받고 궁지에 몰린 오스만튀르크제국은 발칸 동맹이 제안한 협상에 응할 수밖에 없었다. 1913년 5월 30일, 발칸 동맹국들과 오스만튀르크제국은 영국 런던에서 '런던 조약'에 서명했다. 이 조약에서 오스만튀르크제국은 콘스탄티노플을 제외한 발칸 지역의 모든 영토를 포기하는 데 동의했다. 이로써 발칸 동맹국들은 오랫동안 염원하던 독립을 이루었다. 그러나 승리의 기쁨은 오래가지 못하고 그들은 다시 전쟁의 소용돌이에 휘말렸다. 제2차 발칸 전쟁은 바로 발칸 동맹 내부에서 일어났다. 오스만튀르크제국이 포기한 영토 중에 가장 많은 지역을 차지한 나라는 바로 불가리아였다. 이것이 계속 불만스러웠던 세르비아는 불가리아가 마케도니아 일부분을 자국에 넘겨주어야 한다고 주장했다. 그러자 그리스도 마케도니아 남부와 트라키아 서부 지역을 요구하고

▲ 페르디난트 대공 부부
오스트리아-헝가리제국의 황태
자 페르디난트 대공은 직접 사
라예보에 와서 병사들을 격려하
고 군사 훈련을 지휘했다. 세르
비아의 애국자들은 이런 오스트
리아-헝가리제국의 도발에 크
게 분노했다.

나섰고, 몬테네그로도 불가리아의 영토 일부를 내 놓으라고 했다. 심지어 발칸 동맹에 참여하지 않은 루마니아도 불가리아에 도브루자 남부 지역을 요구했다. 불가리아는 당연히 이 모든 요구를 거절했다. 이에 세르비아, 그리스, 몬테네그로, 루마니아는 동맹을 맺고 전쟁을 일으켜 불가리아에 빼앗긴 영토를 되찾자고 결의했다. 6월 29일, 위기를 느낀 불가리아가 먼저 세르비아를 공격했다. 그로부터 얼마 지나지 않아 몬테네그로, 루마니아, 그리스도 차례로 전쟁에 참여했고, 아직 발칸 지역에서 영향력을 행사하던 오스만튀르크제국까지 이 전쟁에 뛰어들었다. 이렇게 많은 나라가 동시에 공격하자 불가리아는 버텨내지 못했다. 같은 해 8월 10일, 전쟁에 참여한 나라들은 루마니아의 부쿠레슈티에서 평화 조약에 서명했다. 여기에서 불가리아는 마케도니아 대부분을 세르비아와 그리스에, 도브루자를 루마니아에 넘겨주는 데 동의했다. 또 오스만튀르크제국은 아드리아노플 등 일부 지역을 다시 점령하게 되었다. 그 후, 이제는 세르비아가 확장된 영토 때문에 주변 국가들로부터 위협을 받는 상황이 되었다. 특히 오스트리아-헝가리제국은 세르비아의 영토를 빼앗기 위해 전쟁을 일으킬 기회를 호시탐탐 엿보았다. 그리고 이들의 계획에 독일도 참여했다.

전쟁의 서막

1914년 5월, 오스트리아-헝가리제국의 참모총장 회첸도르프와 독일의 참모총장 몰트케는 회담을 열어 두 나라가 공동으로 세르비아를 공격하는 데 합의했다. 6월 12일에 오스트리아-헝가리제국의 황태자 프란츠 페르디난트 대공이 독일에 와서 빌헬름 2세와 함께 세르비아 공격을 확정했다. 그리고 2주 후 보스니아 헤르체고비나의 수도인 사라예보 외곽에서 세르비아를 적으로 가정한 대규모 합동 군사 훈련을 했다. 호탕하고 자신만만했던 페르디난트 대공은 이 훈련을 시찰하기 위해 아내와 함께 사라예보를 방문했다. 이때, 세르비아의 민족주의 비밀 단체인 '검은 손'이 이 소식을 듣고 즉시 보스니아 헤르체고비나의 민족주의 비밀 단체 '젊은 보스니아'와 접촉했다. 이들은 오스트리아-헝가리제국의 세르비아 공격을 저지하기 위해 힘을 합쳐 페르디난트 대공을 암살하기로 결의했다.

6월 28일 이른 아침, 이날 페르디난트 대공이 사라예보에 도착한다는 소식이 전해지자 비밀 단체의 암살대원 일곱 명은 페르디난트 대공의 이동 경로 곳곳에 매복했다. 이들은 한 치의 오차도 없이 정확하게 움직였다. 오전 10시, 페르디난트 대공 부부는 도시 외곽에서 벌어진 군사 훈련을 시찰하고 기차를 타고 이동해 사라예보 역에 도착했다. 그리고 다시 준비된 차량을 바꿔 타고 시내로 이동했다. 차는 아펠 부두를 따라 나 있는 길을 지나갔고, 길 양쪽에는 구경꾼들이 늘어서 있었다. 그중에는 암살대원 두 명도 대공이 탄 차를 기다리며 숨어 있었다. 그러나 대공의 차가 가까워졌을 때 한 명은 경찰관이 다가오는 바람에 움직일 수가 없었다. 하는 수 없이 나머지 한 명만 뛰어나가 대공이 탄 차에 수류탄을 던졌다. 수류탄은 차창을 맞고 튕겨 나와 뒤따르던 다른 차량 밑으로 굴러갔다. 몇 초 후 엄청난 폭발음과 함께 수류탄이 터졌고, 그 차에 타고 있던 대공의 부관들이 큰 부상을 당했다. 대공은 갑작스러운 테러에 너무 놀랐지만 곧 정신을 가다듬었다. 그리고 아무렇지 않은 듯 차에서 내려 폭발 현장과 부상자를 확인한 후, 체포된 암살대원을 가리키며 말했다. "이런 미친 사람 하나 때문에 중요한 계획을 변경할 수는 없지. 원래 일정대로 진행합시다." 페르디난트 대공의 다음 일정은 시청에서 열리는 환영 행사에 참석하는 것이었다. 환영회가 끝난 후 그는 부상당한 부관들의 상태를 살피기 위해 아내와 함께 육군 병원으로 갔다. 이때, 대공 부부가 탄 차와 엄호하는 차량 행렬은 또다시 암살 대원과 맞닥뜨렸다. 그는 열아홉 살의 세르비아 청년 가브릴로 프린체프였다. 브라우닝의

▲ 가브릴로 프린체프는 페르디난트 대공 부부를 암살한 후 현장에서 바로 체포되었다. 그는 20년 형을 선고받았지만 1918년에 감옥에서 사망했다. 프린체프는 애국자였지만 그의 행동은 오스트리아–헝가리제국이 세르비아를 공격할 구실을 제공한 셈이었다.

M1900 자동 권총을 든 프린체프는 대공이 탄 차가 후진하느라 천천히 움직이는 틈을 타 차량을 향해 일곱 발을 쏘았다. 이 총격으로 목과 배에 총상을 입은 대공 부부는 열 시간 후 결국 사망했다.

페르디난트 대공 암살 소식이 전해지고 얼마 후인 7월 28일, 오스트리아–헝가리제국은 세르비아에 정식으로 선전포고했다. 두 나라가 전쟁을 시작하자 러시아도 가만히 있을 수만은 없었다. 러시아 정부는 급히 전국에 총동원령을 내려 병력을 모은 후 세르비아를 지원했다. 8월 1일에는 독일이 러시아와 프랑스에 차례로 선전포고했다. 8월 4일에 독일이 중립국인 벨기에를 공격하자 영국도 이 전쟁에 참여했고 얼마 후 오스트리아–헝가리제국에 선전포고했다. 사라예보에서 울린 총성을 시작으로 유럽은 길고 지루한 전쟁에 돌입했다.

타넨베르크 전투

제1차 세계대전 초기에 벌어진 타넨베르크 전투는 역사상 최초로 무선 교신으로 정보를 습득하고 적군을 정찰한 전투였다. 독일군은 무선 교신을 비롯한 최신식 정찰 기술을 이용해 불리했던 전투에서 승리를 거두었다. 이로써 타넨베르크 전투 이후 정찰과 보안 기술의 강화가 각국 군대의 최우선 과제가 되었다.

동부 전선에서 들려온 소식

　전쟁이 시작되자 독일은 가장 먼저 벨기에를 공격했다. 벨기에를 점령하면 프랑스로 가는 지름길을 손에 넣어 병력의 이동 시간을 6주나 앞당길 수 있었기 때문이다. 전쟁에 나서기 전에 독일의 참모총장 슐리펜은 과감한 작전을 세웠다. 그는 먼저 벨기에를 점령한 후 빠르게 이동해서 프랑스를 무찔러야 한다고 생각했다. 이렇게 해서 서부 전선을 안정시킨 후 동부 전선에서 러시아군과 전투를 벌인다는 것이 그의 계획이었다. 이 계획에 따르면, 독일군이 서부 전선에 주력할 때 동부 전선에는 최소한의 병력만 남아 적과 대치해야 한다. 독일군이 계획대로 벨기에를 점령하고 프랑스로 이동하려고 하던 때, 동부 전선에서 나쁜 소식이 전해졌다. 65만 명에 달하는 대규모의 러시아군이 동부 전선으로 진군하고 있다는 정보였다. 당시 독일 침공의 임무를 맡은 러시아군은 제1집단군과 제2집단군이었다. 러시아의 북서 전선 총사령관 야코프 질린스키는 목표가 명확했다. 즉, 그는 독일을 동부 전선과 서부 전선 사이에 몰아넣고 단기간에 전쟁을 끝내고자 했다. 한편 동부 전선에 주둔한 독일의 제8집단군은 매우 불리한 상황이었다. 사령관 프리트비츠는 전쟁 경험이 전혀 없는 데다 병력은 러시아군에 비해 턱없이 적은 14만 명에 불과했다. 1914년 8월 17일, 동부 전선에서 러시아군과 독일군의 전투가 시작되었다. 대규모 병력의 러시아군이 빠르게 전쟁의 주도권을 잡았고, 독일군은 계속 서쪽으로 후퇴할 수밖에 없었다.

전투

　동부 전선에서 패배가 확실해질 무렵 독일군은 뜻밖의 수확을 얻었다. 8월 20일에 제8집단군의 무선 정찰 부대가 러시아 제1집단군 사령관이 제2집단군 사령관에게 보내는 전보를 입수한 것이다. 그 내용은 다음과 같았다. "보급 부대가 아직 도착하지 않아서 우리는 3일 동안 전진을 멈추고 보급품을 기다릴 예정이오. 그래서 지금은 제2집단군과 연합 작전을 펼 수 없소." 그런데 이 전보는 암호가 아닌 일반 전신 부호로 작성되어 있었다. 보안에 신중을 기해야 할 상황에서 어떻게 이런 일이 발생했을까? 사실, 전쟁이 시작되기 전에 러시아의 북서 전선 총사령관 질린스키는 러시아군이 오래전부터 사용해 오던 암호가 이미 독일군에 노출되었을 것이라고 생각했다. 그래서 이번 전투에서는 프랑스가 새로 만들어 준 암호를 사용하기로 했다. 그런데 총사령부가 각 군에 이 새로운 암호를 알리는 과정에서 문제가 발생했다. 새로운 암호를 제1집단군에만 보낸 후, 전군全軍에 이전의 암호를 모두 폐기하라고 명령한 것이다. 이후 제1집단군과 제2집단군 사이의 연락은 당연히 원활하지 못했다. 새로운 암호를 전달받지 못한 제2집단군은 이전의 암호를 사용해서 제1집단군에 전보를 보냈다. 그러나 제1집단군은 예전 암호를 이미 폐기했기 때문에 제2집단군에서 보낸 전보를 해독하지 못했다. 반대로 제1집단군이 새로운 암호로 전보를 보내면 제2집단군은 이를 해독하지 못했다. 또 두 집단군 사이에는 큰 호수만 있을 뿐 도로나 철도가 전혀 없어서 연락병이 직접 오갈 수도 없었다. 이들은 결국 질린스키에게 문제를 해결해달라고 요청했다. 이에 질린스키는 우선 일반 전신 부호로 연락하라고 명령했다. 그는 이미 러시아가 승리한 것이나 다름없으니 설령 전보가 유출되더라도 상관없다고 생각한 것이었다.

한편, 중요한 정보를 알게 된 독일군에는 새로운 희망이 생겼다. 그들은 이 정보가 사실이라고 판단하고, 이에 맞춰 작전을 다시 세웠다. 즉, 3일 동안은 러시아 제1집단군의 공격을 걱정할 필요가 없으므로 모든 병력은 러시아 제2집단군을 공격하는 데 배치되었다. 독일군은 단시간에 유격전을 벌여 제2집단군을 무찌른다면 상황을 바꿀 수도 있다고 생각했다. 마침 본국에서 지원군인 제9집단군이 도착해 병력도 어느 정도 보충되었다. 8월 23일, 독일 총참모부는 전쟁 경험이 많고 작전 수행 능력이 뛰어난 파울 폰 힌덴부르크를 제8집단군의 새로운 사령관으로, 또 에리히 루덴도르프를 제8집단군 참모장으로 임명했다. 이 두 사람은 이후 독일군의 핵심 인물이

▶ **부상당한 러시아 병사들**
타넨베르크 전투에서 부상당한 러시아 병사들의 모습이다. 독일은 이 전투에 승리하면서 동부와 서부 양쪽에서 모두 유리한 상황을 만들 수 있었다. 1914년 9월 27일에 촬영된 사진이다.

되었다.

　모든 준비가 끝나자 힌덴부르크는 독일군에 러시아 제2집단군을 유인하라고 명령했다. 전투를 시작한 독일군은 어느 순간 후퇴하는 척 계속 뒤로 물러났고, 이제 다 이겼다고 생각한 러시아군은 전혀 의심하지 않고 독일군을 뒤쫓았다. 마침내 적이 포위망에 들어온 것을 확인한 독일군은 한순간에 사방에서 에워싸고 맹렬하게 공격했다. 8월 30일까지 러시아 제2집단군은 3만 명이 사망하고 10만 명이 부상당했으며, 사령관은 자살했다. 그러나 독일군의 공격은 여기서 끝나지 않았다. 그들은 기세를 몰아 러시아 제1집단군을 향해 진격했다. 9월 15일에 전투가 끝날 때까지 러시아 제1집단군의 사상자는 14만 명에 달한 한편 독일군 사상자는 1만 명에 불과했다. 이 전투로 병력에 큰 타격을 입은 러시아는 이후 오랫동안 북서 전선을 되찾지 못했을 뿐만 아니라 대규모 공격을 감행하지도 못했다. 반대로 동부 전선을 지킨 독일군은 이제 연합군과의 결전을 위해 서부 전선으로 힘차게 진군했다.

마른 강의 기적

독일군 참모총장 몰트케는 마른 강 전투에서 후퇴하며 빌헬름 2세에게 전보를 보냈다. "폐하, 우리는 이 전쟁에서 패했습니다." 그의 예견은 정확했다. 당시 독일군의 후퇴는 이 전쟁에서 독일이 패전국이 될 것임을 암시했다. 불과 4년 후, 몰트케의 예견은 현실로 증명되었다.

슐리펜 계획

프랑스는 1870년에 프로이센과 벌인 전쟁에서 참패하면서 나폴레옹 3세가 세운 프랑스 제2제정도 무너졌다. 반면에 프로이센 국왕 빌헬름 1세는 독일제국의 건국을 선포하며 황제의 자리에 올랐고, 영토 확장에 대한 욕망을 숨기지 않았다. 이 일은 프랑스인들에게 큰 자극이 되었다. 전쟁이 끝난 후 프랑스는 곧바로 독일과의 국경을 정비하기 시작했다. 프랑스의 군사 기술자들은 독일과의 국경선에서 200여 킬로미터 안에 있는 도시 네 곳을 중심으로 매우 견고한 요새를 세우고 방어선을 구축했다. 이 방어선의 남동쪽 끝은 스위스의 알프스 산맥 근처에서 시작해 벨포르, 에피날, 두오몽을 지나 북서쪽 끝의 아르덴까지 이어진다. 또 북쪽으로 가면 룩셈부르크와 벨기에 등의 나라들과 맞닿아 있다. 프랑스인들은 이렇게 거대한 방어선 구축 공사를 완성한 후에야 어느 정도 안심할 수 있었다. 그들은 1870년의 악몽을 떠올리며 이제 독일이 프랑스 국경 안으로 진격하는 일은 절대 없을 것이라고 생각했다.

프랑스인들이 완성된 방어선을 바라보며 안심하는 동안, 독일도 가만히 있지는

▼ 마른 전투 택시

1914년 8월, 파리군 사령관 조제프 갈리에니는 마른 전투에 투입될 병사를 이동시킬 때 파리의 택시를 이용하기로 했다. 그래서 당시 파리의 택시 수천 대는 '마른 전투 택시'라고 불렸다.

않았다. 1891년부터 1905년까지 독일의 참모총장을 맡은 알프레트 폰 슐리펜은 오랫동안 전술을 연구하고 독일군의 장단점을 면밀하게 파악한 후 '슐리펜 계획'이라고 불리는 작전을 수립했다. 그는 프랑스 군대가 굳건히 지키는 국경 지역을 돌파하는 것은 효과가 없다고 생각했다. 그러므로 벨기에와 네덜란드 남부에서 프랑스 북부 지역으로 들어가 수도 파리로 곧장 진격한다는 것이 슐리펜 계획의 주요 내용이다. 계획에 따르면, 독일군은 프랑스와 접하는 국경에서 가장 가까운 도시 메스를 중심으로 좌우 날개처럼 나뉘어 움직인다. 그중 오른쪽 날개가 주요 공격 부대였다. 그들은 번개같이 신속하게 벨기에로 돌진한 후, 벨기에군을 무력화하고 프랑스 영토로 진입한다. 그리고 프랑스가 철통같이 지키는 국경 지역의 방어선을 공격한다. 그동안 왼쪽 날개는 계속 국경선 근처에 주둔하며 프랑스 군대를 유인한다. 이런 식으로 공격하면 독일군은 마치 크게 구부러진 낫 모양으로 프랑스 북부 지역을 절단하는 셈이 된다. 슐리펜은 이 계획이 성공하면 북, 서, 남쪽의 세 방향에서 파리를 포위할 수 있다고 보았다. 또 프랑스가 일단 타격을 입으면 다른 곳은 포기하고 알자스, 로렌 지역의 독일군, 즉 왼쪽 날개와 전투를 치르는 데에만 주력할 것으로 생각했다. 그렇게 된다면 오른쪽 날개의 움직임은 더욱 자유로워질 것이고, 독일은 승리를 거둘 것이다. 슐리펜은 프랑스 군대 외에도 영국이 지원군 10만 명을 보내는 경우와 러시아 군대의 지원까지 염두에 두었다. 그러나 러시아 군대는 이동 속도가 느릴 것이라고 판단하고 동부 전선에는 최소한의 병력만 배치했다. 이렇게 심혈을 기울여 완성한 슐리펜 계획은 완벽해 보였다. 그의 계획이 실현된다면 최종 승자는 독일이 분명했다.

독일의 오른쪽 날개

전쟁이 임박했을 무렵, 이미 여든 살의 고령이 된 슐리펜은 임종을 앞둔 와중에도 부관들에게 계속해서 강조했다. "절대 오른쪽 날개가 약해져서는 안 되네." 그러나 슐리펜이 사망하고 1년이 지난 후, 그의 뒤를 이어 독일군 참모총장이 된 몰트케는 슐리펜 계획을 수정했다. 이는 독일을 패배로 몰고 갔다. 헬무트 요하네스 몰트케는 뛰어난 공을 세운 군인이자 정치가인 헬무트 폰 몰트케의 조카이다. 이 두 사람을 구별하기 위해 대大몰트케, 소小몰트케로 부르기도 한다. 몰트케는 어린 시절부터 함께 자란 빌헬름 2세와 절친한 관계였다. 그리고 언제나 숙부를 따라다니며 군인의 자질을 배웠다. 이런 그가 독일군의 참모총장이 된 것은 당연한 일이었다. 몰트케는 참모총장으로 임명된 후 가장 먼저 슐리펜 계획을 수정했다. 그는 슐리펜이 임종 순간에도 당부하던 오른쪽 날개의 병력을 3분의 1로 줄이고, 3분의 2는 왼쪽 날개를 보완했다. 또 벨기에만 침공해도 프랑스로 진입할 수 있다고 생각해 네덜란드 공격은 포기했다. 그러나 얼마 후 오른쪽 날개가 벨기에의 리에 요새에 들어섰을 때 그들은 예상치 못하게 고전했다. 이로써 독일은 가장 중요한 요소인 시간을 벨기에에서 너무 많이 낭비하게 되었다.

1914년 8월 4일, 벨기에 국경 지역에서 독일군의 공격이 시작되었다. 오른쪽 날개의 최전방에는 알렉산더 폰 클루크가 이끄는 제1집단군과 칼 폰 뷜로가 지휘하는 제2집단군이 배치되었다. 원래 독일군은 짧은 시간 안에 벨기에를 점령하려고 했으나, 예상 밖으로 리에 요새에서만 무려 십여 일을 지체했다. 그들은 8월 16일 되어서야 겨우 요새를 함락할 수 있었다. 그 후로도 벨기에 군대가 끈질기게 방해하여 독일군은 8월 20일에 간신히 수도 브뤼셀을 점령할 수 있었다. 벨기에 국왕의 요청을 받은 프랑스는 급히 군대를 파견했고, 영국도 소규모이긴 했지만 지원 병력을 보냈다. 8월 22일, 아르덴에서 독일군과 프랑스군은 대규모 전투를 벌였다. 독일군은 초반부터 맹렬한 공격을 퍼부으며 전투의 주도권을 잡았고, 프랑스 육군 총사령관 조제프 조프르는 하는 수 없이 후퇴를 명령했다. 8월 24일, 독일군은 마침내 프랑스에 들어섰다. 한편 독일군의 왼쪽 날개도 8월 14일부터 알자스, 로렌 지역에서 프랑스군과 전투를 벌였다. 프랑스는 원래 이 전투를 통해 독일의 벨기에 침공을 저지하고 40여 년 전에 빼앗긴 영토를 되찾고자 했다. 하지만 만반의 준비를 한 독일군을 무찌르기는 쉽지 않았다. 이때, 독일의 몰트케는 벌써 승리의 기쁨에 도취했다. 기세등등해진 그는 후퇴하는 프랑스군을 끝까지 쫓아가 공격하라고 명령했다. 그러나 이 불필요한 공격은 많은 사상자만 발생시켰다.

8월 말이 되면서 프랑스의 상황은 점점 나빠졌고, 독일군이 프랑스의 수도 파리를 점령할 날이 머지않아 보였다. 이때 총사령관 조프르는 실망스러운 모습을 보이던 프랑스군을 대대적으로 정비하고

슐리펜 계획

슐리펜은 1865년부터 독일군 참모부에서 일했고, 1891년에 참모총장이 되었다. 그는 대大 몰트케와 클라우제비츠의 전쟁 이론에 심취했으며 프랑스와 러시아의 군사적 역량과 전략을 연구했다. 또 그는 칸나에 전투에서 한니발이 사용한 전술에 크게 감명했다. 당시 한니발은 날개 모양으로 적을 에워싼 후 후방을 공격해서 강국인 로마의 군대를 격파했다. 한니발의 성공에서 힌트를 얻은 슐리펜은 독일군의 과감한 작전 계획을 세웠다. 이 계획에 따르면, 독일군은 빠르게 이동할 수 있다는 장점을 활용해 프랑스를 먼저 제압한 후 병력을 모아 러시아까지 침공한다. 슐리펜은 러시아 군대는 체계가 그다지 효율적이지 못하므로 이동하는 데 대략 6주에서 8주 정도 걸릴 것이라고 생각했다. 그래서 독일군이 이 시간차와 우수한 철도망을 이용해 벨기에를 관통한 후 프랑스 북부를 침공하는 것이 슐리펜 계획의 핵심이다. 슐리펜은 1905년 12월 슐리펜 계획의 최종안을 확정했고, 1906년에 자신의 뒤를 이은 몰트케에게 이를 인계했다.

재배치했다. 알자스, 로렌 지역에 있던 부대와 예비군 부대를 통합해 제6집단군을 편성하고, 페르디낭 포슈가 이끄는 제9집단군을 독일의 오른쪽 날개와 교전하던 제5집단군의 오른쪽에 배치했다. 또 이전의 전투에서 실망스러운 모습을 보인 사령관 수십 명을 교체했다. 이러한 과감한 지휘 아래 프랑스군의 저항은 날로 거세졌다. 이때 독일의 몰트케는 결정적인 실수를 저질렀다. 러시아군이 동부 전선으로 진격하자 당황한 나머지 오른쪽 날개의 병력을 차출해서 동부 전선으로 이동시킨 것이다. 당시는 독일군 상당수가 아직 벨기에에서 나오지 못한 때였다. 슐리펜의 당부가 무색하게 독일군의 오른쪽 날개는 사방으로 흩어진 셈이 되었다. 얼마 후 마른 강에서 대치한 프랑스군과 독일군의 병력 비율은 1.8 대 1로 드디어 프랑스군이 우위를 차지했다.

프랑스의 반격

1914년 9월 2일, 독일의 제1집단군은 마른 강에 도착해서 강을 건너 파리로 진격할 준비를 했다. 같은 날 프랑스 정부는 남쪽으로 피신했고, 총사령관 조프르는 파리 곳곳에 군대를 배치했다. 흩어져 있던 프랑스군은 파리에 집결하여 조프르의 지휘에 따라 마른 강변에서 독일군을 기다렸다. 이때 독일군은 한 달 넘게 전쟁을 치르느라 상당히 지친 상태였다. 게다가 보급품 지원도 중단되기 일쑤여서 사기는 이미 바닥까지 떨어져 있었다. 9월 4일, 독일군의 사기가 예전 같지 않다는 것을 알게 된 조프르는 프랑스 제6집단군에 공격을 명령했다. 제6집단군은 마른 강을 건너 독일군의 측면과 후방을 공격하기로 하고 다른 부대는 마른 강변에서 반격을 준비했다. 다음날, 프랑스 제6집단군과 독일 제1집단군의 교전이 시작되었고 양측은 서로 맹렬하게 공격을 퍼부었다. 한편 프랑셰 데스프레가 이끄는 프랑스 제5집단군은 독일 제1집단군과 제2집단군 사이의 틈새를 공격했다. 계속해서 공격하자 독일군의 방어선은 서서히 금이 가기 시작했고, 프랑스군은 공격을 멈추지 않았다. 이때 엄호 임무를 맡은 프랑스 제9집단군은 독일군의 공격을 받고 있었다. 제9집단군을 이끄는 포슈는 이 공격만 막아내면 승리는 프랑스의 것이라고 확신하고 온 힘을 다해 저항했다. 9월 8일이 되자 독일군의 방어선에 생긴 틈은 점점 벌어져 독일군은 결국 둘로 나뉘었다. 다음날 독일 제2집단군은 포위될 위기에 처하자 급히 북쪽으로 후퇴했고, 이를 본 제1집단군도 같은 날 후퇴를 시작했다. 9월 11일까지 독일군은 모두 마른 강에서 떠났고, 마른 강 전투는 이렇게 끝났다.

독일과 프랑스는 이 전투에 병력 150만 명을 투입했다. 그 중 프랑스의 사상자는 약 14만 명, 독일은 약 22만 명이었다. 독일군은 이 전투에서 큰 타격을 입고 프랑스를 점령할 좋은 기회도 놓쳤다. 반면에 전투 내내 고전하던 프랑스는 극적인 승리를 거두고 40여 년 전 독일에 패했다는 패배 의식에서 벗어났다. 그리고 프랑스의 이번 승리는 제1차 세계대전에서 연합국이 승리하는 데 결정적인 역할을 했다. 몰트케는 전투가 끝난 후 즉시 파면되었고, 2년 후 쓸쓸하게 사망했다. 반면에 조프르는 열세를 딛고 승리를 거둔 '마른 강의 기적'으로 프랑스 국민의 우상으로 떠올랐다.

▲ 1914년, 전장을 시찰하는 빌헬름 2세와 몰트케
독일군이 마른 전투에서 패하자 빌헬름 2세는 몰트케를 파면했다. 이후 서부 전선에서는 장기전이 시작되었다.

명장 조프르

조프르는 그를 모르는 프랑스인이 없을 정도로 프랑스 근대 역사에서 매우 중요한 인물이다. 그는 제1차 세계대전이 벌어졌을 때 냉철하고 강인한 성격을 바탕으로 프랑스를 승리로 이끌었다. 조프르는 지난날 프랑스가 프로이센과 치른 전쟁에서 저질렀던 잘못을 되풀이하지 않고 제1차 세계대전에서 큰 공을 세워 연합국을 최종 승리로 이끌었다.

군인 조프르

　조제프 조프르는 1852년 1월 12일 프랑스 루시용의 리브잘트 마을에서 구두 수선공의 아들로 태어났다. 그는 어렸을 때부터 순한 성격에 말수도 적었지만 의지가 매우 강한 소년으로 자랐다. 열일곱 살이 되던 해에 국립이과학교에 들어갔으나 1년 후 프랑스와 프로이센 사이에 전쟁이 터지자 군대에 들어갔다. 애국심이 강했던 그는 프랑스가 전쟁에서 참패하자 크게 낙담했다. 다시 파리로 돌아온 조프르는 군인이 되기로 마음먹고, 학교를 졸업한 후 공병부대에 들어갔다.

　1876년에 조프르는 공병부대장이 되어 독일과의 국경 지역에 방어 시설을 구축하는 일을 맡았다. 이후 1885년부터는 외국에 파견되어 인도차이나, 중국 등지에서 벌어진 프랑스군의 작전에 참가하며 풍부한 실전 경험을 쌓았다. 3년 후 프랑스로 돌아간 조프르는 퐁텐블로 포병학교의 교관이 되었다. 그리고 1892년에 큰 공을 세우며 프랑스군 주요 인사들의 눈에 띄었다. 당시 조프르는 부대를 이끌고 북아프리카 세네갈에 철도를 건설하고 있었다. 그러던 어느 날 세네갈에 주둔하던 다른 부대가 이동 중에 저항 세력으로부터 습격을 받아 전멸될 위기 상황에 놓였다. 하지만 다른 대부분 프랑스 부대는 800여 킬로미터나 떨어져 있었기 때문에 지원군을 보내더라도 너무 늦

▼ 조프르 장군

프랑스 육군 총사령관이었던 조프르는 마른 강 전투와 아르덴 전투에서 프랑스군의 승리를 이끌었다. 그는 프랑스와 독일의 운명뿐만 아니라 유럽 전체의 역사에 큰 영향을 미쳤다.

게 도착할 것이 뻔했다. 가장 가까이 있는 부대는 바로 철도 공사 중인 조프르의 공병부대뿐이었다. 그의 부대는 전투 경험이 거의 없었지만, 조프르는 소식을 듣자마자 즉각 부대를 통솔해서 출동했다. 그리고 치밀하게 계획을 세운 후 저항 세력을 급습해 아군을 구해냈다. 이 일로 공을 인정받은 조프르는 중령으로 진급했고 명예훈장까지 받았다. 이때부터 그는 용감하고 지휘 능력이 뛰어난 군인으로 알려지기 시작했다. 1900년, 조프르는 수년간의 해외 복무 경험을 인정받아 준장으로 진급되는 동시에 프랑스 국방부의 육군 기술본부 책임자가 되었다. 이후 매우 순탄하게 사단장, 군단장으로 승진했고, 1910년에는 후방 부대의 사령관 자격으로 프랑스 최고군사위원회 위원이 되었다. 그리고 계속해서 승승장구하며 최고군사위원회의 부위원장 겸 육군 총사령관 자리에까지 올랐다.

▼ 조프르와 헤이그
1915년, 시찰에 나선 조프르(앞줄 가운데)와 헤이그(앞줄 왼쪽). 헤이그는 같은 해 12월 10일에 영국의 해외 원정군 총사령관에 임명되었다.

전쟁 준비

권력의 핵심부에 들어선 조프르는 즉각 프랑스군 전체가 전쟁 대비 태세를 갖추게 했다. 당시 독일은 끊임없이 병력을 늘리고 계속해서 군사 훈련을 하고 있었다. 이에 조프르는 독일이 다시 한 번 프랑스를 침공할 것이라고 판단했다. 1913년, 조프르는 독일 상비군의 병력에 뒤지지 않기 위해 프랑스군도 병사의 복무 기간을 3년으로 늘렸다. 이 덕분에 프랑스 육군은 병력이 21만 명으로 늘어나 독일군의 공격을 어느 정도 방어할 수 있게 되었다. 얼마 후 일어난 제1차 세계대전에서 조프르의 조치가 매우 시기적절하고 효과적이었음이 밝혀졌다. 프랑스는 전투할 때 계속해서 후퇴하다가도 반격해서 승리하는 일이 많았는데, 이는 상비 병력의 수가 많았기 때문이었다. 또 조프르

조프르 거리

화이하이는 상하이의 유명한 상업 밀집 지역이다. 1930년대부터 화려하고 이국적인 정취로 널리 알려졌으며 현재 상하이 최고의 번화가이다. 1900년부터 번영하기 시작한 이곳은 크게 둥루東路, 시루西路, 중루中路의 세 길로 나뉜다. 그중 4킬로미터에 달하는 중루는 1915년 6월에 마른 강의 영웅 조프르를 기념하기 위해 '조프르 거리'로 명명되었다. 1922년 3월에 중국을 방문한 조프르는 직접 조프르 거리의 현판식에 참석했다. 이후 이 길은 항일 전쟁 시기까지 계속 조프르 거리로 불리다가 왕징웨이가 일본 점령지에서 이끌던 괴뢰정부인 왕웨이 국민정부가 1943년 1월에 '타이산 거리'로 부르면서 이름을 바꾸었다. 그리고 항일 전쟁에서 승리를 거둔 후 국민당 정부는 국민 정부의 주석인 린썬을 기념하기 위해 이 거리를 '린썬 거리'라고 불렀다. 중국이 건국된 후에는 상하이 인민 정부가 화이하이 전투를 기념하기 위해 이곳을 '화이하이 거리'라고 명명했다. 하지만 상하이의 노인들은 위풍당당한 프랑스 장군 조프르를 기억하며 여전히 '조프르 거리'라고 부른다.

는 프랑스군의 무기를 모두 최신식으로 교체했다. 그의 끊임없는 노력 덕분에 프랑스군은 사정거리가 길고 폭파 유효 반경이 큰 중포重砲를 충분히 갖추게 되었다. 이로써 프랑스는 이후 독일과 전투를 벌일 때 화력 면에서 우위를 점할 수 있었다.

이 밖에 조프르는 독일과 전투하는 상황을 가정한 제17호 작전 계획을 세웠다. 이 작전에서 조프르는 전투할 때 항상 방어적 자세를 취하던 이전의 전략을 버리고 적극적으로 공격하는 전략을 채택했다. 그는 유사시에 전군을 총동원해서 적을 압박해야 한다고 생각했다. 그리고 독일군이 공격하면 신속하고 강력하게 반격해서 과거에 프로이센과의 전쟁에서 빼앗긴 알자스와 로렌 지역을 되찾고자 했다. 제17호 작전 계획에는 독일군의 침공 노선에 관한 언급은 없고 프랑스군의 공격 노선에 대한 계획만 있다. 조프르는 독일의 공격 목표와 노선을 확정한 슐리펜과 달리 오로지 기동전에 관해서만 계획했다. 제17호 작전 계획은 주로 독일군의 침공에 따른 프랑스군의 부대 배치, 기동전 중에 적군에 치명적인 타격을 입히는 전략, 그리고 이 모든 계획을 순조롭게 실행할 수 있는 군 체계에 집중된다.

1914년 7월 25일, 오스트리아-헝가리제국과 세르비아는 외교 관계를 끊고 각자 전쟁 준비를 시작했다. 조프르는 유럽에 대규모 전쟁이 벌어질 것을 예감하고 프랑스 정부에 전국 총동원령을 내려 다가올 위기에 대응하자고 건의했다. 하지만 프랑스 정부는 조프르의 말에 귀를 기울이지 않았다. 프랑스의 주요 정부 인사들은 여전히 외교적인 조치로 오스트리아-헝가리제국과 세르비아의 긴장을 해결할 수 있다고 생각했다. 7월 28일, 오스트리아-헝가리제국이 세르비아에 정식으로 선전포고했을 때도 프랑스 정부는 여전히 평화가 다시 올 것이라는 기대를 버리지 않았다. 7월 31일까지 독일군이 국경으로 이동하는 상황에 관한 정보가 계속 들어왔다. 그제야 프랑스 정부는 위험을 인지하고 군대를 부분적으로 배치하기 시작했지만, 여전히 전국 총동원령은 내리지 않았다. 8월 1일, 독일이 프랑스에 선전포고하자 마침내 전국 총동원령이 내려졌다.

위기를 극복한 뛰어난 전략

1914년 8월 4일, 독일군이 벨기에를 침공하자 조프르는 사령관들을 새로 임명하고 8월 8일에 첫 번째 작전 명령을 내렸다. 제1집단군과 제2집단군은 알자스와 로렌 지역에서 독일군과 전투를 벌이고, 제3, 제4, 제5집단군은 아르덴 지역에서 독일군을 공격하라는 내용이었다. 명령이 내려진 후 제1집단군과 제2집단군은 빠르게 알자스와 로렌 지역을 점령하고 독일 본토를 공격했다. 그러나 프랑스 병사들이 승리의 환호성을 지르는 순간 독일군이 대규모로 반격에 나섰다. 독일군의 유인 전략에 말려든 프랑스군은 병력에 큰 타격을 입고 결국 독일에서 물러났다. 한편, 제3, 제4, 제5집단군은 벨기에까지 진격해서 독일군과 전투를 벌였다. 그러나 오랫동안 전쟁을 준비한 독일을 상대하는 것은 매우 어려운 일이었다. 프랑스군은 금세 방어선이 무너졌고 결국 남쪽으로 후퇴할 수밖에 없었다. 결과적으로 조프르의 첫 번째 명령은 실패로 돌아갔다. 그러자 많은 사람이 그를 질책하고 책임을 추궁했으며 심지어 사임을 요구하기도 했다. 그러나 조프르는 전혀 개의치 않고 첫 번째 명령의 문제점이 무엇이었는지 세밀하게 연구한 후, 이를 보완해서 새로운 전략을 세웠다. 강인한 성격의 조프르는 이 기간에도 매일 두 번씩 때맞추어 식사하고 밤 10시에는 잠자리에 드는 규칙적인 생활을 했다.

8월 25일, 조프르는 두 번째 작전 명령을 내렸다. 그는 우선 북부의 최전방에 있던 부대를 마른 강으로 이동시켜 적과 대치하게 했다. 국경 지역에서 프랑스군이 독일에 제대로 반격하지 못하는 것을 보고 차라리 독일군을 프랑스 영토 안으로 유인해서 공격해야겠다고 생각한 것이다. 그러면 독일군은 보급선이 길어지므로 이때 공격하면 승리를 거둘 가능성이 있었다. 이와 동시에 조프르는 전투력을 높이기 위해 부대를 재편성했는데, 이후 벌어진 전쟁에서 이 새로운 부대 배치가 매우 효과적인 조치라는 점이 증명되었다. 한편, 독일은 프랑스군이 후퇴한다고 생각하고 계속해서 남쪽으로 쫓아 왔다. 그 과정에서 프랑스군이 크게 반격하지 않자 독일의 참모총장 몰트케는 승리를 확신했다. 프랑스군이 거의 전멸했고 이어지는 소규모 전투는 별문제가 되지 않는다고 생각한 그는 독일군 일부를 동부 전선 및 독일군 왼쪽 날개에 배치했다. 이 결정은 결과적으로 오른쪽 날개를 약화시켜 프랑스가 반격할 절호의 기회가 되었다.

독일군이 파리에 들어서서 승리의 기쁨에 젖어 있을 때 조프르는 최후의 반격을 준비했다. 9월 5일, 반격에 돌입하기 직전에 조프르는 병사들을 격려하며 말했다. "우리는 프랑스의 운명을 결정할 중요한 전투를 앞두고 있다. 프랑스에 더 이상 후퇴는 없다. 이제 우리는 모든 것을 바쳐 적을 무찌르고 영토를 지켜야 한다. 지금 우리에게는 어떠한 두려움도 용납되지 않는다. 후퇴란 없다. 전쟁터에서 죽을 각오로 싸워라." 그의 말은 병사들에게 애국심과 투지를 불러일으켰고, 마침내 독일군을 기습한 프랑스군은 전쟁터에서 맹렬하게 싸웠다. 파리까지 오느라 지쳐 있던 독일군은 예상치 못한 프랑스의 반격을 받고 무력하게 후퇴할 수밖에 없었다. 이렇게 해서 마른 강 전투는 결국 9월 11일에 프랑스의 승리로 끝났다. 짧은 시간 안에 프랑스를 점령하려던 독일의 계획은 모두 수포로 돌아갔으며 독일과 프랑스의 전쟁은 장기전에 돌입했다. 이러한 상황은 독일보다는 연합국에 매우 유리하게 작용했다.

조프르는 이 극적인 승리를 통해 프랑스 국민의 우상이 되었고 군인으로서 가장 높은 자리에까지 올랐다. 또 그는 이어서 벌어진 아르덴 전투와 솜 강 전투에서도 연이어 뛰어난 지휘 능력을 발휘해 독일군을 크게 무찔렀다. 반면에 몰트케의 뒤를 이어 독일의 참모총장이 된 에리히 폰 팔켄하인(Erich von Falkenhayn)은 패배를 거듭하다가 결국 파면되었다. 그런데 1916년 12월에 프랑스 정부는 조프르가 독단적으로 일을 처리한다는 이유로 그를 영향력이 비교적 적은 직책인 군사 고문으로 좌천시켰다. 대신, 조프르를 영웅으로 생각하는 국민이 이 조치에 불만을 품을 것을 우려하여 그에게 '프랑스의 원수元帥'라는 칭호를 내렸다. 원수란 군대의 계급이 아니라 뛰어난 공헌을 한 장군에게 부여하는 명예로운 칭호였다. 제1차 세계대전의 마지막 2년 동안 조프르는 미국과 일본에 주둔하는 프랑스 군사대표단의 단장으로 일했다. 그리고 다시는 직접 전쟁터에서 군대를 지휘하지 못했다. 1931년 1월 12일, 조프르는 일흔아홉 살의 나이로 파리에서 병으로 사망했다.

▼ 모로코 병사에게 훈장을 달아 주는 조프르

참호전

참호전은 땅을 파서 기다란 도랑처럼 생긴 참호를 만들고 병사들이 그 안에 숨어서 적의 포탄 공격을 피하며 작전을 수행하는 전술이다. 참호전을 하려면 우선 구체적인 방어선을 구축해야 한다. 그리고 전투 중에 양측의 화력 공격이 거세져서 병사의 움직임이 원활하지 못하고 통신이 효율적으로 이루어지지 않을 때 참호전이 시작되었다.

최고의 방어 시설

참호는 17세기에 유럽에서 처음 등장했다. 당시의 전쟁은 모두 성을 빙 둘러 쌓은 높은 토담인 성벽을 둘러싸고 벌어졌는데, 대포를 사용해도 성벽을 무너뜨리지 못하는 경우가 많았다. 게다가 성벽 위에 대포까지 설치되어 있다면 외부에서 성을 공격하기는 더욱 쉽지 않았다.

참호를 처음으로 실전에 도입한 사람은 프랑스인 세바스티앵 르 보방이다. 그는 성벽을 포위하고 적군 대포의 사정거리 밖에 성벽을 둘러싸는 커다란 원형으로 참호를 팠다. 그리고 이 참호에서 다시 '之'자 형태로 갈라지며 뻗어나가는 참호를 여러 개 만들었다. 성벽이 대포의 사정거리에 들어올 만큼 계속해서 참호를 판 후, 성벽 위에 있는 적군을 향해 대포를 쏘았다. 보방의 참호전은 1672년부터 1678년까지 벌어진 프랑스와 네덜란드의 전쟁에서 큰 효과를 발휘했다. 프랑스군은 참호를 이용해 네덜란드의 견고한 성벽을 무너뜨리고 성 안에 들어가는 데 여러 차례 성공할 수 있었다. 이때부터 성벽을 둘러싸고 벌어진 중세의 전쟁은 참호전이 주를 이루었다.

이후 몇몇 중요한 전투에서 참호는 매우 큰 역할을 했다. 대표적인 예가 미국 독립 전쟁에서 벌어진 요크타운 전투이다. 당시 워싱턴 장군이 지휘

▼ **참호 위의 풍향계**
제1차 세계대전 중에 오스트리아-헝가리제국의 한 병사가 참호 위에 세워진 풍향계를 조정하고 있다. 참호는 땅을 파고 진흙과 돌로 제방처럼 벽을 세워 만든 방어 시설을 가리킨다.

하던 미군은 참호전에 능한 프랑스군의 도움을 받아 영국군의 방어선 가까이 접근하는 참호를 여러 개 파서 승리를 거두었다.

열악한 환경

일반적으로 참호전은 아군과 적군에게 모두 힘든 장기전을 의미한다. 독일군은 마른 강 전투에서 프랑스를 빠른 속도로 격파한다는 계획에 실패했다. 그러나 프랑스와 영국도 독일이 세운 최후 방어선을 넘어 전진하지 못했다. 이렇게 해서 전쟁이 장기전에 돌입하자 양측은 모두 해전이 벌어질 것을 직감하고 급히 해변에 참호를 파기 시작했다. 그들은 서로 멀리 빙 돌아 상대방의 방어선 뒤쪽으로 접근하는 참호를 파시 직을 포위하고자 했다. 이에 따라 양측은 모두 700여 킬로미터에 달하는 거대한 참호를 팠고, 이후 이 참호를 중심으로 몇 차례 큰 전투가 벌어져 수많은 사상자가 발생했다.

제1차 세계대전에 등장한 참호도 이전에 보방이 설계한 구조와 비슷했다. 즉 최전방에 화력 참호가 있고, 바로 뒤에 엄호 참호가 있고, 또 연이어 '之'자 형태의 이동용 참호 두 개가 있는 구조이다. 양측 참호 사이의 폭 100~300미터 정도 되는 땅에는 철조망과 지뢰 등이 가득 설치되었다. 그리고 교전이 치열해지면 양측의 거리는 불과 십여 미터도 안 되기 때문에 참호 안은 언제나 각종 방어물과 대포 등이 가득했다.

한편으로 프랑스와 영국은

▼ **참호 속에서 기도하는 병사**
1915년에 스페인의 갈리시아에서 유명한 사진작가 앙드레 케르테스가 촬영한 사진이다. 이른 새벽에 축축한 진흙 참호 속에서 한 병사가 기도하고 있다.

참호 내부가 완벽하면 병사들이 참호 밖으로 나가 위험을 무릅쓰려고 하지 않을 것으로 생각해 구조가 매우 간단한 참호를 만들었다. 반대로 병사의 수가 상대적으로 적은 독일은 최대한 방어에 주력해야 했기 때문에 훨씬 완벽한 구조의 참호를 구축했다. 독일군의 참호 중에는 바닥에 양탄자가 깔렸거나 벽에 거울이 걸린 곳도 있었다. 하지만 아무리 시설이 좋아도 참호에서 지내는 것은 매우 힘든 일이었다. 특히 비가 오면 병사들은 진흙탕 속에서 보초를 서고 전투를 치르며 잠까지 자야 했다. 이뿐만 아니라 참호 안에 있는 쥐, 벼룩, 이 등이 일으키는 각종 질병으로 병사들은 더욱 괴로움을 겪었다.

전쟁이 장기전에 돌입하면서 공격은 하루에 두 번씩 매우 정기적으로 벌어졌다. 이른 아침에 프랑스와 영국군이 공격하고 해가 질 무렵에 독일군이 공격하는 식이었다. 교전이 벌어지지 않는 낮에도 양측의 병사들은 매우 긴장한 상태로 상대방의 움직임을 예의 주시했다. 낮 동안은 양측 저격수가 가장 활발하게 활동하는 시간으로, 저격수들은 절대 참호 위로 자신의 몸을 노출하지 않았다. 밤이 되면 양측은 약속이나 한 듯 공격을 멈추고 교전 중에 파손된 참호를 보수했다. 일반적으로 모든 병사는 최전방에서 열흘씩 머물면서 닷새 정도는 참호 공사에 투입되었다. 이곳에서 몇 가지 보수 작업을 하며 한 달 동안 일하면 후방으로 배치되어 조금 편하게 있을 수 있었다. 그러나 전투 중에 사망하거나 참호 속에서 포탄을 맞아 사망하는 경우가 많아 한 달을 버티는 병사는 매우 드물었다. 이 밖에 추위와 비위생적인 환경 탓에 병에 걸려 사망하는 병사의 수도 많았다.

4년여에 걸쳐 참호전을 벌이면서 양측은 독가스, 전투기, 탱크 등 다양한 최신

식 무기를 사용했다. 그러나 모두 전쟁의 승패를 결정짓는 역할을 하지는 못했고 전쟁은 지루하게 이어졌다. 1917년에 '10월 혁명'이 발생한 러시아가 전쟁에서 빠진 후, 독일군이 지루한 참호전을 끝내고 연합군을 향해 침투 공격을 시도해 큰 성과를 거두었다. 이는 교착 상태에 빠진 참호전에 새로운 돌파구가 되었다. 제2차 세계대전이 발발하자 참호전은 기계화 부대의 공격에 밀려 효력을 발휘하지 못했고 차츰 실전에서 찾아볼 수 없게 되었다.

참호 사이의 우정

참호전을 벌이는 동안 연합국과 동맹국에는 수많은 사상자가 발생했다. 그러나 가장 낮은 계급의 병사들은 명절 같은 때에 적군 병사와 교류하며 우정을 쌓기도 했다. 그들은 자신뿐 아니라 그 누구도 참호 속에서 처참하게 죽기를 바라지 않았다. 병사들은 서로의 마음을 이해하고 동정했으며, 그들 사이에는 암묵적으로 약속된 행동이 생겼다. 양측 병사들은 모두 매일 아침 식사 때 공터에 나무판을 세웠다. 그리고 이 나무판이 똑바로 서 있는 동안에는 서로 교전

▼ 제1차 세계대전 중서부 전선의 참호 지도

참호는 지그재그로 뻗어나가는 형태였기 때문에 병사들은 벽에 가려져 10미터 떨어진 곳에 있는 사물도 볼 수 없었다. 하지만 이런 형태는 적이 측면에서 공격해올 때 화력 공격의 피해를 덜 입을 수 있었다. 또한 포탄이 참호에 떨어졌을 때 산산이 조각난 탄피가 멀리 흩어지지 않아 피해의 확산을 막았다.

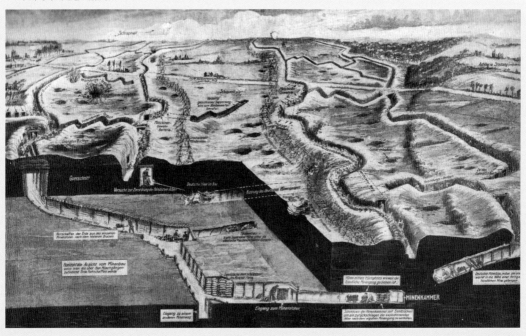

을 멈추고 평화롭게 식사했다. 아침 식사를 마치고 나무판을 치우면 다시 대치 상태가 시작되었다. 대치 중에 종종 양측 병사들이 서로 큰소리로 이야기를 나누기도 했다. 독일군 병사가 영국군 병사에게 큰소리로 잘 아는 가게나 길을 묻기도 했고, 토론을 하거나, 노래를 불러서 정보를 주고받는 식이었다. 양측 병사들이 각자의 최전방에 모여 앉아 노래를 부르는 일종의 음악회가 벌어지기도 했다. 조용한 밤에 상대편 참호에서 노랫소리가 들려오면 병사들은 박수를 치거나 앙코르를 외쳤다. 1914년 12월 24일, 양측 병사들은 최전방에서 크리스마스 파티를 벌였다. 독일군 병사가 "영국인들이여! 메리 크리스마스!"라고 외치면 영국군도 "메리 크리스마스!"라고 화답하고 다 함께 크리스마스 캐럴을 불렀다. 양측의 지휘관들은 이런 일이 발생하지 않도록 금지령을 내리는 등 온갖 방법을 동원했지만, 젊은 병사들의 열정을 막을 수는 없었다.

1915년의 동부 전선

독일 참모총장이던 힌덴부르크는 회고록에서 1915년 당시의 동부 전선을 이렇게 묘사했다. "러시아와 전쟁 중이던 우리는 참호 앞에 쌓인 적의 시체를 치워가며 공격을 계속했다." 독일은 1915년을 승리의 해로 기억하지만, 러시아에는 악몽 같은 한 해였다.

복잡한 동부 전선

타넨베르크 전투에서 참패한 후 러시아는 제1차 마주리아 호 전투와 폴란드 중부 지역에서 벌어진 전투에서 연이어 독일에 패했다. 이런 상황에서 오스트리아-헝가리제국까지 나서서 러시아를 공격했다. 오스트리아-헝가리제국은 러시아의 무력한 모습을 보고 처음에 큰 승리를 예상했다. 그러나 갈리시아에서 러시아가 맹렬히 저항하자 적잖이 당황했다. 이에 동맹국인 독일이 지원군을 보내주었다. 독일군은 러시아의 북서쪽 부대와 남서쪽 부대 주둔지의 중간 지점인 비스와 강 중류에서 대규모 공격을 시도했는데, 결과는 실패였다. 모처럼 승리를 거둔 러시아는 이 기세를 몰아 독일 국경 안으로 진입하려고 하다가 우지 지역에서 저지당했다. 이때부터 양측은 튼튼한 방벽을 갖춘 진지를 중심으로 벌이는 진지전을 시작했다. 제1차 세계대전이 시작된 후 오스트리아-헝가리제국은 세르비아를 여러 차례 공격했지만 번번이 패하면서 발칸 지역을 확실히 장악하지 못했다. 그러자 독일은 발칸 지역에서 러시아를 견제하기 위해 오스만튀르크제국(터키)을 전쟁에 끌어들였다. 1914년 10월, 오스만튀르크제국은 독일에서 1억 프랑의 차관을 받고 동맹국 편에 서서 러시아를 공격하기 시작했다. 그러나 오스만튀르크제국의 제9집단군은 오히려 코카서스 전투에서 러시아군에 거의 전멸되었고, 덕분에 발칸 지역의 상황은 잠시 안정되었다.

동부 전선의 격전

1915년에 서부 전선에서는 장기전이 시작되었다. 양측은 참호전을 벌이면서 병력을 너무 많이 낭비했기 때문에 섣불리 먼저 공격하지 않고 상대방의 상황을 주시했다. 전쟁이 길어질수록 불리해지는 쪽은 독일이었다. 그래서 독일 총참모부 내에서는 서부 전선을 잠시 내버려두고 동부 전선에 주력해야 한다는 의견이 나오기 시작했다. 러시아를 주요 공격 목표로 삼아 우선 동부 전선의 전투를 마무리 짓자는 생각이었다. 당시 동부 전선에서 독일군을 지휘하던 인물은 힌덴부르크였다. 타넨베르크 전투에서 큰 공을 세운 그는 이미 육군 원수의 자리까지 올랐고 루덴도르프가 여전히 그의 참모장을 맡고 있었다. 두 사람은 편지를 주고받으며 동부 전선에 병력만 충분하다면 단시간에 러시아를 무찌를 수 있다는 의견을 나누었다. 그러나 몰트케의 뒤를 이어 독일군 참모총장이 된 팔켄하인은 서부 전선에서 먼저 승리를 거두고 나서 전쟁을 마무리해야 한다고 고집을 부렸다. 그는 주변의 의견을 무시하고 독일의 주력 부대가 동부 전선으로 이동하는 것을 허락하지 않았다. 하지만 그의 예상과 달리 서부 전선이 장기전에 돌입하자 팔켄하인은 그제야 서부 전선의 몇몇 부대를 동부 전선으로 이동시켰다. 당시 동부 전선에 모인 독일과 오스트리아-헝가리제국의 병력은 모두 130만 명에 달했다. 대치 중인 러시아군의 병력은 이보다 많은 175만 명이었지만, 보유한 무기와 훈련 상태 등을 고려하면 양측의 병력은 별 차이가 없었다.

1915년 1월 31일, 루덴도르프의 치밀한 작전 계획에 따라 독일군은 제2차 마주리아 호 전투를 시작했다. 이때 상대적으로 준비가 부족했던 러시아군은 제대로 반격해보지도 못하고 급히 후퇴했다. 2월 21일에 끝난 이 전투로 러시아는 10만 명에 달하는 병력을 잃었

▼ 1915년에 폴란드를 점령한 독일군의 의무 부대

다. 독일은 이 전투에서 승리했을 뿐만 아니라 러시아군의 상황이 짐작한 것보다 훨씬 좋지 않다는 사실을 알게 되었다. 실제로 러시아군은 3분의 1 이상에 이르는 병사들이 무기도 제대로 지급받지 못했고 대부분이 겨우 4주 훈련만 거친 신병이었다. 각 부대에 포탄도 매우 부족한 상황이었다.

43

일부 부대에서는 지휘관이 매일 세 발 이상 발포하지 말라는 명령을 내릴 정도였다. 상황이 불리해진 연합국은 전쟁이 끝나면 세르비아의 피우메와 달마티아 지역을 나누어준다는 조건으로 이탈리아에 전쟁에 참여할 것을 제안했다. 이탈리아는 제안을 받아들여 1915년 5월에 참전을 선언했다. 그런데 이탈리아군은 훈련이 부족하여 참전 초기에 거의 30만 명에 달하는 병력을 잃었다. 하지만 나중에 이탈리아가 오스트리아-헝가리제국군을 저지하면서 러시아를 비롯한 연합국 측은 동맹국의 압박에서 어느 정도 벗어날 수 있었다.

5월 초, 독일과 오스트리아-헝가리제국 군대가 폴란드의 바르샤바를 침공했다. 당시 폴란드를 점령하고 있던 러시아의 방어선은 동맹국의 거센 공격에 금세 무너졌고, 러시아군은 어쩔 수 없이 계속 후퇴했다. 6월 말까지 독일 제9집단군은 러시아 병사 15만 명 이상을 포로로 잡았다. 그리고 8월 5일에는 큰 힘을 들이지 않고 마침내 폴란드에서 러시아군을 완전히 몰아냈다. 그로부터 2주 후에 독일군은 폴란드 전체를 점령했고, 러시아군 75만 명이 독일의 포로가 되었다.

9월 초, 참패 소식을 들은 러시아 황제 니콜라이 2세는 크게 화를 내며 총사령관 니콜라이 대공을 파면하고 직접 작전을 지휘하기로 했다. 그러나 나쁜 소식은 여기에서 그치지 않았다. 10월 11일에 불가리아가 동맹국 가입을 선포하고 곧바로 전쟁에 뛰어들었다. 불가리아는 오스트리아-헝가리제국과 함께 세르비아를 총공격했고 동맹국은 금세 세르비아 전역을 점령했다. 세르비아의 정부와 군대는 사방으로 흩어져 그리스의 코르푸 섬까지 내몰렸다. 이 일은 발칸 지역을 방어하던 러시아에 너무 큰 타격이었다. 반대로 승승장구하던 독일 및 동맹국들은 흥분을 가라앉히고 숨을 골랐다. 독일군 참모총장 팔켄하인은 매우 신중하게도 주요 전선에서 공격을 멈추고 방어에 집중하라고 명령했다. 1915년 말, 폴란드의 리가 만에서 루마니아의 국경까지 1,000여 킬로미터에 걸쳐 형성된 동부 전선은 잠시 안정을 찾았다.

갈리폴리 상륙 작전

갈리폴리 상륙 작전은 역사상 첫 번째로 시도된 현대적 의미의 상륙 작전이다. 하지만 준비 부족과 잘못된 판단으로 영국과 프랑스는 참담한 실패를 맛보아야 했다. 두 나라는 갈리폴리 반도를 점령하는 데 실패하고 수많은 병사를 잃은 채 허둥지둥 후퇴할 수밖에 없었다.

전략적 요충지

　갈리폴리 반도는 유럽 남부에 자리한 지금의 터키에서 남서쪽 바다로 100킬로미터가량 뻗어나간 부분이다. 반도의 폭이 7~20킬로미터 정도밖에 되지 않아서 전체적으로 좁고 기다란 형태이다. 이곳은 산이 많아서 줄곧 사람이 살지 않는 황량한 땅으로 남아 있다가 1915년에 처음으로 길이 만들어졌다. 해변을 내려다보는 산등성이와 가파른 비탈은 흡사 다르다넬스 해협을 지키는 진지와 같은 역할을 했다. 다르다넬스 해협은 오래전부터 겨울에도 얼지 않는 천혜의 항구이나, 사방으로 변화무쌍하게 흐르는 조류와 하루에도 수십 번 바뀌는 풍향, 그리고 잦은 태풍으로 항해하기가 쉽지 않았다. 그래서 갈리폴리 반도를 점령하는 것은 매우 어려운 일이었다.

　1914년 10월, 오스만튀르크제국은 1억 프랑을 빌려주겠다는 독일의 제안을 받아들여 동맹국에 가입하고 곧바로 러시아를 공격했다. 러시아로서는 엎친 데 덮친 격이었다. 동부 전선에서 대치 중이던 독일과 오스트리아-헝가리제국군도 감당하지 못할 지경인데 오스만튀르크제국까지 합세하자 러시아는 어찌할 바를 몰랐다. 이에 러시아군 총사령관 니콜라이 대공은 급히 영국에 지원을 요청하는 편지를 보냈다. "오스만튀르크제국의 군대를 제압할 수만 있다면 육군이든 해군이든 다 좋습니다." 이에 영국 정부는 오스만튀르크제국군을 물리칠 작전을 계획하던 중에 작전을 펼칠 장소로 갈리폴리 반도를 떠올렸다. 이 작전 계획을 가장 적극적으로 지지한 인물은 당시 영국 해군 장관이던 윈스턴 처칠이었다. 그는 전쟁 초기부터 영국이 갈리폴리 반도를 점령해야 한다고 주장해왔지만 그동안 줄곧 받아들여지지 않고 있었다. 그래서 이번에야말로 갈리폴리 반도를 점령할 좋은 기회라고 생각하고 자신의 계획을 더욱 밀어붙였다.

갈리폴리 반도를 차지해서 다르다넬스 해협과 보스포루스 해협까지 장악하자는 것이 그의 계획이었다. 그렇게만 된다면 오스만튀르크 제국의 수도인 콘스탄티노플을 공격해서 독일군을 지원하는 오스만 튀르크제국을 압박할 수 있을 것이었다. 또 갈리폴리 반도를 점령하면 영국 함대가 흑해로 나아가 러시아까지 갈 수 있어 연합국의 해상 경로까지 확보하는 셈이었다.

어긋난 시작

처칠의 주장을 검토한 영국 정부는 마침내 갈리폴리 상륙 작전을 승인했고, 프랑스도 이에 동의하고 작전에 참여하기로 했다. 그러나 이후 작전 계획을 구체화하는 과정에서 혼란이 빚어졌으며 육군과 해군의 협조도 매우 비효율적이었다. 이러한 문제점은 이후 작전을 수행할 때 큰 걸림돌로 작용했다. 1915년 2월 초, 영국 전함 18척과 프랑스 전함 4척, 그리고 보급 선박으로 구성된 영국-프랑스 연합군이 출발했다. 2월 19일에 함대가 다르다넬스 해협 입구에 도착하면서부터 전투가 시작되었다. 연합군은 강력한 화력을 앞세워 반도의 해안을 수비하는 오스만튀르크제국의 대포 부대를 빠르게 무너뜨렸다. 하지만 악화된 날씨 탓에 상륙은 꼬박 닷새나 미뤄졌다.

영국-프랑스 연합군이 갈리폴리 반도에 상륙했을 때, 두 나라의 정부는 전투가 곧 끝날 것으로 생각했다. 그러나 연합군은 해안의 암벽을 오르던 중에 기습 공격을 받았다. 오스만튀르크제국군이 암벽 사이에 방어 진지를 구축하고 엎드려 숨어 있다가 공격한 것이었다. 그들은 이런 식의 게릴라전을 끊임없이 시도했다. 연합군은 숨어 있는 오스만튀르크제국군을 소탕하려고 했지만 낯선 지형 탓에 번번이 실패했

▼ 갈리폴리 반도로 떠나는 영국군
1915년 5월, 영국의 랭커셔 보병 제42사단의 125명이 갈리폴리 반도로 이동하고 있다. 1915년 4월 24일에 시작된 이 작전에서 영국군은 헬레스 곶에 상륙했다.

다. 3월 18일까지 육지에서 시도한 연합군의 공격은 거의 모두 실패했고 아무런 성과도 없이 아까운 시간만 흘렀다. 이런 상황은 해상에서도 마찬가지였다. 어느 날, 오스만튀르크제국의 소형 전함 몇 척이 연합군 함대가 정박한 곳으로 가까이 접근해 수뢰를 발사했다. 수뢰는 자동 장치에 의해 적의 군함이나 잠수함 등 수중 목표물에 다가가 물속에서 폭발하는 폭탄이다. 연합군은 오스만튀르크제국이 바다에서 이렇게 과감한 작전을 벌일 것이라고는 전혀 예상하지 못했기 때문에 함대 주변의 경계를 소홀히 하는 실수를 저지른 것이었다. 얼마 후, 프랑스군 전함 부베 호가 수뢰에 부딪혔다. 거대한 폭발음과 함께 갑판은 산산조각이 났고 화염이 하늘 높이 치솟았다. 잠시 후 부베 호는 바다 밑으로 가라앉았고 그 배에 탄 병사와 승무원 639명도 모두 사망했다. 그리고 얼마 지나지 않아 영국 전함 인플렉서블 호, 이리지스터블 호와 오션 호도 차례로 수뢰와 부딪혀 폭발한 후 침몰했다. 이 밖에 다른 영국 전함 세 척은 수뢰에 부딪히고도 다행히 침몰하지는 않았으나 크게 손상되어 작전을 수행할 수 없는 지경에 이르렀다. 뼈아픈 참패를 겪은 연합군 함대는 에게 해로 물러나는 수밖에 없었다.

  소식을 들은 영국과 프랑스 정부는 지원군을 보내기로 하고 영국의 이안 해밀턴을 새로운 연합군 사령관으로 임명했다. 해밀턴은 지원군을 이끌고 가서 오스만튀르크제국과 결전을 벌여야 했지만 자신이 맡은 임무를 정확히 파악하지 못했다. 임무지로 떠날 때 그가 소유한 것은 1912년에 발행된 오스만튀르크제국의 군사 훈련 교본 한 권, 아직 완성되지도 않은 작전 지역의 지도 한 장, 그리고 현지 서점에서 급히 구입한 콘스탄티노플 여행안내서 한 권뿐이었다. 더 황당한 것은 런던을 떠날 때까지 구체적인 상륙 지점도 정해 놓지 않았다는 사실이다. 그가 통솔해야 하는 병사는 모두 영국, 프랑스, 오스트레일리아, 네덜란드, 인도 등에서 온 7만 8,000명이었다. 이 전투에서 동맹군을 이끄는 장군은 독일의 리만 폰 잔더스(Otto Liman von Sanders)[1]였는데 그는 오스만튀르크제국의 병사 8만 4,000명을 지휘하고 있었다. 해밀턴과 달리 잔더스는 자신의 부대를 훌륭하게 이끌었고 영국-프랑스 연합군은 감히 그들의 적수가 되지 못했다.

---

1) '리만 폰 산데르스'라고도 함

뼈저린 실패

영국-프랑스 연합군은 그리스 림노스 섬의 무드로스 항에 집결한 후 군대를 정비했다. 그들은 4월 23일에 갈리폴리 반도를 향해 출발했는데 사령관 해밀턴은 그제야 상륙 지점을 확정했다. 그러나 그가 설명한 '반도의 양쪽 끝에서부터 30킬로미터 사이의 지점'은 매우 애매모호했기 때문에 구체적인 상륙 지점은 결국 현장의 지휘관들이 각자 결정해야 했다. 그러다 보니 상륙을 시도하는 동안 각 부대 간에 혼란이 발생했다. 그들의 실패는 이미 이때부터 결정된 것이나 다름없었다. 이틀 후, 연합군은 부대별로 서로 다른 시간, 서로 다른 지점에 각각 상륙했다. 예를 들어 오스트레일리아와 네덜란드 병사로 구성된 부대는 오스만튀르크제국의 포탄 공격을 피하기 위해 밤에 상륙했고, 영국군은 이미 상륙한 부대를 즉시 지원할 수 있노록 낮에 상륙한 식이었다.

밤에 상륙한 부대는 모든 부대가 각각 상륙해서 다시 집결하는 것이 매우 비효율적이라는 사실을 상륙하고 나서야 깨달았다. 또 자신들이 상륙한 해변의 폭이 처음에 예상한 1.5킬로미터의 4분의 3 정도밖에 되지 않으며 양끝이 암벽으로 가로막혀 있다는 것을 알아차

▶ **75밀리미터 슈나이더 야전포**
영국군은 헬레스 곶에 있는 세드 엘 바르라는 작은 마을에 진지를 세웠다. 1915년 6월 4일, 그들은 적을 향해 프랑스에서 만든 75밀리미터 슈나이더 야전포를 발사했다.

렸다. 알고 보니 서점에서 산 여행안내서의 내용이 정확하지 않았던 것이다. 이렇게 좁은 곳에 병사뿐만 아니라 대포와 각종 보급품까지 내려놓자 공간이 꽉 들어차 병사들은 옴짝달싹하지 못하게 되었다. 더 심각한 문제는 보초를 서던 오스만튀르크제국군이 그들의 상륙을 목격했다는 점이었다. 연합군의 지원군이 상륙했다는 소식을 들은 오스만튀르크제국군

▲ 철수하는 연합군
1916년 1월 7일, 갈리폴리 반도 철수 작전이 막바지에 접어들었다. 오스만튀르크제국군은 해안 곳곳에서 떠날 준비를 하는 영국군을 향해 대포를 발사했다. 포탄은 가까운 해안에서 터지며 거대한 물기둥을 일으켰다.

은 급히 8개 보병부대와 3개 포병중대를 해안으로 보냈다. 그들은 해안의 암벽을 오르려고 준비하던 오스트레일리아와 네덜란드 병사들을 향해 맹렬하게 대포를 쏘았다. 그 바람에 암벽을 기어오르던 병사들은 모두 추락해 죽었고, 해안에 대기하던 병사들도 이어지는 오스만튀르크제국의 대포 공격에 제대로 반격도 해보지 못하고 거의 전멸했다. 다른 해안에 상륙한 부대들도 비슷한 상황을 맞았다. 이렇게 연합군의 상륙 작전은 오스만튀르크제국군의 강한 저항에 부딪혀 큰 피해를 입은 채 끝났다.

7월까지 연합군은 조금도 전진하지 못했고 사상자 수만 계속해서 늘어났다. 8월 초, 영국의 야전 총사령부는 2개 사단을 더 보내 갈리폴리 북서쪽의 수블라 만에서 새로운 상륙 작전을 시도하기로 했다. 이 작전은 매우 성공적이었다. 연합군은 오스만튀르크제국의 허를 찌르는 작전으로 매우 빠르게 방어선을 무너뜨리고 해변에 진지를 세웠다. 이 기세를 몰아 계속 갈리폴리 반도의 내륙으로 전진해서 적과 결전을 벌여야 할 때, 해밀턴을 비롯한 연합군 지휘관들은 어찌된 일인지 모두 공격의 고삐를 늦추었다. 결과적으로, 그들은 승리할 수 있는 마지막 기회를 놓친 셈이었다. 연합군이 잠시 숨을 고르는

동안 동맹군을 지휘하는 잔더스는 부대를 재정비하고 반격을 준비했
다. 마침 지원 부대까지 도착하자 잔더스는 연합군을 수블라 만으로
몰아넣고 압박을 계속했다.

9월이 될 때까지 연합군의 상륙 작전은 아무런 성과를 거두지 못했
다. 영국과 프랑스 정부는 해밀턴을 해임하고 지원군을 보내기로 했
다. 새로 부임한 연합군 사령관은 현지 상황을 둘러보고 나서 되돌리
기에는 이미 너무 늦었다는 것을 알아차렸다. 그는 정부에 최대한 빨
리 철수해야 그나마 병력 손실을 줄일 수 있다고 보고했다. 그러나 막
상 철수 명령은 11월이 되어서야 내려졌다. 이때는 갈리폴리 반도에
눈이 많이 내리고 바람이 휘몰아치는 시기여서 연합군 병사들은 철
수 명령을 기다리다가 눈에 파묻혀 죽거나 얼어 죽기도 했다. 연합군
은 12월 19일부터 철수하기 시작해 다음해 1월 9일에 완전히 철수했
다. 통계에 따르면 이 상륙 작전에 참여한 연합군 병사는 50만 명으
로 그중 절반 이상이 죽거나 다쳤다. 특히 영국에서만 21만 4,000명,
프랑스는 4만 7,000명의 사상자가 발생했다. 또 이 작전은 결과적으
로 불가리아가 동맹국에 가입해 참전하는 계기가 되었다.

예페르의 독가스

예페르의 푸른 하늘에 녹황색 기체가 떠오르면서 새로운 방식의 전쟁, 바로 화학전이 시작되었다. 독일은 당시의 상황을 다음과 같이 기록했다. "독일은 독가스라는 새로운 무기를 최전방에서 실험할 필요가 있었기 때문에 4월 22일에 예페르 전투를 시작했다."

화학전의 시작

1915년에 서부 전선에서는 지루하고 처참한 참호전이 계속되고 있었다. 그중에 가장 치열했던 곳은 벨기에의 플랑드르 지역이었다. 연합군과 동맹군은 이곳의 오래된 도시인 예페르에서 매일 상대방의 진영을 향해 대포를 쏘았다.

1915년 4월 22일, 예페르에 주둔하는 프랑스, 영국, 캐나다 병사들은 오랜만에 느껴보는 맑은 공기와 따뜻한 햇볕에 기분 좋은 하루를 시작했다. 이때만 해도 그들은 자신들을 향해 다가오는 무시무시한 위험을 전혀 알아차리지 못했다. 오후 4시가 되자 독일군은 항상하던 대로 대포를 쏘며 오후 공격을 시작했고 한 시간 반 뒤에 맹렬한 포격이 끝났다. 연합군은 독일군이 평소처럼 1차 포격 후 잠시 쉬었다가 공격을 다시 시작할 것으로 예상했지만, 독일군은 더 이상

◀ **방독면을 쓴 병사들**

1916년 7월, 솜 강 전투에서 방독면을 쓴 영국 병사 두 명이 기관총을 쏘고 있다. 그들이 사용한 기관총은 당시 영국 육군이 보유한 무기 중 가장 신식인 맥심 중(重)기관총이다. 중기관총은 경기관총보다 무겁고 위력이 큰 기관총으로 명중률이 높고, 발사 속도가 빠르며, 장시간 계속 사용할 수 있는 장점이 있었다.

공격하지 않았다. 그 대신 연합군 병사들은 얼마 후 녹황색 구름처럼 보이는 기체가 북동풍을 타고 가까이 다가오는 것을 보았다. 멍하니 그것을 바라보던 병사들은 그 기체가 차츰 가까워지자 숨이 막히는 것을 느꼈다. 땅에 고꾸라진 병사들은 비명을 지르고 토하기 시작했으며 눈, 코, 목구멍이 타들어가는 것 같은 엄청난 고통을 느끼면서 몸부림쳤다. 이 치명적인 녹황색 기체는 바로 160톤이 넘는 염소 가스였다. 독일군이 염소 가스를 가스통에 담아 서부 전선의 최전방 참호로 운반한 후 바람에 실어 연합군 진영 쪽으로 보낸 것이었다. 독일군은 원래 염소 가스를 날려 보낸 후 즉시 연합국 기습하려고 했으나 가스가 공기 중에 완전히 흩어질 때까지 한참을 기다려야 했다.

치열한 정보전

사실 연합국은 독일군이 독가스 공격을 준비하고 있다는 정보를 이미 한 달 전에 입수했다. 하지만 그들은 이 내용을 별로 중요하게 생각하지 않았다. 1915년 3월 30일에 작성된 '프랑스 제10집단군 보고서'에는 포로로 잡은 독일 병사를 심문한 내용이 기록되어 있다. 기록에 의하면 이 독일군 포로는 가스통이 최전방에 배치되고 있으며 자신은 어떤 가스인지 정확히 알지 못한다고 말했다. 당시 이 정보는 각지에서 보내온 수많은 정보에 묻혀 주목받지 못했다. 4월 13일, 프랑스로 도망쳐 온 독일 병사 한 명이 독가스에 대한 구체적인 정보를 제공했다. "독일군은 호흡 곤란을 일으키는 독가스를 통에 담고 그 통을 다시 포탄에 넣었습니다. 그리고 이런 포탄을 최전방에 40미터마다 스무 개씩 준비해 놓았습니다." 그는 독일군에 지급된 방독면을 가져 와서 증거로 내놓기까지 했지만, 프랑스군 지휘관들은 이번에도 이 정보를 무시하고 아무런 조치도 하지 않았다. 그들은 독일이 설마 그렇게 '비인간적인 공격'을 하지는 않을 것이라고 생각했다. 게다가 공중 정찰에서도 별다른 사항을 발견하지 못했기 때문에 이를 독일군의 교란 작전이라고 보았다.

4월 24일, 독일군은 예페르에서 다시 한 번 독가스 공격을 감행했다. 그러나 이번에는 바람의 방향과 속도 때문에 원하는 만큼의 효과를 얻지는 못했다. 연합군의 장군들은 그제야 독일군이 화학전을 벌일 능력이 있으며 그것을 실전에 투입하려고 한다는 것을 깨닫고 대응 방법을 찾기 시작했다. 빨리 조치하지 않으면 방어선이 무너질 것이 분명하기에 그들은 급히 방독면을 만들어서 병사들에게 지급했다. 하지만 이 방독면은 독일군이 사용하는 독가스의 성분을 정확히 알지 못한 상태에서 만들어졌기 때문에 효과는 장담할 수 없었다.

이렇게 혼란스러울 때, 프랑스 스파이 한 명이 무역업자로 위장해서 독일에 갔다. 그는 만하임에서 화학 무기에 대한 실마리를 찾고, 술집에서 크루프 사社 경비원에게 접근했다. 독일의 철강 회사인 크루프 사는 독일군이 사용하는 대포 및 각종 무기를 만드는 회사였다. 맥주 몇 병을 함께 마시면서 두 사람은 농담을 주고받는 사이가 되었다. 경비원은 이런저런 이야기를 하다가 크루프 사의 공장에서 '독가스 포탄'이라는 신식 무기를 만든다는 말을 했다. 그 순간 귀가 번쩍 뜨인 프랑스 스파이는 더 자세한 이야기를 끌어내기 위해 경비원에게 코웃음을 치며 말도 안 되는 소리 하지 말라고 했다. 이에 발끈한 경비원과 한참 실랑이한 끝에, 두 사람은 결국 2,000마르크를 걸고 직접 사실을 확인해보기로 했다. 경비원은 프랑스 스파이를 데리고 공장으로 가서 독가스 포탄을 보여주고, 실험실로 데려가 실험 장면을 보여주기까지 했다. 프랑스 스파이는 이때 땅에 떨어진 포탄 조각 몇 개를 몰래 주워서 파리의 화학실험실로 보냈다. 이 스파이의 활약 덕분에 프랑스는 독가스의 화학 성분을 정확하게 분석해서 그에 대비할 수 있는 방독면을 대량 생산할 수 있었다. 얼마 후 독일이 다시 독가스 공격을 시도했지만, 이번에는 프랑스군이 모두 방독면을 쓰고 있어서 효과는 크지 않았다.

이후 독일은 계속해서 겨자 가스, 포스겐 등 다양한 독가스를 만들었고 연합국도 자신들만의 화학 무기를 만들기 시작했다. 양측이 벌인 화학전으로 죽거나 다친 사람은 모두 100만 명이 넘었으며 그중 10분의 1이 독가스 때문에 생명을 잃었다.

체펠린 비행선

제1차 세계대전은 비행기가 만들어진 지 십 년이 채 되지 않았을 때 시작되었다. 당시의 비행기는 기능도 많지 않고 아직 보완해야 할 점이 많았기 때문에 무거운 물건을 멀리 운반할 수 없었다. 그러나 비행선을 만드는 기술은 이미 상당한 수준에 올라 있어서 독일의 체펠린이 만든 비행선은 몇 톤이나 되는 물건을 싣고 오랫동안 비행할 수 있었다. 그가 만든 비행선은 공중 정찰과 장거리 폭격 임무에 투입되어 큰 활약을 펼쳤다.

괴물의 탄생

유럽 각국은 전쟁이 일어나기 전부터 이미 비행선을 연구, 제작했는데 그중 독일의 기술이 가장 앞섰다. 독일의 체펠린 비행선은 페르디난트 폰 체펠린 백작이 설계하고 제작했다. 그는 1891년부터 줄곧 비행선을 연구하고 제작하다가 1900년 7월 20일에 처음으로 시험 비행에 성공했다. 체펠린의 성공 덕분에 인류는 말이 끄는 마차에 의존하던 데에서 벗어나 비행선에 몇 톤에 이르는 물건을 싣고 드넓은 하늘을 날아 운송할 수 있게 되었다.

제1차 세계대전이 시작되자 체펠린의 비행선은 전쟁에 사용되었다. 독일군은 이 하늘의 '전함'은 절대로 막을 수 없는 최고의 무기

▶ **LZ-7형 체펠린 비행선**
거대한 비행선의 내부는 공기보다 가벼운 수소, 헬륨 및 뜨거운 공기로 가득 채워진다. LZ-7형 체펠린 비행선은 병사 36명을 태울 수 있고 시속 70킬로미터로 비행 가능했다.

라고 자랑했다. 그들은 거대한 비행선을 띄우면 그 누구도 자신들에게 대적할 수 없다고 생각하고 이를 통해 유럽 전체에 '비행선 공포'를 퍼뜨리고자 했다. 이에 따라 독일의 육군과 해군은 곧바로 비행선 제작을 시작했다.

영국 공습

비행선의 가장 큰 장점은 비행기와 달리 야간 작전에 투입할 수 있다는 것이었다. 실제로 1914년 8월에 체펠린 비행선은 벨기에의 리에 요새와 안트베르펜, 그리고 프랑스 파리에서 야간 폭격 작전을 성공적으로 수행했다.

1915년 5월 31일, 독일 비행선 부대의 사령관은 체펠린 비행선 Z-6, Z-8, L-12를 투입하는 새로운 작전을 계획했다. 그날 독일의 쾰른에서 이륙한 비행선 세 대가 초저녁 무렵에 영국 런던 하늘에 도착했다. 그 후 독일군은 한 시간 반 동안 1.6톤이나 되는 포탄을

▼ **영국의 반격**
어두운 밤하늘에 이리저리 비치는 밝은 불빛은 어떻게 보면 매우 낭만적일 수 있지만, 1915년에 영국인들이 바라보던 밤하늘은 공포로 가득했다. 이 불빛은 영국의 대공對空 방어망 중 하나로 독일의 체펠린 비행선을 경계하기 위한 것이었다. 비행선을 이용한 공습이 시작되면서 사람들은 이제 전방뿐만 아니라 후방도 안전하지 않다는 것을 깨닫게 되었다.

영국인들의 머리 위로 계속해서 쏟아 부었다. 이날 밤, 런던은 곳곳에 화염이 치솟고 공포로 가득한 지옥으로 변했다. 그러나 용감한 영국인들은 조금도 동요하지 않았다. 하늘에서 포탄과 함께 "항복하지 않으면 죽는다!"라고 적힌 종이가 비처럼 내려왔지만, 그들은 거들떠보지도 않았다. 대책을 고심하던 영국은 비행선 자체에는 별다른 방어 수단이 없으며 바람의 강도와 풍향에 의해 움직임이 크게 좌우된다는 것을 알아차렸다. 이에 영국은 대공 탐조등을 빽빽하게 설치하고 사방에서 하늘을 비추었다. 이렇게 해서 비행선의 위치를 정확히 파악한 후 영국의 전투기 몇 대가 여러 방향으로 그 주위를 빠르게 날아 비행선이 흔들리게 했다.

1916년 말까지 독일의 비행선은 공습 작전에 51번이나 투입되어 포탄 196톤을 뿌리고 사상자 2,000명을 발생시켰다. 그러나 비행선 작전이 모두 성공한 것은 아니었고 손실도 컸다. 영국의 전투기 공격과 폭풍으로 비행선이 80여 대나 추락하기도 했다. 독일은 마침내 비행선은 완벽한 무기가 아니며 이것으로 영국인의 의지를 꺾을 수 없다는 것을 깨달았다. 이후 독일은 폭격기를 생산하는 데 주력했고, 비행선은 차츰 전쟁터에서 사라졌다.

베르됭 전투-처참한 살육전

전쟁은 1916년까지 계속되었지만 독일은 동부와 서부 전선에서 모두 이렇다 할 성과를 거두지 못했다. 그러자 독일군 참모총장 팔켄하인은 빌헬름 2세에게 서부 전선에 집중할 것을 건의했다.

새로운 계획

팔켄하인은 동부 전선에서 독일이 러시아에 승리를 거두는 것은 현실적으로 불가능하며 이는 러시아도 마찬가지라고 생각했다. 그가 판단하기에 당시는 영국-프랑스 연합군과 지루한 참호전을 벌이는 서부 전선이 더 위급했다. 그래서 팔켄하인은 빌헬름 2세에게 다음과 같이 말했다. "프랑스의 병력과 전투력은 이미 한계에 달했습니다. 프랑스인들이 그 사실을 깨달아더는 아무런 희망도 품지 못하게 해야합니다." 그의 계획은 독일의 병력 대부분을 서부 전선에 투입해서 연합국의 방어선을 뚫는 것이었다. 그는 이 총공격을 펼칠 장소로 베르됭을 지목했다.

프랑스 북동부의 뫼즈 강 연안에 있는 베르됭은 언덕으로 둘러싸인 깊은 골짜기에 자리 잡은 작은 도시이다. 수도 파리의 동쪽으로 225킬로미터, 로렌 지방북부의 중심 도시인 메스에서 서쪽으로 58킬로미터 지점에 자리하고 있다. 다시 말해 파리를 방어하는 마지막 요새인 베르됭은 오래전부터 '파리로 들어가기 위한 열쇠'라고 불렸다. 팔켄하인은 프랑스가 전략적으로 매우 중요한 베르됭을 수호하기 위해 전력을 다할 것이라고 예상했다. 하지만 독일도 이에 맞설 모든 병력을 투입해서 베르됭

▼ 방독면을 쓴 프랑스 병사

베르됭 전투에 참전한 프랑스 병사가 방독면을 쓴 채 땅굴의 입구에 서 있다. 당시 방독면은 병사들의 필수 장비였지만, 그들은 방독면이 자신의 생명을 지켜줄 것이라고 생각하지는 않았다. 독일군이 발사한 염소 가스나 겨자 가스는 대부분 방독면을 뚫고 코로 들어왔기 때문이다.

▲ 강을 건너는 지원 부대
프랑스의 지원 부대가 베르됭
요새로 가기 위해 뫼즈 강을 건
너고 있다. 당시 프랑스는 가능
한 모든 수단을 이용해서 요새
를 지키려 했다. 프랑스 국민은
이 군인들을 가리켜 '위대한 수
호자'라고 불렀다.

을 "프랑스의 피로 물들이겠
다."라고 호언장담했다. 베
르됭을 공격해서 점령한 후 신
속하게 파리로 진격해 연합국
의 모든 방어선과 요새를 무력
화하는 것이 독일의 계획이었
다. 계획대로만 되면 곧 전쟁
이 끝날지 모른다는 생각에 빌
헬름 2세는 즉시 팔켄하인의
작전을 승인했다. 1916년 2월
21일 아침, '연합국에 대한 처
결'이라고 불린 독일의 총공격
이 시작되었다.

베르됭 공격의 임무는 황태
자 빌헬름이 지휘하는 제5집
단군이 맡았다. 그러나 황태자는 이름뿐인 사령관이고 실제로 작전
을 지휘하는 사람은 여든 살의 육군 원수 헤이슬러(Haeseler)와 크노
벨스도르프(Knobelsdorff)였다. 제5집단군은 7개 군단과 18개 사단
으로 구성되었으며 대포 1,200여 문, 전투기 170여 대를 보유했다.
그리고 전투가 진행되면서 서부 전선에 있던 독일군 병력의 절반에
해당하는 50개 사단이 더 투입되었다. 제5집단군 중 제3군, 제7군,
제13군은 콩상부아(Consenvoye)에서 오른 강까지 여섯 개 부대로
나뉘어 배치되었다. 이들은 대포 879문, 박격포 202문을 보유하고
15킬로미터에 걸쳐 늘어서서 주요 공격을 담당했다. 제5군은 왼쪽
에서 이들을 엄호했다. 제15군은 오른 강의 남쪽에서 6킬로미터 떨
어진 곳에서 추가 공격을 하도록 배치되고, 제6군은 뫼즈 강 서쪽에
서 견제 임무를 맡았다. 독일은 주요 공격 방향에서만 프랑스보다
보병은 2배, 포병은 3.5배가 넘는 병력을 투입했다. 또 적이 베르됭
공격 계획을 눈치 채지 못하도록 같은 해 1월에 서부 전선에서 양동
작전을 펼쳐 연합국을 혼란스럽게 했다.

프랑스의 정보기관은 독일이 총공격을 준비하고 있다는 사실을
뒤늦게 알고 급히 총참모부에 보고했다. 하지만 당시 총사령관 조프
르는 곧 벌어질 솜 강 전투를 준비하느라 이 정보를 그다지 중요하

게 생각하지 않았다. 또 그는 벨기에의 리에 요새와 나무르 요새가 함락되는 것을 보고 군사적으로 요새가 담당하는 역할에 의문을 품었다. 그래서 베르됭 요새에 있던 방어용 대포를 다른 방어선으로 이동시켜 요새의 방어 능력을 크게 악화시키는 결과를 초래했다. 프랑스가 베르됭 지역에 세운 요새는 뫼즈 강을 가로지르며, 가운데 부분의 폭이 112킬로미터이고, 가장 바깥쪽 방어벽에서 요새의 중심까지 거리가 15~18킬로미터 정도였다. 네 겹의 방어벽 중에 바깥쪽 세 개는 야전 방어 진지이고, 가장 안쪽의 하나는 두터운 성벽과 보루 두 개를 세운 진지였다. 이곳은 매우 견고하고 높았기 때문에 적을 방어하거나 공격하는 데 모두 유리했다. 이뿐만 아니라 프랑스는 전략적으로 중요한 베르됭 요새를 더욱 굳건히 지키기 위해 주변 곳곳에 수많은 작은 요새를 세워 놓았다. 베르됭 요새에는 대포 630문이 배치되었고, 11개 사단으로 구성된 프랑스 제3집단군이 주둔했다. 이후 전투가 치열해지면서 69개 사단이 더 지원되었는데 이는 프랑스군 총 병력의 3분의 2에 해당했다. 베르됭 전투 이전에 제3집단군의 11개 사단 가운데 5개 사단은 베르됭의 북쪽, 3개 사단은 동쪽과 남동쪽, 나머지 3개 사단은 예비 부대로서 베르됭 이남의 뫼즈 강 서쪽 지역에 배치되어 주둔하고 있었다.

격렬한 전투

　1916년 2월 21일 아침 7시 15분, 독일군은 연합군을 '처결'하기 위한 첫 번째 대포의 발사를 준비했다. 잠시 후 대포 1,000여 문이 동시에 하늘과 땅을 울리는 듯한 엄청난 소리를 내며 포격을 시작했다. 시간당 10만 발의 속도로 발사된 수많은 포탄이 순식간에 하늘을 덮으면서 베르됭 요새의 진지에 비처럼 쏟아졌다. 요새는 한순간에 불바다가 되었다. 그러나 독일은 공격의 고삐를 늦추지 않고 곧이어 16.5인치 구경의 유탄포榴彈砲를 발사하기 시작했다. 야전유탄포는 방어물 뒤에 숨은 적이나 견고한 구조물을 파괴하는 데 유리하고 화력이 강한 야전용 대포이다. 야전유탄포가 한 발씩 터질 때마다 베르됭 요새의 방어벽은 천천히 무너져 갔다. 얼마 후 독일은 아직 살아 있는 프랑스 병사들까지 전부 없애기 위해 5.2인치 총탄을 가득 채운 유산탄榴霰彈을 발사했다. 이런 유산탄은 하늘에서 폭파된 후 그 안에 들어 있는 많은 총탄이 사방으로 퍼져서 살상력이 매우 컸다. 독일의 계속된 공격에 베르됭 요새의 바깥쪽 방어벽은 완전히 무너졌고, 근처의 숲도 불에 타서 사라졌으며, 산봉우리마저 대포 공격으로 평평해졌다. 그러자 프랑스군의 진지는 완전히 노출되었다. 독일은 오후 4시 45분에 폭격을 멈추고, 전체 10킬로미터 너비로 보병 사단 6개를 배치한 후 진격하기 시작했다. 살아남은 프랑스 병사들은 끝까지 저항했지만, 독일의 공격을 막아내지는 못했다. 독일은 4일 동안 맹렬하게 공격한 끝에 마침내 베르됭 요새의 바깥쪽 방어벽 세 개와 근처의 두오몽 요새까지 모두 무너뜨리고 1만 명이 넘는 연합국 병사를 포로로 잡았다.

소식을 들은 조프르는 매우 놀라서 부랴부랴 긴급 군사 회의를 열고 작전 계획을 세웠다. 그는 제2집단군의 사령관 필리프 페탱을 지휘관으로 임명하고, 이동 가능한 부대를 모두 베르됭으로 보냈다. 그리고 페탱과 병사들에게 지원 부대가 도착할 때까지 죽음을 각오하고 요새를 지키라고 명령했다. 페탱이 이끄는 프랑스군은 우선 두오몽 요새를 되찾기 위해 2월 26일까지 격렬한 전투를 벌였지만 아

▼ 용맹한 프랑스 병사들
가장 앞에서 뛰어가던 병사가 총탄에 맞았지만 그의 전우들은 두려워하지 않고 계속 돌진했다. 최신식 무기 앞에서 인간의 생명은 너무도 약했다.

무런 성과도 거두지 못했다. 하는 수 없이 페탱은 다음날인 2월 27일부터 바로 장기전을 준비하기 시작했다. 우선 그는 후방의 지원 부대와 연결되는 유일한 길인 바르르뒤크와 베르됭 사이의 도로, 그리고 모든 수로를 통해 보급품과 병사를 지원받았다. 일주일 동안 트럭 3,900대를 이용해 병사 19만 명과 각종 전쟁 물자 2만 5,000톤이 프랑스 진영으로 들어왔다. 이렇게 충분한 지원을 받은 프랑스와 달리 독일은 상황이 좋지 않았다. 지원 부대도 도착하지 않고 탄약도 부족해지면서 최전방의 공격력은 급격히 떨어졌다. 이는 독일이 베르됭 요새를 완벽히 함락시킬 수 있는 가장 좋은 기회를 날려버린 것이었다.

3월 5일, 독일은 주요 공격 방향을 뫼즈 강 서쪽으로 바꾸어 다시 한 번 총공격을 시도했다. 그들의 목표는 이곳에 주둔하는 프랑스 포병 부대를 무력화하고 서쪽에서부터 베르됭 요새를 포위하는 것이었다. 그러나 프랑스는 독일의 공격 방향이 바뀐 것을 알고 오히려 쾌재를 불렀다. 뫼즈 강 서쪽에 많은 지원군과 보급품이 도착해서 전투력이 최강의 상태였기 때문이다. 실제로 독일은 쉽지 않은 전투를 벌여야만 했고, 수많은 사상자를 내고도 겨우 작은 거점 몇 군데만 손에 넣을 수 있었다. 프랑스의 포병 부대는 매일 독일군을 향해 많은 포탄을 쏘았고 상황은 점점 프랑스에 유리해졌다. 치열한 전투가 계속되던 중에 프랑스군이 발사한 포탄 한 발이 우연히 숲 속에 있던 독일군의 창고에 명중했다. 그와 함께 이 무기고에 저장되어 있던 대구경 포탄 45만여 개가 터지면서 엄청난 규모의 화재가 발생했다. 이후 얼마간 독일의 포격은 줄어들었고, 덕분에 프랑스도 한숨 돌리게 되었다. 5월 말까지 독일의 공격은 거의 모두 실패했다. 6월 초에 이르러 아직 베르됭 점령 계획을 포기하지 않은 독일은 세 번째 총공격을 시도해 보 요새와 작은 거점 몇 곳을 차지했다. 6월 말에 독일은 베르됭 요새로 들어가는 마지막 관문인 수빌 요새에서 벌어진 전투에 포스겐이라는 독가스를 사용했다. 독가스는 4킬로미터 간격으로 배치되어 11만 발이나 발사되었고, 프랑스는 이 공격으로 병력에 큰 타격을 입었다. 나중에 다시 물러나기는 했지만 독일은 이때 베르됭 요새에서 3킬로미터 떨어진 곳까지 진격해서 프랑스를 놀라게 했다.

행운의 포탄

베르됭 전투 후반에 뫼즈 강 상류에 주둔하던 프랑스 포병 부대는 상황이 좋지 않았다. 포탄과 총탄이 얼마 남지 않고 병력도 반으로 줄어들었다. 이에 지휘관은 급한 대로 후방의 병력을 전방에 배치했다. 그중 전쟁 경험이 많지 않은 한 젊은 하사가 너무 긴장한 나머지 제대로 조준하지도 않고 포탄을 한 발 쏘았다. 포탄은 독일군이 있는 북동쪽이 아닌 북서쪽으로 날아갔다. 놀란 하사는 큰 소리로 "포탄이 엉뚱한 곳으로 발사되었습니다!"라고 외쳤다. 매우 화가 난 지휘관이 그를 크게 꾸짖을 때, 갑자기 북서쪽에서 엄청난 폭발음이 들렸다. 게다가 그 폭발음은 이후 30여 분이나 계속되었다. 알고 보니, 이 하사가 쏜 포탄이 우연히도 숲에 숨겨져 있던 독일의 비밀 창고에 떨어진 것이었다. 그뿐만 아니라 운 좋게도 이 포탄이 창고의 아주 좁은 통풍구에 떨어지면서 그곳에 있던 모든 포탄과 총탄을 폭파시켰다. 그 결과 독일군이 보유한 대포 1,200여 문은 아무런 쓸모가 없어져서 독일은 한동안 제대로 공격을 펼치지 못했다. 이 대포 오발 사건은 전쟁 역사에서 가장 운이 좋았던 공격으로 손꼽힌다.

처참한 살육전

　1916년 여름, 동부 전선의 러시아가 솜 강 부근에서 새로운 공격을 시작했다. 하지만 독일은 베르됭 전투에 집중하느라 그에 대응할 병력을 지원할 수 없었다. 게다가 베르됭의 상황도 점점 나빠지기만 했다. 독일은 몇 개월에 걸쳐 공격을 퍼부었지만 프랑스의 방어선을 겨우 7~10킬로미터 정도밖에 뚫지 못했다. 그러자 빌헬름 2세의 인내심은 바닥났고, 참모총장 팔켄하인은 그해 8월 28일에 스스로 사퇴했다. 이후 힌덴부르크가 새로운 참모총장으로 임명되었고 오랫동안 그를 보좌한 루덴도르프는 참모차장이자 육군 병참부대의 사령관이 되었다. 9월 2일, 빌헬름 2세는 힌덴부르크의 건의를 받아들여 패배를 인정하고 베르됭 공격을 중단하기로 했다. 그 후 12월 15일에 프랑스가 마지막 공격을 시작했다. 그리고 3일 만에 독일이 점령한 지역을 모두 되찾으면서 베르됭 전투는 마침내 막을 내렸다. 길고 지루했던 이 전투에서 양측은 모두 포탄 4,000여만 개와 셀 수 없이 많은 총탄, 화염방사기, 맥심 중기관총, 야전유탄포 등을 사용했다. 사망자는 프랑스가 54만 3,000명, 독일은 43만 3,000명에 이르렀다. 그래서 베르됭 전투는 '베르됭 살육전'이라고 불리기도 한다.

페탱, 구세주 혹은 반역자

페탱에 대한 프랑스인의 평가는 크게 엇갈린다. 그는 제1차 세계대전 기간
에 벌어진 베르됭 전투에서 독일군의 공격을 성공적으로 막아 내 '프랑스
의 구세주'로 불렸다. 하지만 제2차 세계대전이 벌어지자 히틀러와 손을
잡고 독일의 꼭두각시로 전락해 '민족의 반역자'로 낙인찍혔다.

젊은 시절

앙리 필리프 페탱은 1856년 4월에 프랑스 칼레 지방의 작은 마을
에서 가난한 농부의 아들로 태어났다. 그의 증조부는 용맹한 군인으
로 나폴레옹 시대에 장군의 자리에까지 올랐지만, 페탱이 태어났을
때에는 이미 가문의 영광이 사라진 지 오래였다.

1875년에 페탱은 고등학교를 졸업하고 생시르 육군사관학교에 들
어갔다. 그곳에서 그는 성실하다는 것 외에는 그다지 특별한 점이
없는 학생이었다. 졸업한 후 페탱은 소위로 임관해 알프스 산맥에
주둔하는 부대에 배치되었다. 그때부터 10년 동안 변방에서 묵묵히

▼ 페탱
1919년에 메스를 방문한 페탱

근무한 후, 1888년에 다시 생시르 육군사
관학교로 돌아와 교관이 되었다. 사람들
은 이미 서른두 살이 된 그가 군인으로서
더 이상 성공하지 못할 것이라고 생각했
다. 하지만 페탱은 언젠가 자신도 증조부
처럼 훌륭한 군인이 될 것이라고 굳게 믿
었다. 생시르 육군사관학교에서 그는 자
신을 따르는 매우 총명한 학생을 한 명 만
났다. 페탱에게 항상 많은 질문을 하던 그
학생은 바로 훗날 프랑스인이 가장 사랑하
는 정치인이 된 샤를 드골이다.

당시 프랑스의 주요 전술은 포슈가 주장
한 '전면 돌격'식의 공격 지향적이었다.
페탱은 그와 반대로 참호나 진지를 중심으
로 하는 방어 지향적 전술의 중요성을 강
조했지만 그의 주장은 별다른 주목을 받지

못했다. 이렇게 페탱은 군 중심부에서 점점 멀어졌고, 그러다 보니 진급도 매우 느렸다. 1900년에 페탱이 마흔네 살에 간신히 소령까지 진급하자, 사람들은 그가 곧 퇴역할 것이라고 생각했다. 그러나 페탱은 예상과 달리 프랑스 보병학교의 교장 자리를 거절하고 군인으로서 경력을 더 많이 쌓아 진급할 기회를 얻고자 했다.

프랑스의 구세주

제1차 세계대전이 터지기 얼마 전, 퇴역을 바라보던 쉰여덟 살의 페탱은 대령으로 진급해 연대장이 되었다. 전쟁이 시작되자 페탱 주변의 젊은 연대장들은 충분한 준비 없이 다소 성급하게 전투에 뛰어들었다. 하지만 페탱은 매우 침착하게 부대를 지휘해 차근차근 전진하며 몇몇 전투에서 성과를 거두었다. 그 결과 그는 1914년 9월에 육군 소장으로 진급하고 제6사단의 사단장으로 임명되었다. 이때부터 페탱은 승승장구하기 시작했다. 그는 한 달도 채 되지 않아 다시 진급해 제33군단의 군단장이 되었다. 1915년 5월에는 알자스 전투에 참가해서 뛰어난 지휘 능력을 보이며 독일의 견고한 방어 진지를 무너뜨렸다. 그 덕분에 프랑스는 이 전투에서 승리할 수 있었고, 페탱은 공을 인정받아 제2집단군의 사령관으로 임명되었다.

1916년 2월 21일, 독일이 맹렬한 기세로 베르됭을 총공격했다. 프랑스는 이때 육군 총사령관 조프르의 잘못된 판단 탓에 후퇴를 거듭할 수밖에 없었다. 2월 24일, 페탱은 지

▼ 산책 중인 페탱(왼쪽)
페탱이 이끈 프랑스 정부는 1940년 6월에 독일에 항복하고, 그다음 달에 프랑스 중부 지방의 비시로 옮겼다. 지역의 이름을 따서 불린 비시 정부는 프랑스 전체 영토의 약 5분의 3을 관할했다.

원 병력과 보급품을 베르됭의 최전선까지 수송하는 임무를 맡았다. 베르됭까지 가는 거의 모든 길에는 독일이 발사하는 포탄이 비 오듯 쏟아졌기 때문에 페탱은 새로운 길을 찾아야만 했다. 이에 수송 경로를 찾던 페탱은 인적이 드문 아주 좁은 길 하나를 발견했다. 그는 이 길을 통해 매우 빠른 속도로 짧은 시간 안에 지원 병력과 탄약 등 보급 물품을 완벽하게 수송했다. 패배와 후퇴를 거듭하던 최전선의 프랑스 병사들은 많은 병력과 물품을 지원받자 전투력과 사기가 뛰어올랐다. 페탱의 부대는 수송 임무를 마친 후에도 베르됭에 남아서 요새의 방어벽을 보수하고 새로 쌓는 일을 했다. 이 밖에 페탱은 프랑스 병사들의 떨어진 사기를 끌어올리기 위해 "그들은 우리를 통과하지 못한다."라는 구호를 만들기도 했다. 오래전부터 방어 전술을 연구한 페탱은 3개월 동안 독일의 공격을 성공적으로 막아냈다. 이로 말미암아 독일이 병력에 큰 손실을 보면서 상황은 점점 프랑스에 유리해졌다. 베르됭 전투에서 뛰어난 공헌을 한 덕분에 페탱은 진급해서 중앙군 사령관에 임명되었으며, 국민에게 '프랑스의 구세주'라는 명예로운 별명을 얻었다. 당시 프랑스의 대통령이던 레몽 푸앵카레도 페탱을 자신의 전용 열차에 초대해서 공적을 치하했는데, 이는 군인으로서 페탱에게 매우 큰 영광이었다.

　페탱은 이어진 전투에서도 매우 뛰어난 작전 지휘 능력을 발휘하며 잇달아 승리를 거두었다. 1918년 11월 19일, 그는 '프랑스의 원수'라는 칭호를 받으면서 군인으로서 최고의 영예를 누렸다. 이로써 페탱은 마침내 증조부를 뛰어넘는 자리에까지 올랐고 프랑스 국민의 우상이 되었다. 이후 전쟁이 끝나고 평화가 찾아오자 페탱은 사람들의 기억 속에서 점점 사라져갔지만, 그의 열정은 아직도 식지 않았다. 1934년 2월, 그는 가스통 두메르그가 세운 정부에서 국방 장관을 맡으며 정치에 첫발을 들였다. 장관으로 일하는 동안 페탱은 여전히 방어 전략의 중요성을 강조하며 마지노선을 완공하는 데 온 힘을 기울였다. 마지노선은 제1차 세계대전 이후 프랑스가 다시 발생할지 모르는 독일의 공격을 막기 위해 건설하기 시작한 방어선이다. 1939년에 여든세 살의 페탱은 스페인 주재 대사로 임명되었다. 그로부터 얼마 후 독일이 폴란드를 침공해서 제2차 세계대전이 벌어지자 페탱은 다시 한 번 사람들의 시선을 한몸에 받았다. 하지만 이번에는 전과 달리 원망과 비난이 가득한 시선이었다.

민족의 반역자

1940년 5월 10일 새벽에 독일은 네덜란드, 벨기에, 룩셈부르크를 동시에 침공했다. 136개 사단, 탱크 2,439대, 그리고 전투기 3,700대를 A, B, C 세 부대로 나누어 감행한 대규모 공격이었다. 독일은 매우 빠르게 세 나라를 점령한 후 프랑스와 벨기에의 국경에 있는 아르덴 산악 지역을 통해 프랑스까지 침공하려고 했다. 갑작스러운 공격에 당황한 영국-프랑스 연합군은 허둥대며 어찌할 바를 몰랐다. 12일에 프랑스는 전략적으로 중요한 스당에서 독일에 패했고, 14일에 독일군은 마른 강을 건너 프랑스 제9집단군을 전멸시켰다. 프랑스는 그동안 반격 한 번 해보지 못하고 후퇴를 거듭했다. 다급해진 프랑스 총리 폴 레노는 제1차 세계대전의 영웅 페탱을 떠올렸다. 이리하여 당시 스페인에 있던 페탱은 즉시 프랑스로 돌아와 5월 25일에 내각 부총리가 되었다. 그는 다시 한 번 프랑스를 구해내리라 마음먹고 곧바로 상황 파악에 나섰다. 독일군은 26일에 이미 영국과 프랑스 사이에 있는 도버 해협의 불로뉴와 칼레에 도착해서 영국-프랑스 연합군을 둘로 나누려고 했다. 연합군 30여만 명이 주둔하던 됭케르크는 불로뉴와 칼레에서 불과 20킬로미터도 안 되는 거리여서 영국-프랑스 연합군은 결국 유럽 각지로 흩어져야 했다.

냉정하게 상황을 파악한 페탱은 지금 프랑스가 독일과 전투를 벌여 봤자 절대 승리할 수 없으며 결국 '웃음거리'가 될 것이 분명하다고 판단했다. 그가 보기에 프랑스는 이미 전쟁에서 진 것과 다름없으며, 더 이상 사상자를 발생시키지 않으려면 전투를 멈춰야만 했다. 그래서 페탱은 당시 총사령관이던 막심 베강과 함께 반격을 반대하는 뜻을 고수했다. 정부 내부에서는 매일 격렬한 논쟁이 오갔지만, 프랑스는 결국 독일의 진격을 막을 획기적인 전략을 내놓지 못했다.

6월 10일, 독일군이 코앞까지 진격해오자 프랑스 정부는 결국 수도 파리를 포기하고 남부로 피신했다. 3일 후 파리는 무방비 도시가 되었고, 그다음 날 독일이 총탄 하나 사용하지 않고 텅 빈 파리를 점령했다. 6월 15일, 보르도로 피신한 프랑스 정부는 긴급 내각 회의를 열었다. 이 회의에서 레노 총리는 정부를 북아프리카의 식민지로 옮겨 계속해서 독일에 저항하자고 제안했다. 그러나 페탱은 이를 강하게 반대하며 당장 전쟁 중단을 선포하고 독일과 협상해야 한다고

▲ **치욕적인 악수**

1940년 10월에 페탱은 파리에서 100여 킬로미터 떨어진 몽투아르를 방문했고, 같은 날 저녁 6시에 기차역 승강장에서 히틀러를 '접견' 했다. 히틀러는 그에게 손을 내밀며 물었다. "우리와 함께 일하겠소?" 이날부터 페탱은 나치 독일의 '협력자'가 되었다.

주장했다. 내각의 주요 인사 대부분이 페탱의 주장에 동조하자 레노 총리는 하는 수 없이 자신의 주장을 포기하고 스스로 사퇴했다. 그리고 자신의 후임으로 페탱을 추천하면서 그에게 혼란한 상황을 해결해줄 것을 부탁했다. 다음날, 프랑스의 총리가 된 페탱은 모든 전선에서 전투를 멈출 것을 명령하고 독일에 협상을 제안했다. 당시 나치 독일의 총리 히틀러는 페탱의 제안을 받아들이고 6월 21일에 직접 프랑스 북동부의 콩피에뉴 숲으로 왔다. 콩피에뉴 숲은 1918년에 독일이 프랑스에 항복한 곳이기도 했다. 히틀러는 승자로서 프랑스 대표단을 만나 매우 치욕적인 정전 조건을 제시했다. 그러나 하루빨리 전쟁이 끝나기만을 바란 페탱은 그 모든 조건을 받아들였다.

6월 25일, 프랑스 대표단의 샤를 욍치제르(Charles Huntziger)와 독일 장군 빌헬름 카이텔은 '콩피에뉴 평화 협정'에 서명하고 프랑스가 독일에 항복했음을 공식적으로 신포했다. 7월 초에 페탱은 프랑스 정부를 중부 지방의 비시로 옮겼고, 국민의회는 페탱에게 모든 권력을 부여한다는 내용의 새로운 법안을 통과시켰다. 이 법에 따라 페탱은 국가의 원수 겸 총리가 되어 행정과 입법권을 장악했으며 국민의회 소집권, 군사 지휘권, 장관 등을 임명하거나 파면하는 권한 등을 모두 손에 넣었다. 그뿐만 아니라 군대와 정부기관에 속한 모든 사람은 페탱 개인에게 충성을 맹세해야 했다. 그해 10월, 페탱은 파리에서 100킬로미터 떨어진 몽투아르에서 히틀러와 만났다. 두 사람은 이 만남에서 프랑스와 독일의 협력 체제를 확인했는데, 이는 사실상 프랑스가 나치 독일의 속국이 되는 것을 의미했다. 이렇게 페탱은 권력의 최고 정점에 올라섰으나, 국민은 '프랑스의 구세주'가 '콩피에뉴 숲의 매국노'로 변했다며 울분을 터뜨렸다.

이로써 프랑스와 독일은 공식적으로 협력 관계가 되었다. 하지만 사실 독일에 페탱이 이끄는 비시 정부는 매우 불필요하고 성가신 존재였다. 이후 비시 정부가 몇 차례 독일의 결정에 반대하자 화가 난 히틀러는 차라리 비시 정부를 해산해버리는 편이 낫겠다고 생각했다. 결국, 그는 〈콩피에뉴 평화 협정〉을 파기하고 군대를 보내 비시 정부가 관할하는 프랑스의 영토를 모두 점령했다. 페탱은 이때부터 완전히 독일의 꼭두각시로 전락했다. 1944년 8월 20일, 독일은 페탱이 다른 추축국들과 접촉하는 것을 막기 위해 그를 독일의 지그마링겐(Sigmaringen)으로 끌고 갔다. 자유를 빼앗긴 채 억류된 페탱은 전쟁이 끝날 때까지 그곳에서 매일 두려움과 근심으로 가득한 날들을 보내야 했다.

제2차 세계대전이 끝나자 페탱은 1945년 4월 25일에 마침내 조국으로 돌아왔다. 그 후 7월 23일에 프랑스 임시 정부의 최고 법정이 페탱에 대한 전범 재판을 시작했다. 그리고 8월 10일에 그를 '민족의 반역자'로 규정하고 사형을 선고했다. 당시 프랑스 임시 정부의 총리는 페탱의 제자이자 둘도 없는 친구이던 드골이었다. 이때 그는 페탱이 고령이라는 점을 고려해 집행유예에 동의했다. 여기서 재미있는 사실은 불과 5년 전에 비시 정부가 드골에게 사형을 선고했을 때 페탱이 집행유예를 결정했다는 것이다. 1951년 7월 23일, 페탱은 대서양의 일드외(L'Île-d'Yeu) 섬에 있는 감옥에서 병으로 사망했다.

솜 강의 결전

1916년 초 독일이 베르됭 총공격을 준비할 무렵, 프랑스도 새로운 공격을 계획하고 있었다. 당시 프랑스는 북부의 솜 강에서 독일을 공격하기로 하고 군대를 배치하는 등 구체적인 작전을 세웠는데, 이를 지휘한 사람은 바로 프랑스의 명장 조프르였다.

작전 계획

조프르는 이 전투를 통해 솜 강에서 러시아군과 대치하는 독일군을 격퇴하고자 했다. 그는 이 작전이 성공해서 독일의 병력에 치명적인 손실을 입힐 수만 있다면 전쟁이 끝날 수 있을 것이라고 생각했다. 이 밖에 독일군의 주의를 솜 강으로 돌려 서부 전선에서 벌어지는 베르됭 전투를 승리로 이끄는 것도 그의 목적 중 하나였다. 영국은 협정에 따라 프랑스에 많은 지원을 약속하고 대규모 군대를 보내주었다. 당시 영국 원정군의 지휘관은 더글러스 헤이그였다. 조프르의 작전 계획을 검토한 헤이그는 공격 지역을 전략적으로 더 중요한 플랑드르로 바꾸자고 제안했다. 그러나 조프르는 이에 반대하며 자신의 주장을 밀어붙였고, 헤이그는 결국 벌써 승리한 것처럼 들뜬 조프르에게 설득 당했다. 당시 영국은 마침 모병제에서 징병제로 바꾼 때였다. 그래서 캐나다, 오스트레일리아, 뉴질랜드, 남아프리카, 인도 등의 식민지에서 현지인들을 동원해 많은 병력을 확보할 수 있었다. 문제는 이들을 훈련할 시간이 너무 부족하다는 것이었다. 헤이그는 처음부터 우세를 차지하고 최종 승리를 거두려면 병사들을 충분히 훈련해야 한다고 생각했다. 그리

▼ 솜 강에서 전투 중인 영국군과 234밀리미터 열차 대포

대포는 제1차 세계대전에서 가장 중요한 무기였고, 철도가 발달한 유럽 대륙에서 대포를 운송하는 수단은 대부분 기차였다. 그래서 영국은 1915년부터 원래 해군의 전함에 배치하던 234밀리미터 대포를 열차에도 배치했다. 이런 형태의 대포는 주로 서부 전선에서 사용되었다.

고 그는 당시에 개발된 지 얼마 되지 않은 최신식 무기가 도착하기를 기다리고 있었다. 이런 이유에서 헤이그는 조프르에게 공격 시기를 계획된 7월 1일에서 8월 15일로 변경하자고 제안했다. 그러나 조프르는 이 제안도 반대하며 원래 계획대로 해야 한다고 고집을 부렸다. 당시는 프랑스군이 베르됭에서 고전을 면치 못하던 상황이라 그는 잠시라도 공격을 늦추고 싶지 않았다. 헤이그는 이때의 상황을 일기에 이렇게 기록했다. "내가 제안한 공격 날짜는 8월 15일이었다. 그러나 조프르는 내 이야기를 듣자마자 화를 내며 큰소리로 '우리가 그때까지 아무것도 하지 않고 있으면 프랑스군은 전멸할 것이 분명하오.'라고 말했다."

조프르의 원래 계획은 프랑스의 2개 집단군과 영국의 1개 집단군으로 구성된 연합군이 솜 강에서 100여 킬로미터 떨어진 곳에서 독일을 공격하는 것이었다. 그런데 베르됭 전투가 장기전이 되면서 그의 계획은 완전히 변경되었다. 프랑스는 솜 강에 많은 부대를 투입할 수 없게 되어 결국 전투는 영국군이 주도하게 되었다. 연합군은 우선 39개 사단으로 전투를 시작했다. 그중 25개 사단이 영국의 제3집단군과 제4집단군이었는데 제4집단군이 주요 공격, 제3집단군은 지원 공격을 담당하기로 했다. 그들은 솜 강 북쪽에서 전체 25킬로미터 너비로 늘어서서 전면 공격할 예정이었다. 나머지 14개 사단은 프랑스의 제6집단군으로, 그들은 전체 15킬로미터 너비로 늘어서서 영국군의 오른쪽에서 공격할 계획이었다. 연합군은 대포 2,189문, 박격포 1,160문, 그리고 전투기 약 300대를 보유해 병력과 화력 면에서 모두 독일을 앞섰다. 그런데 각 부대의 지휘관들이 전 세계의 영국 식민지에서 온 사람들이다 보니 부대 간의 협력에 문제가 발생했다. 또 병사들은 대부분 전쟁 경험이 없는 신병들로, 그중에는 기본 훈련조차 제대

▼ 공격 준비
치열했던 솜 강 전투는 수많은 사상자를 발생시켰다. 한 영국 병사가 지급받은 엔필드 소총에 기다란 칼을 꽂으며 공격을 준비하고 있다.

로 받지 못한 사람이 수두룩했다. 이러한 문제들 때문에 전투가 벌어진 첫날 연합군은 수많은 사상자가 발생했다.

처참한 전투

솜 강에서 영국–프랑스 연합군을 상대할 부대는 독일의 제2집단군이었다. 전투 초반에 독일은 최전방에 9개 사단, 후방에 4개 사단을 배치했고, 전투가 진행되면서 이 전투에 투입된 독일군 병력은 67개 사단으로 늘어났다. 독일은 병력 면에서 절대적인 열세에 처했지만, 연합군이 파악하지 못한 견고한 방어선을 갖추고 있었다. 사실 제1차 세계대전이 발발한 이후 솜 강 부근에서는 그다지 격렬한 전투가 벌어진 적이 없었다. 양측은 긴장감이 감도는 가운데 계속

▼ 세계 최초의 탱크 마크–1호
연합군 병사들이 무척 즐거운 표정으로 탱크 위에 앉아 있다. 이 탱크는 12밀리미터 두께의 철판으로 만들어져서 11.43밀리미터의 기관총탄도 막을 수 있었다. 또 높은 언덕이나 진흙탕이 된 길에서도 빠르게 이동할 수 있었다.

대치 상태를 유지할 뿐이었다. 아마 조프르도 독일의 방어선 가운데 이곳이 약하다고 생각해서 공격 지역으로 선택했을 것이다. 하지만 조프르의 예상은 완전히 빗나갔다. 독일은 묵묵히 대치하는 동안 한시도 쉬지 않고 매우 견고한 방어용 구조물을 건축했다. 그들은 주요 방어 진지 세 개의 방어력을 더욱 높이기 위해 강 양쪽으로 충분한 준비를 해 두었다. 그중 하나는 약 12미터 깊이로 판 지하 갱도였다. 이런 갱도를 비롯한 각종 방어 진지 안에는 주방, 세탁실, 의무실 등 다양한 시설이 있었고, 엄청난 양의 탄약도 저장되었다. 모든 방어 시설은 포격을 받아도 그리 쉽게 무너지지 않을 정도로 튼튼하게 지어졌고, 출입구는 근처 마을의 평범한 가정집과 숲 등으로 완벽하게 숨겨져 있었다. 방어 시설들은 서로 교차하면서 그물처럼 엮였다. 독일로서는 적이 이 그물에 발을 들이기만 해도 그만큼 좋은 공격 기회가 없을 것이다. 완벽에 가까운 독일의 방어 시설과 달리 겉으로 드러난 연합군의 참호는 매우 초라하기 짝이 없었다. 병사들은 참호에서 조금만 벗어나도 독일 저격수의 표적이 될 것이 분명했다. 설령 적을 직접 공격하기 위해 참호에서 뛰어나가 용감하게 전진하더라도, 결국 튼튼한 방어 시설 뒤에 숨은 독일군의 총알받이가 될 것이 뻔했다. 방어 시설 외에도 연합군은 독일과 비교해 보안과 치밀함이 부족했다. 연합군에 참가한 각 나라의 외국 주재 외교관들은 자신이 아는 작전 계획을 거리낌 없이 말하고 다녔다. 이런 정보들은 스페인의 마드리드, 네덜란드 헤이그 등지에서 수집되어 즉각 독일로 보내져 독일은 이런 경로를 통해 대규모의 영국-프랑스 연합군이 솜 강으로 이동한다는 정보도 미리 알고 있었다. 그들은 방어 시설을 더욱 튼튼하게 보수하면서 조용히 적을 기다렸다.

6월 24일, 연합군의 포병 부대가 솜 강 근처에 주둔하는 독일군을 향해 대규모 포격을 시작했다. 이어지는 전투에서 고전하지 않으려면 최대한 많은 진지를 파괴해야 했기 때문에 포격은 꼬박 엿새나 계속되었다. 이 포격에서 연합군은 모두 포탄 150만 개를 발사했는데 이는 영국이 제1차 세계대전 첫해에 제조한 포탄보다 훨씬 많은 수였다. 연합군 병사들은 밤에 포탄이 터지는 '아름다운' 장면을 보기 위해 참호에서 기어 나왔다. 그들은 멀리 독일군 진영에서 포탄이 마치 별처럼 반짝이며 터지는 장면을 즐거워하며 바라보았다. 그리고 이런 대규모 폭격에서 독일군이 살아남을 리 없으니 전투가 곧 끝나겠다고 생각했다. 하지만 이 생각이 틀렸다는 것을 알아차리는 데는 며칠이 채 걸리지 않았다.

연합군의 예상과 달리 독일군 병사들은 포격을 받는 6일 동안 내내 방어 시설이나 지하 갱도에 안전하게 숨어 있었다. 그중에는 하사 아돌프 히틀러도 있었는데, 그를 비롯한 독일 병사들은 비록 지금은 숨어 있지만 얼마 후 연합군이 방어 시설 쪽으로 가까이 다가오면 전멸시킬 생각에 신이 났다. 히틀러는 당시 상황을 자신의 일기에 다음과 같이 기록했다. "우리는 조금의 의심도 없이 승리를 확신했고, 이미 승리의 기쁨에 취했다. 나는 무릎을 꿇고 이 시대에 살게 된 것을 신께 감사하는 기도를 드렸다."

7월 1일, 연합군은 세 방향에서 동시에 진격해 독일의 첫 번째 방어선을 뚫었다. 그러나 이 과정에서 수많은 사상자가 발생했으며 이날 하루에만 독일의 맥심 기관총에 죽거나 다친 사람이 6만 명에 달했다. 다음날 연합군은 독일의 두 번째 방어선을 공격해서 중요한 방어 거점 몇 군데를 점령했다. 하지만 이후 독일군에 대규모 예비부대가 투입되어 진격 속도가 차츰 느려졌다. 7월 중순까지 연합군은 겨우 몇 킬로미터밖에 진격하지 못했으며 전투력까지 바닥났다. 전투 상황은 처음에 계획했던 것과 점점 멀어지기 시작했다. 8월 초, 연합군은 병력을 51개 사단까지 증가시켰고 전투기도 500대로 늘렸지만 상황은 전혀 바뀌지 않았다. 독일군 역시 31개 사단까지 병력을 늘렸으나 양측의 대치 상태는 여전히 해결될 기미를 보이지 않았다.

9월 15일에 연합군은 새로운 무기를 전투에 투입하기로 했다. 전투가 시작되기 전부터 영국 원정군의 사령관 헤이그가 계속 기다리던 탱크다. 전쟁 역사상 탱크가 실전에 투입된 것은 이때가 처음이었다. 연합군은 원래 49대를 사용하려고 했으나 잦은 고장 등의 이유로 실제 전투에 사용된 것은 18대뿐이었다. 처음 탱크를 본 독일군은 그 모습에 너무 놀라 허둥대기만 할 뿐 대처할 방법을 찾지 못했다. 연합군은 탱크와 보병을 동시에 투입한 첫날 4~5킬로미터를 진격했다. 그전에는 하루에 겨우 150~200미터밖에 전진하지 못하던 때와 비교하면 상당한 성과였다. 그러나 탱크는 넓은 전선에 비해 수량이 매우 적었고, 게다가 기술적으로 완전하지 않아서 진격하다가 멈춰버리는 등 고장이 자주 일어났다. 그래서 탱크는 전투의 승패를 결정지을 만한 역할을 하지는 못했고, 나중에는 오히려 독일군에 의해 10대가 파손되기까지 했다.

승자 없는 결말

전투는 가을까지 계속되었다. 날씨는 점점 추워지고, 거의 매일 흐리거나 비가 내려서 길은 진흙탕이었다. 이에 양측 모두 섣불리 공격하려고 하지 않았고 솜 강은 잠시 평온한 상태를 유지했다. 그리고 11월 들어 솜 강 전투가 공식적으로 끝났다. 영국과 프랑스에 이번 전투는 실패에 가까웠다. 그들은 거의 반년 동안이나 공격했지만, 겨우 너비 10킬로미터, 길이 50킬로미터의 좁은 지역만 차지했을 뿐이었다. 게다가 그들이 점령한 지역 안에는 전략적으로 그다지 중요한 거점도 없었다. 이 과정에서 연합군은 사상자가 79만 4,000명이었으며 독일군도 53만 8,000명에 달했다. 이 전투에 실패한 탓에 프랑스의 총사령관 조프르는 모든 직책에서 물러나야 했다. 해임과 동시에 '프랑스의 원수'라는 호칭을 받기는 했지만, 사람들은 모두 이것이 명장에 대한 예의에 불과하다는 것을 알고 있었다. 그러나 독일도 승리했다고 말할 수는 없었다. 이 전투에서 너무 많은 병력을 소모한 독일은 한동안 병력을 보충하지 못했고, 이때부터 승리의 여신은 연합국의 편에 섰다.

유틀란트 해전

1916년 5월의 마지막 날, 스카게라크 해협에 짠 내 섞인 부드러운 바람이 불었다. 평화로울 것만 같던 북해에 어느 순간 거대한 파도가 일기 시작했고, 그 사이로 인류가 창조해낸 무시무시한 철강 괴물들이 모습을 드러냈다. 훗날 스카게라크 해협의 유틀란트 반도는 제1차 세계대전 중 가장 긴박한 해전이 벌어진 곳으로 영원히 기억되었다.

▼ 비티 중장의 조각상

유틀란트 해전이 끝나고 3년 후 비티 중장은 영국 해군의 원수가 되었다. 그리고 오랜 해군 생활 동안 수많은 공헌을 한 점을 인정받아 백작 작위를 받았다.

폭풍 전야

1916년, 전쟁은 벌써 3년째에 접어들었다. 그동안 프랑스의 마른 강과 샹파뉴 지역, 이탈리아의 마조레 호 등에서 머리부터 발끝까지 무장한 병사 수백만 명이 전투에 참여했다. 그들은 피를 흘리며 격렬하게 싸웠고, 전투기와 독가스, 초대형 대포 같은 무시무시한 살상형 무기도 계속해서 등장했다. 양측은 육지뿐만 아니라 바다에서도 첨예하게 대치했다. 하지만 독일 해군은 막상 전통적으로 해상 강국인 영국의 전함과 맞닥뜨리면 감히 상대할 엄두를 내지 못하고 빌헬름 항으로 도망가기에 급급했다. 가끔 영국 상선을 놀라게 할 뿐이었다. 영국은 이런 독일을 빗대어 크게 짖기만 하고 감히 먼저 공격하지는 못하는 '문지기 개' 같다고 비아냥거렸다. 이 말에 자존심이 상한 독일 황제 빌헬름 2세는 해군을 강화하기로 했다. 그는 가장 먼저 공해公海 함대 지휘관이던 라인하르트 셰어(Reinhard Scheer) 제독을 새로운 해군 총사령관으로 임명했다. 수병 출신으로 용맹하고 지략이 뛰어났던 셰어는 황제에게 새로운 작전 계획을 건의했다. 그의 계획은 이러했다. 우선 소규모 함대를 영국으로 보내 해군 일부를 공해로 유인한다. 이에 영국 함대가 공해로 들어오면 몰래 숨어서 기다리던 독일의 공해 함대가 포위해서 전멸시킨다. 그리고 즉각 전투력이 크게 약화된 상태인 영국 본토의 해군

▲ 유틀란트 해전에서 손상된 순양전함 라이언 호

영국 황실 해군의 순양전함 라이언 호는 독일이 발사한 포탄을 열두 발이나 맞아 침몰할 위기였다. 이 사진은 1919년 6월에 촬영한 것으로, 훼손된 곳을 수리하기 위해 갑판에 설치된 대포를 분리해 낸 모습이다.

까지 공격해 무력화한다. 빌헬름 2세는 이 '낚시 작전' 계획을 듣고 무척 흡족해하며 승인했다.

1916년 5월 30일, 독일의 해군 중장 히페르(Hipper)가 전함 5척, 중소형 순양함 5척, 구축함 20척으로 구성된 '미끼 함대'를 이끌고 빌헬름 항을 출발했다. 그들의 목적지는 유틀란트 반도와 스웨덴 사이에 있는 스카게라크 해협이었다. 두 시간 후, 해군 총사령관 셰어가 직접 지휘하는 공해 함대도 빌헬름 항을 떠나 '미끼 함대'의 뒤를 천천히 쫓아갔다. 히페르는 혹시나 영국이 자신들을 발견하지 못해 '낚시'에 실패할까 봐 걱정되어 부하들에게 무선 전보로 상황을 계속 보고하라고 명령했다. 그러나 이것은 매우 쓸데없는 걱정이었다. 영국은 독일 해군이 영국 해안으로 다가오고 있으며 다음날 전투를 시작할 것 같다는 정보를 5월 30일 정오에 이미 입수했다. 이에 영국 해군 총사령관 젤리코(Jellicoe)와 그의 참모 비티 중장은 곧바로 대응 작전을 구상했다. 그들은 독일 함대의 규모나 작전에 대해서는 아는 바가 없었지만 재미있게도 독일과 비슷한 '낚시 작전'을 떠올렸다. 이 계획에 따르면, 우선 비티가 이끄는 소규모 함대가 바다로 나아가 독일과 교전을 벌이다가 후퇴하는 척한다. 이때 독일 전함이 쫓아오면 젤리코가 대규모 함대를 이끌고 양쪽에서 날개 모양으로 공격해 독일을 격퇴하는 것이다.

전투의 시작

5월 30일 저녁, 비티는 전함 4척, 순양전함 6척, 중소형 순양함 12척, 구축함 27척으로 구성된 '영국판 미끼 함대'를 이끌고 출발했다. 몇 시간 후 총사령관 젤리코가 지휘하는 대규모 함대도 천천히 '미끼 함대'의 뒤를 쫓아갔다. 다음날 오후 2시 정각, 양측의 '미끼 함대'가 모두 북해에 나타났다. 히페르의 함대는 비티의 함대에서 동쪽으로 멀지 않은 곳에 있었지만 아직 서로의 존재를 알아차리지는 못했다. 두 함대의 병사들은 마치 투우사가 이리저리 휘두르는 붉은 천을 보고 내달리는 소처럼 긴장과 흥분으로 가득한 상태였다. 2시 20분, 덴마크의 무역선 한 척이 두 함대의 사이에 들어섰다. 아무것도 모르는 무역선은 뱃고동을 울리며 하늘 높이 증기를 뿜어냈고, 이에 무슨 일인지 알아보기 위해서 독일의 순양함 갈라테이아 호와 영국의 순양함 엘빙 호가 이 무역선에 접근했다. 이때야 양측은 드디어 서로의 존재를 알아차렸고, 깜짝 놀란 영국이 먼저 포탄을 발사하면서 유틀란트 해전이 시작되었다.

▲ 유틀란트 해전 후 항구로 돌아온 자이들리츠 호

독일의 순양전함인 자이들리츠 호는 1911년 11월 5일부터 전투에 투입되었다. 유틀란트 해전에서는 데어플링어 호와 함께 영국 황실 해군의 순양전함인 마리 왕비 호를 격침하는 활약을 했다. 그러나 포탄 22발과 어뢰 1발을 맞아 갑판 위에 설치한 대포 5문이 모두 파손되었다. 또 배 안으로 바닷물이 5,300톤이나 들어왔지만 침몰하지 않고 다른 전함들과 함께 무사히 독일로 돌아왔다. 이때부터 자이들리츠 호는 '침몰하지 않는 전함'이라는 별명으로 불렸다.

전투가 시작될 무렵 양측의 병력은 다음과 같았다. 영국은 드레드노트급 전함과 순양전함 37척, 중소형 순양함 34척, 구축함 80척을 보유했다. 독일의 공해 함대는 드레드노트급 전함 23척, 순양전함 11척, 그리고 구축함 63척뿐으로 영국보다 적은 편이었다. 여기서 말하는 '드레드노트급 전함'이란 무엇일까? 1906년에 영국 해군은 750만 파운드를 투자해 거대한 전함인 '드레드노트 호'를 만들었다. '바다 위의 요새'라고 불리던 이 전함은 총 배수량이 2만 1,000톤이고, 항해 속도는 21노트에 달하며, 305밀리미터 대포 10문이 설치되었다. 대포들은 매우 치밀하게 설치되어서 적이 어떤 방향에서 습격하더라도 최소한 8문의 포구와 맞닥뜨리게 되었다. 섬나라인 영국은 이 드레드노트 호를 이용해 해상 국경을 효과적으로 방어할 수 있었다. 시간이 흐르면서 12.5~15인치의 대포를 구비하고 배수량이 2만~2만 5천 톤에 달하는 전함은 모두 '드레드노트급 전함' 또는 '슈퍼 드레드노트급 전함'이라고 불렸다. 흡사 바다 위의 거대한 괴물 같은 이런 전함들은 각 나라의 해군 전투력을 가늠하는 기준이 되었다. 유틀란트 해전에서도 양측의 지휘관이 가장 믿은 것은 바로 드레드노트급 전함이었다.

치열한 전투

영국과 독일의 지휘관인 비티와 히페르는 거의 동시에 상대방에 대한 보고를 받았다. 히페르는 '낚시 작전'에 따라 즉시 남동쪽, 즉 공해 함대가 기다리는 방향으로 후퇴하라고 명령을 내렸다. 그런데 비티는 '미끼'가 되어야 하는 임무를 까맣게 잊고 독일의 함대를 맹추격하라고 명령했다. 오후 3시 48분, 양측의 함대가 교전을 시작했다. 독일은 매우 우수한 거리 측정 장치를 보유했고 명령 시스템도 효율적이어서 대포의 명중률이 아주 높았다. 그래서 영국의 순양전함인 라이언 호, 타이거 호, 마리 여왕 호 등은 잇달아 포탄을 맞다가 탄약고가 폭발할 지경에 이르렀다. 그중 라이언 호는 다행히도 대포 부대를 지휘하던 하비 소령이 전사하기 직전에 탄약고에 물을 채우라고 명령한 덕분에 대규모 폭발을 피할 수 있었다. 전쟁이 끝난 후 영국 정부는 대형 참사를 막은 하비 소령에게 군인으로서 최고 영예인 빅토리아 십자 훈장을 수여했다. 라이언 호와 달리 마리 여왕 호의 탄약고는 계속되는 대포 공격을 이겨내지 못했다. 배수량이 2만 톤에 달하는 이 드레드노트급 전함은 결국 커다란 폭발음과 함께 거대한 불덩이로 변했고, 잠시 후 북대서양의 차가운 바다 밑으로 가라앉았다. 배에 탔던 수병 1,275명 중에서 살아남은 사람은 겨우 9명뿐이었다.

영국의 불운은 계속되었다. 비티가 피해 상황을 파악하느라 정신없을 때, 셰어가 이끄는 독일의 공해 함대가 도착한 것이다. 당황한 비티는 급히 북쪽으로 후퇴하라고 명령했다. 그러자 이번에는 사기가 오를 대로 오른 독일 함대가 자신들이 뒤쫓는 것이 영국의 미끼라는 사실을 모른 채 맹렬하게 추격했다. 저녁 6시가 되자 젤리코가 지휘하는 영국의 대규모 함대가 나타났다. 이 함대에 속한 드레드노트급 전함 24척은 대포 공격을 할 때 가장 유리하다고 알려진 알파벳 'T'자 대형을 이루었다. 반면에 독일의 공해 함대는 대포 공격에 불리한 일자형을 이루어 교전을 준비했다. 이 교전에서 독일은 영국의 전함 한 척을 침몰시켰지만, 그들이 입은 피해도 만만치 않았다. 히페르는 포로로 잡은 영국 수병에게서 지금 전투에 나선 것이 영국 본국의 해군 전체라는 정보를 입수했다. 그제야 그는 자신이 낚은 것이 작은 금붕어가 아니고 커다란 백상아리라는 사실을 알고 반드시 이 전투에서 승리해서 영국 해군을 무력화해야겠다고 마음먹었

유틀란트 어뢰

제1차 세계대전에서 어뢰는 대포만큼 중요한 무기였다. 어뢰는 스스로 이동할 수 있고 또 유도 기능이 있어서 목표물에 직접 닿거나 바다 밑에 가라앉아 있다가 적의 전함에 닿은 후 전함을 폭파시켰다. 그런데 유틀란트 해전에서 영국이 발사한 지름 533밀리미터의 어뢰는 어찌 된 일인지 목표물에 닿지도 않고 가라앉지도 않았다. 이 어뢰는 뜻밖에도 50여 년이나 유령처럼 바다를 떠다녔다. 이 '골동품'은 북해, 북대서양, 버뮤다 삼각지, 미국의 동쪽 해안 등 수많은 지역에서 나타났다가 사라졌고 각국 해군의 눈에 띄었다. 이 어뢰가 터지지 못하고 바다를 표류하게 된 이유는 다음과 같다. 우선 내부의 화약이 너무 적었다. 이 어뢰 하나에 들어간 화약은 30킬로그램이 넘지 않았다. 이는 당시 어뢰의 일반적인 화약량인 50~80킬로그램에 많이 모자란 양이다. 또 이 어뢰 안에는 총 길이의 절반에 해당하는 완벽하게 밀봉된 공기주머니 같은 것이 있었다. 아마도 이것이 만드는 부력과 어뢰의 중력이 우연히도 거의 같아서 어뢰가 가라앉지 않았을 것이다. 위의 두 가지 이유로 이 어뢰는 오랫동안 폭발하지 않고 바다 위를 둥둥 떠다닐 수 있었다.

다. 저녁 7시, 독일의 뤼트초프 호는 총공격을 시작했고 구축함들도 여러 방향에서 뤼트초프 호를 엄호하며 적을 에워쌌다. 양측의 순양함과 구축함은 구경 305밀리미터의 대포를 쉬지 않고 발사하며 치열하게 교전을 벌였다.

6월 1일 새벽 3시, 형세가 불리해진 독일의 공해 함대는 영국 함대의 포위망을 뚫고 빌헬름 항으로 후퇴하려 했다. 영국 함대가 끈질기게 쫓아갔으나, 독일이 물고기 모양의 수뢰인 어뢰를 쏘며 견제해 추격을 멈출 수밖에 없었다. 4시 15분, 젤리코가 영국 함대의 귀환을 명령하면서 긴박했던 유틀란트 해전이 끝났다. 이 전투에서 영국은 순양전함 3척, 순양함 3척, 그리고 구축함 8척을 잃었으며 사상자는 6,900명에 달했다. 독일은 전함 1척, 순양전함 1척, 순양함 4척 및 구축함 5척을 잃었고 사상자는 3,000여 명 정도였다. 전투가 끝난 후 독일은 자신들이 더 많은 전함을 침몰시켰으니 이 전투는 독일의 승리라고 주장했다. 반면에 영국은 먼저 도망친 쪽이 독일이니 이 전투는 영국의 승리라고 말했다. 이에 관해 미국의 〈타임스〉는 이렇게 평론했다. "독일은 감옥을 지키는 간수를 맹렬하게 공격해서 놀라게 했다. 하지만 그들은 여전히 감옥에 갇혀 있는 상태였다."

유틀란트 해전이 끝난 후 각 나라는 거대한 전함을 만드는 데 더욱 노력을 쏟아부었다. 이후 잠수함, 항공모함 등 전쟁의 향방을 결정짓는 다양한 무기가 바다에 등장하기 시작했다.

무제한 잠수함 작전

제1차 세계대전이 일어나자 독일 해군은 주로 잠수함을 이용한 습격 작전을 감행했다. 영국 해역을 오가는 선박들을 끊임없이 공격한 이 작전은 바로 '무제한 잠수함 작전'이다. 전함과 상선을 구분하지 않는 무차별 공격으로 독일은 영국의 모든 바닷길을 완전히 봉쇄하고자 했다.

잠수함 전쟁

제1차 세계대전이 시작되자 독일은 중형 잠수함인 '유보트(U-boat)'를 이용해서 연합국의 전함을 맹렬하게 공격했다. 독일의 공격을 받은 연합국 중에 가장 큰 피해를 입은 나라는 바로 영국이었다. 섬나라인 영국은 전쟁에 필요한 물품을 모두 바다를 통해 운송해야 했다. 따라서 독일은 영국의 바닷길을 끊어버리면 전쟁터에 나가 있는 영국군의 전투력을 저하시켜 항복을 이끌어낼 수 있다고 생각하고, 영국의 수송선을 집중적으로 공격하고자 했다. 그러나 영국은 당시 세계에서 해군 전투력이 가장 뛰어난 나라였다. 그래서 독일은 정면으로 승부하기보다는 잠수함을 이용해서 기습하는 편을 선택한 것이다.

시도 때도 없이 나타나는 유보트의 공격에 대응하기 위해 영국은 새로운 전함 '큐보트(Q-boat)'를 개발했다. 큐보트는 일반 상선으로 위장하고 영국 해협을 오가다가 유보트가 공격할 기미를 보이면 재빨리 전투태세를 갖추고 반격했다. 큐보트를 이용한 작전은 매우 효과적이어서 독일의 유보트 부대는 상당한 타격을 받았다. 1915년 2월 4일, 독일은 영국과 아일랜드 주변의 바다에서 전함과 상선을 가리지 않고 연합국의 선박은 무차별로 공격하겠다고 선포했다. 이러한 독일의 무제한 잠수함 작전은 1915년 말까지 계속되었다. 그 결과 연합국은 전쟁 물자 130만 톤을 잃었는데 그중 영국의 손실은 65퍼센트에 달했다.

무제한 잠수함 작전을 벌이는 동안, 독일은 중립국인 미국을 화나게 해서 좋을 것이 없다고 생각했기 때문에 미국의 선박은 공격하지 않도록 무척 조심했다. 하지만 결국 우려하던 미국과의 충돌이 발생했다. 1915년 5월, 우편물을 싣고 가던 여객선 루시타니아 호가 독일 유보트에서 발사된 어뢰에 맞아 침몰했다. 이 배에 타고 있던 1,198명이 모두 실종되었는데 그중에는 미국인 124명도 포함되어 있었다. 그뿐만 아니라 같은 해 8월에 미국의 상선 아라비아 호까지 독일의 유보트에 격침당하자 미국의 비난은 더욱 거세졌다. 미국은 독일에 강력하게 항의하는 동시에 연합국에 가입해서 독일과 전쟁을 벌이겠다고 위협하기까지 했다. 하는 수 없이 독일은 대서양과 북해에서 무제한 잠수함 작전을 중단했고, 유보트 부대는 미국을 오가는 상선이 상대적으로 적은 지중해로 물러났다.

다시 시작된 공격

1916년 들어 독일의 상황은 점점 나빠졌다. 베르됭에서 벌이는 전투는 끝날 기미를 보이지 않고, 솜 강에서는 너무 많은 병력을 소모했다. 동부 전선의 상황은 이보다 나았지만, 러시아를 완전히 쫓아내지 못했기에 역시 장기전을 치르고 있었다. 1916년 8월, 독일의 해군 참모부는 이 상황을 뒤집으려면 무제한 잠수함 작전을 다시 시

▼ **독일의 잠수함 U-118**

1914년 4월 15일, 런던 남쪽의 헤이스팅스라는 작은 마을에 독일의 중형 잠수함 U-118이 파도에 떠밀려 왔다. 독일 해군은 모든 잠수함에 독일어로 '잠수함'을 의미하는 'Untersee-boot'의 첫 글자인 'U'와 숫자를 조합해서 이름을 붙였다. 제1차 세계대전 중에 8,000명이 넘는 유보트 수병이 사망했다.

작해야 한다는 데 의견을 모았다. 이때부터 독일은 매우 빠른 속도로 유보트를 만들기 시작했다. 처음에 독일은 이 일이 괜히 미국의 신경을 건드려 참전을 부추기는 셈이 될까 봐 매우 신경 썼다. 하지만 첩보 활동을 통해 수집한 정보를 분석해보니 미국이 전쟁에 참여하려면 준비 과정이 적어도 1년은 필요하다는 결과가 나왔다. 이에 독일은 1년 후에는 자신들이 영국의 전쟁 물자를 모두 파괴했을 테니 미국이 연합국 편에 서서 참전해도 큰 문제가 되지 않을 것이라고 전망했다.

1917년 2월 1일, 독일 해군은 무제한 잠수함 작전을 다시 시작한다고 선포했다. 그러자 더 이상 참을 수 없었던 미국은 그로부터 이틀 후 독일과 모든 외교 관계를 단절하고 참전 준비에 돌입했다. 이후 두 달 동안 독일의 유보트는 연합국 측 선박을 적어도 500척 이상 침몰시켰고, 동대서양과 북해를 항해하는 중립국 선박은 순식간에 75퍼센트나 줄어들었다. 독일의 이 작전으로 필요한 전쟁 물자를 제때 보급받지 못한 영국군은 곧 스스로 붕괴할 조짐까지 보였다. 4월 2일, 미국이 독일에 정식으로 선전포고했다. 예상과 달리 미국이 너무 일찍 참전하자 독일은 무척 당황했다. 미국 해군은 가장 먼저 연합국의 상선을 보호하는 작전을 펼쳤다. 이 작전은 상선 몇 척을 모아 일종의 편대를 구성한 후 전함이 사방을 둘러싸고 함께 항해하는 것으로 매우 효과가 있었다. 7월과 8월 두 달 동안 연합국 상선 800척 중에 피해를 입은 것은 불과 5척이었고, 반면에 독일 잠수함은 여러 척이 침몰했다.

1918년 3월부터 영국과 미국의 해군은 함께 스코틀랜드 북쪽의 오크니 제도에 수뢰 7만여 개를 설치했다. 이는 독일의 잠수함이 대서양으로 나가지 못하게 하려는 의도였다. 얼마 후 독일 해군은 연합국 해군의 총공격을 받았고 무제한 잠수함 작전은 결국 실패로 끝나고 말았다. 독일은 이 작전을 통해 연합국 상선 6,000척, 군함 150척을 침몰시켰으나, 자신들도 유보트 178대를 잃었다.

'붉은 남작' 리히트호펜

연합국과 동맹국은 하늘에서도 치열하게 싸웠다. 영국의 공중전을 대표한 것은 날개 두 개가 위아래로 달린 복엽기複葉機 '솝위드(Sopwith) F1' 전투기였다. 이 전투기는 기관총 두 개가 툭 튀어나와 있는 것이 마치 낙타의 혹을 연상시킨다고 해서 '솝위드 카멜'이라고 불리기도 했다. 프랑스의 공군을 대표하는 사람으로는 천재 조종사 롤랑 가로스(Roland Garros)가 손꼽힌다. 독일은 제1차 세계대전에서 영국, 프랑스보다 훨씬 인상 깊은 공중전을 선보였다. 그들의 대표적인 전투기는 날개 세 개가 위아래로 달린 삼엽기三葉機 '포커 Dr-1'이었다. 하지만 독일인들이 더욱 자랑스러워한 것은 바로 '에이스 중의 에이스'라고 불렸던 '붉은 남작'이었다. 포커 Dr-1과 붉은 남작은 모두 제1차 세계대전의 치열했던 공중전을 상징한다.

▼ 리히트호펜
젊고 잘생긴 리히트호펜이 프로이센의 회색 군복을 입고 사진을 찍었다. 그의 가슴에 독일 군인들의 최고 영예인 블루맥스 무공 훈장이 달려 있다.

어린 시절

만프레트 폰 리히트호펜은 1892년 5월 2일에 독일 브레슬라우의 귀족 집안에서 태어났다. 성인이 된 후 그는 맏아들로서 가문 대대로 내려오는 남작 작위를 물려받았다. 리히트호펜은 외모가 매우 잘 생기고 체격이 건장했으며 성격도 무척 강인해서 마치 중세 유럽의 멋진 기사 같았다. 이런 그가 어떻게 전쟁에서 뛰어난 활약을 보인 전투기 조종사가 되었을까?

모든 프로이센 귀족 가문의 아이들처럼 리히트호펜도 열한 살이 되자 소년 군사학교에 들어가 군사 교육을 받았다. 소년 군사학교를 졸업한 후 리히트호펜은 황실 육군학교에 입학해서 더 높은 수준의 교육을 받았다. 학교에서 그는 매우 돋보이는 학생이었다. 리히트호펜은 문화, 실전 사격 등 거의 모든 수업에서 최고의 성적을 거두었으며, 특히 승마술이 뛰어나 여러 차례 장학금을 받기도 했다.

1911년에 학교를 졸업한 리히트호펜은

▶ **포커 Dr-1 전투기**
날개의 길이는 가장 위의 것이 7.19미터, 가운데가 6.22미터, 가장 아래는 5.63미터이다. 또 날개 골격선의 앞쪽 끝과 뒤쪽 끝을 잇는 거리인 익현翼弦은 가장 위가 1.16미터, 가장 아래가 0.97미터이다. 각 날개는 0.89미터 간격으로 배치되었으며, 날개의 면적은 18.66제곱미터이다. 기체의 전체 길이는 5.77미터, 높이는 2.95미터이고, 전투기 자체의 무게는 405킬로그램, 최대 이륙 무게는 584킬로그램이다.

황실 제1기병대에 배치되었고, 1년 후 소위로 진급했다. 제1기병대의 상징은 피처럼 검붉은 색이었는데 아마도 그와 붉은색의 인연은 이때부터 시작된 것으로 보인다. 얼마 후 제1차 세계대전이 시작되었다. 하지만 기병들이 근대의 전쟁터에서 할 일은 없었다. 맥심 기관총과 참호로 상징되는 이 전쟁에서 말을 타고 다니는 기병은 구시대의 유물에 불과했다. 그래서 리히트호펜의 기병대는 후방에 배치되어 보급품을 관리하는 일을 맡았다. 그러나 젊고 매우 용감했던 그는 결코 이런 생활에 만족할 수 없었다. 그러던 중 우연히 정찰기를 타게 된 리히트호펜은 비행의 매력에 빠져서 전투기 조종사가 되기로 마음먹었다. 하늘을 자신의 전쟁터로 결정한 그는 얼마 후 상부에 자신을 서부 전선에 배치해달라고 요청했다.

하늘을 나는 기사

공군의 병력만 따지면 연합국이 동맹국보다 훨씬 우세했기에 독일은 이를 만회하고자 전투기 조종사 훈련에 매우 공을 들였다. 이렇게 양성된 최정예 조종사들은 매우 민첩한 비행 기술을 선보이며 하늘에서 전쟁의 주도권을 차지하려 했다. 1915년에 스물세 살이 된 리히트호펜은 원하던 대로 최정예 조종사들이 모인 제2비행편대에 배치되었다. 이곳의 지휘관은 천재 조종사로 명성을 날리던 오스발트 뵐케였다. 리히트호펜은 40대가 넘는 전투기를 격추한 뵐케를 평생의 우상으로 삼고, 많은 가르침을 받았다.

이곳에서 리히트호펜은 조종사로서의 자질을 마음껏 드러냈다. 겨우 스물네 시간의 전투기 비행 훈련을 마친 그는 단독 비행까지 시도했다. 첫 번째 단독 비행에서 착륙 장치를 떨어뜨리는 실수를 했지만, 과감하고 민첩한 그의 비행 기술은 박수를 받을 만큼 뛰어났다. 리히트호펜은 "나는 하늘의 사냥꾼이다. … 하늘을 나는 전율보다 낭만적인 것은 없다."라고 말했다.

1916년 9월 17일, 리히트호펜은 프랑스와의 국경에서 처음으로 적의 전투기를 격추했다. 그는 이를 기념하고자 베를린에서 보석상을 하는 친구에게 은으로 컵을 하나 만들어달라고 부탁했다. 완성된 컵에는 격추한 날짜, 격추된 적군 전투기의 모델 번호가 새겨졌고, 그 후로 컵은 계속해서 늘어났다.

1917년 1월까지 리히트호펜은 적군 전투기를 16대나 격추했다. 10대 이상 격추하면 최고 공군 조종사, 즉 '에이스'라고 불리는 것을 생각하면 그의 공적은 정말 대단했다. 1월 12일, 독일 황제 빌헬름 2세는 리히트호펜에게 최고 무공 훈장인 블루맥스를 수여하고 그를 독일 제11비행편대의 지휘관으로 임명했다. 지휘관이 되고 나서 리히트호펜이 가장 먼저 한 일은 바로 자신의 전투기를 붉은색으로 칠한 것이다. 그러자 다른 조종사들도 그를 따라 전투기를 붉게 칠했고, 이때부터 리히트호펜은 '붉은 남작', 제11비행편대는 '붉은 부대'로 불리게 되었다. 3개월 후 프랑스의 아라스 지역에서 벌어진 전투에서 '붉은 부대'는 공전의 승리를 거두었다. 제11비행편대의 조종사들은 영국 전투기를 80대 이상 격추했고, 그중에 리히트호펜 혼자서 격추한 것만 21대였다. 이 전투에서 크게 패한 영국은 이 전투가 벌어진 1917년 4월을 '피의 4월'이라고 불렀다.

포커 Dr-1

1917년 6월, 리히트호펜은 제1비행편대의 지휘관으로 임명되었다. 8월에 그는 포커 항공기 제작사에서 만든 삼엽기 포커 Dr-1으로 전투기를 교체했다. 이 전투기는 전체적으로 붉은색이며, 기체에 게 한 마리가 그려져 있었다. 외형은 조금 독특했지만 110마력의 엔진을 보유해 당시 최고의 기동력을 자랑하는 전투기였다. 전투기 앞

Dr-1 전투기의 탄생

포커 Dr-1은 리히트호펜의 마지막 전투기였다. 알려진 바에 의하면 리히트호펜은 이 전투기의 개발에도 큰 역할을 했다. 1917년 1월 24일, 리히트호펜이 복엽기인 '앨버트로스 DⅢ'로 비행하던 중에 비행기의 아랫부분 날개가 뚝 끊어지는 사고가 발생했다. 사고는 여기에서 그치지 않았다. 4월 8일, 리히트호펜의 부하 한 명이 이 기종의 전투기로 비행하다가 역시 날개가 부러지는 사고를 겪었다. 이에 매우 화가 난 리히트호펜은 베를린으로 격렬한 항의 편지를 보냈다. 항공기 설계사인 앤서니 포커는 이 편지를 읽고 즉시 최전방으로 향했다. 그는 사고가 난 전투기를 자세하게 조사하고, 영국 공군이 사용하는 전투기인 솝위드 기종까지 꼼꼼히 관찰했다. 이후 그는 베를린으로 돌아온 즉시 앨버트로스 DⅢ의 결함을 개선하기 시작했다. 이 개선 과정을 거쳐 개발된 새로운 전투기가 바로 포커 Dr-1이다. 포커 Dr-1은 날개의 길이가 이전의 전투기보다 짧아졌는데, 바로 이 점 덕분에 더욱 정교하게 비행하고 적에게 가까이 다가갈 수 있었다. 제1차 세계대전에서 독일의 전투기 조종사들은 거의 모두 이 기종을 사용했다.

쪽에는 화력이 매우 뛰어난 7.92밀리미터 구경의 스팬다우 기관총도 설치되어 있었다. 제1차 세계대전이 끝날 때까지 독일의 포커 Dr-1은 연합국의 전투기 1,300대를 격추해 이 전쟁에서 가장 크게 활약한 전투기로 손꼽힌다.

공군 병력의 열세를 만회하는 동시에 새로운 전투기의 장점을 잘 활용하기 위해서 리히트호펜은 '공중 곡예' 전술을 고안했다. 이것은 포커 Dr-1 몇 대가 함께 둥근 대형으로 비행하다가 그중 한 대가 적군의 전투기를 공격할 때 다른 한 대가 뒤따라 지원하는 전술이다. 전체적인 과정이 마치 곡예단의 공연을 보는 것 같아 이런 이름이 지어졌다.

그런데 독일 정부가 리히트호펜의 불패不敗 기록을 남기기 위해 특별히 긴급한 상황이 아니면 지휘관이 직접 전투기를 몰고 나가서 작전에 참여하는 것을 금지했다. 그러나 구속받는 것을 싫어한 리히트호펜은 언제나 자신이 비행해야 하는 이유를 내세우고 직접 전투기를 몰고 나섰다. 군기가 엄격하기로 유명한 독일에서도 리히트호펜의 열정만큼은 막지 못한 셈이다. 리히트호펜의 포커 Dr-1은 타오르는 불꽃처럼 높이 솟아 서부 전선의 상공을 휘저었다.

기사의 죽음

1814년 4월 21일은 독일 공군 역사에서 매우 비극적인 날이다.

이날 리히트호펜은 자신의 상징인 붉은색 전투기를 몰고 영국 전투기를 추격했다. 그가 적군의 전투기를 쫓아 솜 강 근처에 있는 영국 진영의 상공에 도착했을 때, 어딘가에서 총탄이 날아왔다. 전투기를 뚫고 들어온 총탄은 그의 등 뒤에서 가슴을 관통했다. 이 총탄이 어디서 날아온 것인지는 지금까지도 정확히 밝혀진 바가 없으며, 심지어 이것이 리히트호펜을 노린 것이었는지조차 알 수 없다. 어쨌든, 리히트호펜과 그의 전투기는 오전 10시 35분에 들판으로 추락했다.

이로써 '붉은 남작'의 시대는 끝났지만, 적군 전투기 80대를 격추한 그의 기록은 영원히 남았다. 채 2년도 되지 않는 비행 경력 동안 그는 연합국 조종사들에게 무시무시한 존재였다. 전투기가 영국 진영에 추락했기 때문에 리히트호펜의 시신은 한동안 독일로 돌아오지 못했다. 영국의 전투기 조종사인 에드워드 매녹(Edward

▲ 붉은 남작의 장례식

이 사진은 리히트호펜의 장례식에서 촬영된 것이다. 리히트호펜은 독일의 천재 조종사였을 뿐만 아니라 적국인 영국에서도 유명 인사였다. 특히 영국의 전투기 조종사들은 그를 깊이 존경한다고 말하기까지 했다. 그래서 영국은 1918년 4월 22일에 리히트호펜을 위해 매우 성대한 장례식을 열어주었다. 장례식에서 영국 병사 6명이 리히트호펜의 관을 들자 한쪽에 선 의장대가 총을 쏘아 존경을 표했다. 관 위는 영국의 전투기 조종사들이 보내준 수많은 꽃으로 장식되었다.

Manock)은 그의 죽음을 아쉬워하며 이렇게 말했다. "하늘에서 그를 만나지 않은 게 천만다행이다. 하지만 그가 살아서 포로로 잡혔다면 악수라도 한 번 해봤을 텐데…."

전쟁이 끝나고 7년 후인 1925년에 리히트호펜의 남동생이 형의 유해를 고국으로 가지고 왔다. 얼마 후 리히트호펜의 시신은 독일의 군사 엘리트들이 잠들어 있는 베를린 상이군인 공원묘지에 안장되었다.

캉브레 전투

"영국은 캉브레에서 탱크로도 대규모 기습이 가능하다는 것을 증명했다. 그들의 탱크는 우리의 참호와 방어물을 언제든지 넘어올 수 있었고, 우리는 눈앞의 탱크를 보며 스스로 얼마나 무력한 존재인지 느꼈다. 영국의 탱크가 참호의 방어선을 뚫고 들어오면 우리는 즉시 진지에서 물러나는 수밖에 없었다."

힌덴부르크

괴물의 등장

1916년 9월 15일, 지루한 전투가 벌어지던 솜 강에 검은 연기와 함께 무시무시한 괴물들이 나타났다. 온몸이 두꺼운 철로 만들어진 이 괴물, 바로 탱크는 위풍당당하게 독일 진영으로 돌진했다. 10대도 넘는 탱크가 무리지어 지나가자 철조망과 나무 기둥 같은 독일의 방어 시설은 모두 힘없이 무너졌다. 점점 가까이 다가오는 탱크를 목격하고 혼비백산한 독일군은 반격하기는커녕 허둥지둥 후퇴하기에 바빴다. 덕분에 탱크 뒷부분에 앉아 있던 영국 병사들은 매우 손쉽게 독일 진영을 차지할 수 있었다. 영국은 이렇게 탱크를 이용해서 다섯 시간 동안 전체 10킬로미터 너비의 대형으로 5킬로미터나 전진했다. 탱크를 만들기 전에 이 정도의 성과를 올리려면 포탄 수천 톤을 사용하고 병사 수만 명을 희생해야 했으니, 이는 실로 대단한 발전이었다. 이날은 실제 전투에 탱크가 도입된 첫날로 기록되었다.

당시 영국이 사용한 탱크는 모두 영국의 윌리엄 포스터 사에서 만든 것이었다. 외

▼ 1917년 11월, 영국군이 점령지에서 수거한 독일의 대포를 탱크를 이용해 끌고 가고 있다.

형은 마치 거대한 올챙이 같이 생겼고 뒷부분에 방향을 조정하는 바퀴 두 개가 꼬리처럼 달려 있었다. 초기의 탱크는 움직임이 둔해서 한 시간에 겨우 6킬로미터밖에 전진하지 못했다. 구조도 완벽하지 않아서 완충 장치도 없고, 대포를 올려놓는 곳이 회전하지도 않았다. 그래서 탱크가 처음 제작되었을 때, 사람들은 이것이 과연 실제 전투에서 효력을 발휘할 수 있을지 의문을 품었다. 어떤 사람들은 탱크가 '기계화된 아주 비싼 장난감'에 불과하다고 비웃기도 했다. 그러나 당시 해군 장관이던 처칠이 탱크의 실전 도입을 강하게 주장하면서 영국은 탱크를 대량 생산했다. 1916년 8월까지 영국은 탱크 48대를 보유하게 되었고, 그중 18대를 생산 즉시 솜 강 전투에 투입했다. 이 탱크들이 처음 등장했을 때 독일이 적잖이 당황하고 위협을 느낀 것은 확실했다. 그러나 이 탱크들은 기계적인 고장이 끊이질 않았고, 특히 날씨가 나쁠 때는 제대로 움직이지도 못해서 그다지 큰 성과를 내지는 못했다.

탱크 공방전

1917년 8월, 전쟁 상황은 연합국에 점점 유리해졌다. 연합군은 독일이 수년에 걸쳐 만들어 놓은 견고한 방어 진지를 무너뜨리기 위해 9월에 프랑스 북부에서 대규모 공격을 감행하기로 했다. 구체적인 작전을 논의하는 회의에서 영국의 참모총장 J. F. C. 풀러는 작전을 펼칠 장소는 많은 탱크가 한꺼번에 들어갈 만큼 넓어야 한다고 말했다. 또 탱크 작전이 효과를 발휘하려면 땅이 말라 있어야 한다고 강조했다. 풀러는 이 모든 조건을 충족하는 곳으로 캉브레를 선택했다. 영국의 계획은 탱크를 집중적으로 투입해서 적의 진영을 정면으로 돌파하는 것이었다. 캉브레는 프랑스 북부의 파스샹달과 메신 전선에서 남쪽으로 72킬로미터 정도 떨어진 작은 마을이었다. 이곳의 남쪽과 서쪽에는 넓은 땅이 있었는데 여기에는 작은 강과 좁은 둑 외에는 별다른 장애물이 없었기 때문에 탱크가 움직이기에 매우 적합했다. 영국의 군 고위층 인사들은 풀러의 세부적인 작전 계획을 즉시 승인하고, 곧 작전에 투입할 탱크 400대를 준비하기 시작했다.

당시 사용한 탱크는 이동할 때 소음이 매우 컸다. 그래서 영국은 우선 모든 탱크를 영국의 방위선에서 후방으로 1.6킬로미터 떨어진 넓은 숲에 감춰 놓고, 잘 드러나지 않도록 탱크에 초록색 얼룩무늬를 그려 넣었다. 이 계획은 매우 비밀스럽게 진행되어 고위급 장교 외에는 공격하기 48시간 전에야 탱크의 위치를 알 수 있었다. 11월 20일 6시, 영국의 전투기 몇 대가 요란한 소리로 탱크의 이동 소리를 감추기 위해 낮게 비행했다. 20분 후 탱크 381대가 숲에서 나와 전날 밤 땅에 그려 놓은 표시 선을 따라 독일 진영을 향해 진격했다. 탱크 공격을 전혀 눈치 채지 못하고 있던 독일은 탱크 수백 대가 점점 가까이 다가오자 너무 놀라 어쩔 줄을 몰랐다. 어스름한 저녁이 되었을 때 영국은 이미 독일 방어선을 넘어 10킬로미터나 진격했고 독일군 7,500명을 포로로 잡았다. 물론 영국도 손실이 있었다. 탱크 65대가 독일이 쏜 포탄을 맞아 못쓰게 되었고 140대는 도중에 고장이 나서 멈추거나 독일군 참호에 비스듬히 처박혔다. 하지만 전체적으로 볼 때 영국의 이번 공격은 매우 성공적이었다. 서부 전선에서 이렇게 큰 성과를 거둔 것은 정말 오랜만이었기 때문에 그날 밤 런던의 모든 교회는 종을 울리며 승리를 자축했다. 그러나 이런 일은 제1차 세계대전 기간에 이때 한 번뿐이었다.

안타깝게도 영국의 승리는 오래 지속되지 못하고 결국 패배로 끝났다. 독일의 참모차장 루덴도르프는 영국의 탱크 기습 공격에 적잖이 당황했지만, 곧 침착함을 되찾고 예비 부대를 캉브레로 보냈다. 그는 어떠한 대가를 치르더라도 독일의 방어선을 안정시키라고 명령했다. 한편, 그때까지도 독일 진영을 완벽하게 장악하지 못한 영국은 독일의 반격을 받고 점령 지역을 며칠 만에 내놓아야 했다. 며칠 후 세찬 바람을 동반한 큰 눈이 내리자 양측은 모든 공격을 멈추었고, 이와 함께 캉브레 전투는 자연스럽게 막을 내렸다. 2주 동안 계속된 전투에서 영국과 독일이 입은 피해는 컸다. 양측 모두 병사 4만여 명을 잃었고, 진영을 넓히지도 못했다. 그러나 영국과 독일은 한 가지 중요한 사실을 알게 되었다. 바로 탱크를 이용하면 지루한 참호전의 상황을 바꿀 수 있으며, 이제 해야 할 일은 바로 탱크 제작이라는 사실이다. 그들은 지상전의 결과를 결정하는 것은 탱크라는 점을 분명하게 깨달았다.

미하엘 작전

1917년 2월, 독일은 무제한 잠수함 작전을 다시 시작했다. 그러자 그동안 중립을 지켜오던 미국이 독일에 정식으로 선전포고를 하고 연합국에 가입했다. 독일은 미군이 유럽 대륙에 상륙하기 전에 전쟁의 주도권을 확실히 잡아야겠다고 생각했다. 그래서 그들은 즉시 서부 전선에서 벌일 대규모 공격을 계획하기 시작했다.

최후의 공격

1918년의 1월부터 2월 사이 서부 전선은 이상하리만큼 조용했다. 연합국은 이 불안한 조용함 뒤에는 분명히 독일의 공격이 있을 것이라고 예측했다. 3월, 연합국은 독일이 대규모 군사 행동을 준비한다는 정보를 입수했다. 실제로 독일은 많은 부대와 대포를 비롯한 각종 장비를 아주 비밀스럽게 서부 전선에 집결하고 있었다. 그들은 특유의 기동력을 바탕으로 적진을 단숨에 돌파하는 대규모의 전격전을 계획하고 있었다.

당시 독일의 최고 군사기구는 총참모부였고, 이를 이끄는 참모총장은 힌덴부르크였다. 그러나 실제로는 참모차장인 루덴도르프의

◀ **독일의 총참모부**

1917년, 빌헬름 2세(가운데)와 힌덴부르크(왼쪽), 루덴도르프(오른쪽)가 작전을 연구하고 있다. 빌헬름 2세는 선천적으로 왼쪽 어깨에 장애가 있었다. 사진에서 그는 평소 습관대로 왼손을 호주머니에 넣고 있다. 힌덴부르크와 루덴도르프도 모두 한쪽 손을 호주머니에 넣고 있다.

계획 아래 모든 작전이 진행되고 있었다. 루덴도르프는 매주 대규모의 미군 병력이 프랑스에 들어오고 있다는 보고를 받았다. 그는 미군의 훌륭한 무기와 잘 훈련된 병사들이 전부 유럽에 들어온다면 독일에 희망이 없다고 생각했다. 게다가 당시 독일은 내부적으로 식품 등 생활물자의 부족이 심각한 수준에까지 이르렀다. 이에 독일 국민이 더는 견디지 못하고 곳곳에서 시위와 파업을 벌여 독일 정부는 매우 곤혹스러운 상황이었다. 대다수 독일인이 인내심에 바닥을 드러내고 있었으므로 독일은 최대한 빨리 전쟁을 마무리 지어야만 했다. 그들은 미군이 전부 유럽에 도착하기 전에 전략적으로 중요한 거점을 확보한다면 전쟁을 승리로 끝낼 수 있으리라고 생각했다. 서부 전선에서 대규모의 전격전을 벌이는 것은 독일에 모든 것을 걸고 벌이는 최후의 도박과 같았다. 그러나 동시에 독일이 최종 승리를 거머쥘 수 있는 희망이기도 한 이 공격은 '미하엘 작전'으로 이름 지어졌다.

독일이 분주하게 대규모 공격을 준비하던 1917년 11월 7일에 러시아에서 '10월 혁명'이 일어났다. '2월 혁명'으로 출범한 임시 정부가 무너지고 뒤이어 들어선 볼셰비키 정부는 즉시 제1차 세계대전에서 물러나겠다고 선포했다.

▼ **독일 정찰기를 조준하고 있는 병사들**
1918년 3월 5일, 미국 병사들이 프랑스에서 생산된 호치키스 M1914식 8밀리미터 중기관총으로 독일 정찰기를 조준하고 있다.

러시아와 독일이 대치하던 동부 전선은 그전부터도 그다지 긴장 상황은 아니었다. 그러나 러시아의 퇴장으로 어느 정도 숨통이 트인 독일에는 매우 반가운 일이었다. 그 후 독일은 동부 전선의 병력 대부분을 서부 전선으로 이동시켰고, 이제 동부 전선에는 몇 개 사단만 남아 러시아나 우크라이나 지역에서 강탈한 곡물을 관리하고 독일로 운송하는 일을 담당했다.

1918년 2월까지 독일은 서부 전선에 보병 123만 명, 기병 2만 4,000명으로 구성된 178개 사단을 배치하고 중포 5,500문, 일반 대포 8,800문을 투입했다. 대치 중인 연합국은 미국이 우선 보내준 5개 사단을 포함해 보병 148만 명, 기병 7만 4,000명, 중야전포 6,800문, 경야전포 8,900문을 보유했다.

독일은 동부 전선에 있던 부대까지 이동시켰지만, 군대의 규모만 따지면 여전히 열세였다. 그러나 독일의 무기, 예를 들어 기관총, 박격포 등은 연합국이 보유한 무기보다 성능이 훨씬 뛰어났다. 게다가 독일 병사의 훈련과 작전 경험은 연합국 병사들보다 월등히 앞섰다.

침투 부대

독일은 병력을 전선에 집중시키는 것 외에 새로운 전술을 계획하는 데에도 힘을 쏟았다. 그들이 세운 작전은 간단히 말하면 소규모의 보병 부대로 조직한 '침투 부대'를 활용하는 것이었다.

◀ **공격 시작**
미하엘 작전이 시작되자 독일 병사들은 방공호 속에 몸을 숨긴 채 연합국 진지를 공격했다.

이런 소규모 부대들은 모두 전투 경험이 풍부한 젊은 성예 병사들로 구성되었다. 그들은 본격적인 전투가 시작되기 전에 연합국의 방어선 중 약한 곳을 뚫고 들어가서 방어선 곳곳을 끊어버리는 임무를 맡았다. 전투가 시작되면 독일의 주력 부대는 정면에 대치하는 적을 맹렬하게 공격하고, 이와 동시에 침투 부대는 따로 적의 방어선 후방을 기습해 적의 후방을 본영으로부터 고립시키는 것이 침투 부대의 목표였다. 이런 공격은 속도가 느리면 아무 효과도 없었기 때문에 독일의 침투 부대는 방어가 약한 곳만 찾아서 빠르게 공격해야 했다.

서부 전선에 모인 독일군은 1917년 겨울 동안 내내 연합국, 특히 영국군이 치명적 타격을 입기를 바라면서 매일 이 전술을 연습했다. 한편, 연합국은 독일의 이 새로운 전술에 대해 아는 것이 전혀 없었다. 사실 한번은 포로로 잡힌 독일 병사가 이 작전에 대해 언급하기도 했지만, 당시 그들은 이를 대수롭지 않게 생각했다.

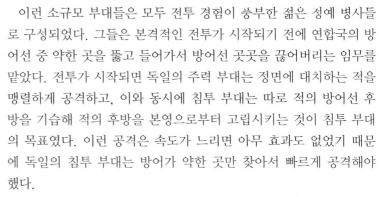

▼ 포슈(왼쪽)와 존 퍼싱(오른쪽)
제1차 세계대전 초기에는 연합군 전체를 지휘할 사령관이 없었기 때문에 각국은 유기적으로 협조하지 못했다. 이런 문제점은 독일의 공격을 받으면서 점차 여실히 드러났다. 그래서 연합국은 연합군 총사령부를 세우고 그동안 총사령부의 필요성을 줄곧 강조한 포슈를 총사령관으로 임명했다. '블랙잭'이라는 별명으로 불린 퍼싱은 미국의 육군 참모였다.

전투의 시작

1918년 3월 21일 새벽 4시 40분, 미하엘 작전이 시작되었다. 독일군은 잠시 후 시작될 돌격에 지장을 줄 수 있는 장애물을 모두 없애기 위해 중포와 박격포 수천 문으로 여섯 시간 동안이나 맹렬하게 포격했다. 공격 첫날, 독일의 침투 전술은 매우 효과적이었다. 독일군은 순조롭게 영국의 첫 번째 방어선을 뚫어 영국군이 솜 강까지 후퇴하도록 압박을 가했다. 며칠 후 영국 방어선의 앞쪽은 거의 다 무너질 지경이 되었고, 방어선 중에 길이 65킬로미터, 너비 100킬로미터의 돌출된 부분도 모두 붕괴했다. 특히, 연합군 중에서도 독일군의 집중 공격을 받은 영국군의 손실은 막대했다. 영국군 사상자만 16만 5,000명이 발생했고, 프랑스군의 사상자도 7만 7,000명에 이르렀다. 또한 두 나라의 병사 7만 명이 독일에 포로로 끌려갔으며,

각종 대포 1,100문도 후퇴하면서 미처 가지고 오지 못해 독일군이 가져갔다. 독일은 심지어 영국 진영에 있던 위스키 200만 병도 모조리 전리품으로 챙겨갔다. 미하엘 작전은 지금까지도 보병 전술의 가장 이상적인 형태로 평가받으며, 현재 유럽의 많은 군사학교에서 이 전술을 학생들에게 가르치고 있다.

8일에 걸쳐 전투를 치른 독일의 피해도 만만치 않았다. 독일의 총 사상자는 23만 9,000명에 달했는데, 대부분이 침투 전술 특별 훈련을 받은 정예 병사였다. 방어선 곳곳이 뚫려 크게 패한 연합국은 이 전투에서 큰 교훈을 얻었다. 그들은 연합군 운영 체계를 대대적으로 개선할 필요를 느꼈고, 얼마 후 연합군 총사령부를 세웠다. 이때부터 연합군 총사령부가 각 나라 군대의 병력 배치나 협력 체계를 통일적으로 지휘했다. 1918년 4월 14일, 프랑스의 포슈 장군이 연합군 총사령관으로 임명되었다. 포슈는 연합군 총사령관이 되자마자 독일의 침투 전술을 막아낼 새로운 방어 전술을 고안해냈다. 이 전술은 주요 병력을 방어선 앞쪽에 몰아서 배치하는 과거의 전술을 버리고 병력의 3분의 1은 앞쪽에, 나머지 3분의 2는 방어 진지의 가운데에 배치하는 것이었다. 그러면 앞쪽에 몰려 있다가 대포에 맞아 사망하는 병사의 수를 줄일 수 있고, 또한 독일군이 후방으로 침투했을 때 즉시 반격할 수 있었다.

마지막 한 달

1918년, 패배가 거의 확실해진 독일은 마지막 발악이라도 하듯 서부 전선에서 여러 차례 대규모 공격을 시도했지만 모두 실패로 돌아갔다. 같은 해 11월 11일, 독일이 항복을 선포하면서 제1차 세계대전은 공식적으로 막을 내렸다. 다섯 개 대륙의 30여 개 국가가 이 전쟁에 참여했으며, 연합국과 동맹국을 합쳐 모두 6,000여만 명이 참전했고, 그중 3,000여만 명이 죽거나 다쳤다. 전쟁이 벌어지는 동안 굶주림과 질병 등으로 사망한 민간인도 1,000만 명에 이르렀으며, 참전한 나라들의 경제적 손실은 무려 2,700억 달러에 달했다.

미국의 승리

미하엘 작전이 끝난 후 독일은 이제 시간이 얼마 남지 않았다는 것을 직감했다. 하지만 루덴도르프는 연합국에 잠시도 숨 돌릴 틈을 주려고 하지 않았다. 1918년 5월 27일, 독일은 프랑스 북동부 지역 플랑드르에서 연합국을 공격했다. 이때 루덴도르프는 적군을 교란하기 위해 슈맹 데 담 등지에서 양동 작전을 펼쳤다. 한편, 연합국 총사령부는 독일의 침투 전술에 대해 많은 연구를 한 끝에 이미 그에 대응할 전술을 마련한 상태였다. 그러나 안타깝게도 슈맹 데 담

▼ 프랑스 북부의 캉브레로 들어가는 캐나다 병사들
1918년 10월에 촬영된 사진이다. 독일군은 후퇴하면서 도시에 불을 질렀지만, 때마침 캐나다 병사들이 도착해서 진화해 크게 번지지는 않았다.

에 주둔하던 프랑스 지휘관은 새로운 전술을 잘 이해하지 못해 여전히 예전 방식의 방어 전술, 다시 말해 방어선 앞쪽에 병력과 무기 대부분을 배치하는 전술을 사용했다. 덕분에 독일의 침투 작전은 또 한 번 큰 성공을 거두었다. 독일은 공격을 시작한 지 한 시간도 채 되지 않아 프랑스의 방어선을 뚫었다. 그들은 적군의 시체를 밟고 계속해서 진격했다. 슈맹 데 담에서 벌인 양동 작전이 이렇게 크게 성공하자 루덴도르프는 작전 계획을 조금 수정했다. 그는 양동 작전을 벌이던 부대에 계속 진격해서 주요 공격 부대를 지원하라고 명령했다. 며칠 후, 오랜만에 사기가 오른 독일군은 몇 년 전에 큰 패배를 겪은 곳, 바로 마른 강변까지 진격했다. 마른 강변은 파리에서 50킬로미터도 떨어지지 않은 곳이다.

당시 파리의 방위는 매우 허술했다. 그래서 가장 가까운 곳에 주둔하던 미군 2개 사단이 급히 파리 가까이 이동해왔다. 퍼싱이 지휘하는 이 미군 부대는 전투 경험이 얼마 없어 대부분이 아직 후방에서 기본적인 군사 훈련을 받아야 했다. 그러나 독일이 침투 전술을 사용하면서부터는 전방과 후방의 구분이 없어졌기 때문에 그냥 전투에 참여하게 되었다. 미국에서 온 병사들은 이렇게 엉겁결에 첫 번째 전투를 시작했지만 결과는 매우 예상 밖이었다. 미군은 독일의 공격을 훌륭하게 막아내어 독일의 파리 공격을 저지했다. 이어서 벨

로 숲에서 전투가 벌어졌다. 미국 제2사단에 속한 제4해군 병사들은 바다가 아닌 숲에서 치열한 전투를 치러야 했다. 얼마나 치열했는지 숲의 전략적 거점을 차지하는 쪽이 하루에도 여러 번 바뀔 정도였다. 3주에 걸쳐 고된 전투를 치른 끝에 미국이 벨로 숲을 완전히 점령했고, 독일은 '전쟁 초보' 미국에 무릎을 꿇었다. 이 전투에서 미국 제2사단에는 사상자 9,777명이 발생했는데 그중

5,338명은 제4해군의 특수부대 소속이었다. 프랑스 정부는 이들을 치하하기 위해 벨로 숲을 '미 해군 특수부대의 숲'이라고 명명했고, 명목상이기는 하지만 이 숲이 미국 정부의 소유라고 선언했다.

독일 전선의 붕괴

이후 독일은 더 이상 공격할 힘이 없었다. 1918년 7월 18일, 연합국의 마른 강 반격 작전이 시작되었다. 주력 부대인 미군의 8개 사단은 우선 적을 독일의 엔 강과 베슬 강 쪽으로 몰아넣는 데 성공했다. 이와 동시에 영국과 프랑스도 반격을 시작했다. 8월 8일, 독일의 서부 전선은 완전히 붕괴했다. 아직 온 힘을 다해 버티는 곳도 있었지만, 상황은 이제 돌이킬 수 없었다.

이 여세를 몰아 연합국은 새로운 계획을 세우기 시작했다. 그들은 제발 이번 공격을 끝으로 전쟁이 끝나기를 바라면서 독일을 포위하고 압박할 방법을 궁리했다. 그들이 세운 계획은 다음과 같았다. 전체 대형의 왼쪽 날개는 영국이 맡아서 동쪽을 향해 벨기에와 프랑스 북부까지 진격하기로 했다. 미국의 제1집단군과 프랑스가 맡은 오른쪽 날개는 북쪽을 향해 뫼즈 강과 아르곤 삼림을 관통할 계획이었다. 만약 오른쪽 날개가 독일군의 방어선 다섯 개를 돌파하고 약 65킬로미터의 길을 확보한다면, 독일의 철도 보급선을 끊어놓을 수 있다. 그러면 독일이 아르덴 지역으로 후퇴하도록 압박할 수 있을 것이다. 이를 위해서는 오른쪽 날개의 주공격 부대인 미군이 작전에 성공하는 것이 가장 중요했다. 이 '뫼즈-아르곤 공격'을 위해 미군은 9월 말까지 병력 60만 명, 대포 4,000문, 탄약 4만 톤 및 셀 수 없이 많은 장비와 보급품을 빠르게 모았다. 전체 대형에서 중앙에 배치된 미군은 주력 부대로서 몽포콩 산을 가로질러 독일의 제3방어선까지 곧바로 이동해야 했다. 중앙 부분의 양 측면에 배치된 미군은 모두 주력 부대를 도와 각각 엔 강 하곡과 뫼즈 강 일대를 점령하는 임무를 맡았다.

9월 26일, 미국 제1집단군은 뫼즈-아르곤 공격을 알리는 첫 번째 포탄을 발사했다. 세 시간 동안 대포 공격을 벌인 미국은 천천히 독일 진영으로 진격했다. 그러나 예상 밖으로 독일이 강하게 저항하면서 실제 전투 상황은 연합국의 계획과 조금씩 어긋나기 시작했다. 전체 대형의 오른쪽에 배치된 부대는 성공적으로 작전을 수행했지

만, 왼쪽과 중앙에 배치된 부대는 빽빽한 숲과 깊은 골짜기에 발이
묶여버렸다. 그곳을 벗어나고 싶어도 탁 트인 구릉으로 올라가기만
하면 기관총과 대포로 무장한 독일이 맹렬하게 공격을 퍼부었기 때
문에 꼼짝할 수가 없었다. 이런 극한 대치 상황은 이틀이나 계속되
었다. 전쟁 경험이 많지 않은 미군이 어찌할 바를 모르는 동안 독일
군 진영에는 어느새 지원 병력이 6개 사단이나 도착했다. 10월 1일
에 퍼싱은 결국 작전 계획 중에 실패한 부분이 있다는 것을 인정했
으나 독일군에 대한 공격은 늦추지 않았다.

10월 4일, 미군은 드디어 독일군의 방어선에서 약한 부분을 찾아
냈다. 미군이 이곳을 집중적으로 맹렬히 공격해서 방어선을 끊자 방
어선의 다른 부분도 서서히 무너지기 시작했다. 이후 몇 주 동안 계
속된 전투에서 미국은 독일의 제3방어선까지 모두 무너뜨리고 마침
내 전투의 주도권을 잡았다. 이 전투에서 미군은 12밀리미터 구경의
사냥총을 사용했는데, 그들이 발이 묶였던 숲처럼 낮은 나무들이 빽
빽한 곳에서는 이 총이 적군을 조준하는 데 적합했기 때문이었다.
독일은 이 사냥총에 큰 피해를 보자 미국이 이 총을 사용하는 것은

'제네바 조약'에 위배된다고 주장했다. 물론 이 말은 억지에 가까워 아무도 신경 쓰지 않았다. 10월 31일이 되자 아르곤 삼림은 완전히 미군의 차지가 되었다. 아르곤을 포기한 루덴도르프는 급한 나머지 후방의 수비 부대 27개 사단을 동원해 아르곤이 아닌 다른 지역에서 연합군의 포위를 풀어보려고 했다. 설상가상으로 이 무렵 오스만튀르크제국, 오스트리아-헝가리제국 등이 차례로 동맹국에서 탈퇴해 독일은 홀로 남은 상황이 되었다. 게다가 독일 전역에 식량 부족 사태가 발생해 사람들은 굶주림에 시달렸다. 또 전염성 강한 독감이 유행하는데 약이 부족해서 독일 국내의 수천 명이 목숨을 잃었다. 이뿐만 아니라 석유, 가스와 기타 연료가 부족해져 독일의 상황은 점점 나빠졌다. 힌덴부르크는 처참한 심경으로 빌헬름 2세에게 말했다. "전쟁을 멈춰야겠습니다. 지금보나 큰 새난을 괴해야 하니까요."

정전 협정

1918년 11월 6일, 미국 제1군은 스당 부근의 뫼즈 강 고지에 도착했다. 미군의 우선 공격 목표는 독일이 닦아놓은 철도였다. 철도가 끊기자 이곳에 주둔하던 독일군은 아무것도 보급받지 못해 전투력이 급격히 약화되었다. 미군은 계속 진격해서 뫼즈 강을 건너고 스

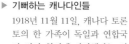

▶ **기뻐하는 캐나다인들**
1918년 11월 11일, 캐나다 토론토의 한 가족이 독일과 연합국이 정전 협정에 서명했다는 신문의 헤드라인을 읽고 있다.

당과 메스 사이에 있는 모든 독일군 진영을 점령했다. 이와 동시에 연합군의 왼쪽 날개를 맡은 영국군은 북쪽에 주둔하던 독일군에 엄청난 공격을 퍼부어 라인 강으로 밀어냈다. 독일의 패배는 점점 확실해졌다. 이때 독일의 병력은 이미 연합국의 37퍼센트 수준밖에 되지 않았다. 게다가 병사들의 탈영이 잦아졌고, 탈영하지 않은 병사들도 상부의 명령을 집행하지 않았다. 11월 7일, 콩피에뉴에 있던 포슈 장군의 열차 안에서 독일 정전 위원회가 열렸다.

11월 9일, 상황을 돌이킬 수 없었던 힌덴부르크는 마지막으로 빌헬름 2세에게 말했다. "퇴위하셔서 네덜란드로 망명하십시오." 그로부터 이틀도 채 지나지 않아 빌헬름 2세는 힌덴부르크의 권유를 받아들여 퇴위를 선포했다. 그 후 매우 빠른 속도로 구성된 임시 정부는 정식으로 1918년 11월 11일 새벽 5시 정각에 연합국과 정전 협정에 서명했고, 협정의 효력은 1918년 11월 11일 11시부터 발생했다. 협정에 따라 독일은 점령한 영토를 모두 내놓았고, 1871년에 프랑스에서 빼앗은 알자스와 로렌 지역도 반환했다. 또 포로로 잡아간 연합국 병사와 민간인을 돌려보내기로 했으며, 포로의 맞교환은 요구하지 않았다. 이 밖에 보유한 전쟁 물자를 모두 내놓아야 했는데 그중에는 대포 5,000문과 기관총 2만 5,000개도 포함되었다. 주목할 것은 이 정전 협정이 독일의 산업 발전에 어떠한 제재도 하지 않았다는 점이다. 이것은 독일이 20여 년 후에 다시 한 번 일어나 제2차 세계대전을 벌이는 요인 중 하나가 되었다.

스파이의 이중생활

스파이는 훌륭한 첩보 능력뿐만 아니라 배우 못지않은 연기력, 그리고 어떠한 상황에서도 침착함을 유지할 줄 알아야 한다. 두 번의 세계대전에서 활약한 수많은 스파이를 이야기할 때 절대 빼 놓을 수 없는 세 사람이 있다. 바로 마타 하리, 토마스 로렌스, 크리스티나이다.

매혹적인 스파이 마타 하리

"전쟁은 세상의 모든 아름다움을 사라지게 한다.'"라는 말이 있다. 이것은 어느 정도 맞는 말이지만, 아름다운 무희 마그레타 젤러, 즉 마타 하리에게는 해당하지 않는다.

마그레타는 1877년에 네덜란드 북부의 레이우아르던에서 태어났다. 그녀는 모자 상인이던 아버지 밑에서 매우 풍족하게 살았으며, 열다섯 살이 되던 해에 이미 아름다운 여성으로 자랐다. 그러나 행복은 오래가지 않았다. 어머니가 병으로 세상을 떠나자 아버지는 곧 재혼했고, 얼마 후 마그레타는 정든 집을 떠나 차가운 기숙학교로 보내졌다. 엄격한 교장이 운영하던 그 학교에서 마그레타는 악몽 같은 시간을 보냈다.

열여덟 살이 된 그녀는 마치 불행에서 도망치듯 자신보다 스물한 살이나 많은 네덜란드 육군 대위와 결혼했다. 그리고 얼마 후 남편을 따라 인도네시아의 자바 섬과 수마트라 섬에 가서 살게 되었다. 이 무렵 그녀의 결혼 생활

▼ 마타 하리
파리 상류 사교계의 꽃이었던 마타 하리의 신분이 폭로되었을 때, 많은 사람은 그 사실을 믿지 않았다.

102

은 이미 돌이킬 수 없을 만큼 불행해진 후였다. 남편은 신경질적이고 폭력적인 데다 스스로 할 줄 아는 것이 없는 매우 무력한 남자였다. 그는 어린 아내에게 사랑과 관심은커녕 오히려 상처를 주었다. 마그레타는 눈물을 머금고 고통스러운 결혼 생활을 끝내야만 했다. 그녀는 이혼의 아픔을 이겨내기 위해 인도네시아의 전통춤을 배우기 시작했고, 얼마 후 '마타 하리'로 이름을 바꾸었다.

1903년, 스물여섯 살이 된 마타 하리는 파리로 갔다. 화려한 도시에서 그녀는 자신을 동양의 귀족 집안 출신으로 소개하고 눈부시게 아름다운 춤을 추며 사람들의 환심을 샀다. 아름답고 신비로운 외모와 시원시원한 성격 덕분에 그녀는 금세 파리 사교계의 꽃이 되었다.

1915년에 독일 정보기관이 베를린에서 공연하던 마타 하리를 눈여겨보기 시작했다. 얼마 후부터 독일은 마타 하리에게 많은 물질적인 혜택을 제공했고, 그녀는 프랑스의 귀족이나 고위 관리들에게 접근해서 정보를 캐내어 독일에 전해주었다. 그러나 그녀의 정체는 금세 드러났다. 마타 하리의 이상한 행적을 의심스러워하던 영국 정보기관이 그녀에 대해 프랑스에 알린 것이다. 1917년 2월 13일에 마타 하리는 프랑스 국경에서 간첩죄로 체포되었고, 5개월 후 특별 군사법정에서 사형을 선고받았다.

1917년 8월 15일, 마타 하리는 파리의 여성 교도소에서 총살당했다. 마타 하리는 최후의 순간까지 아름답게 치장하는 것을 잊지 않았다. 그녀는 자신이 가장 좋아하는 챙이 넓은 검은 모자와 검은색 양가죽 장갑을 끼고, 붉은색 공연용 신발을 신었다. 그녀는 자신을 향한 열한 개나 되는 총부리를 보고도 전혀 흔들리지 않았다. 최후의 순간에 안대를 쓰는 것도 거절하고, 심지어 총을 겨눈 병사들에게 키스를 날리기까지 했다.

평생을 불행하고 불안하게 살아온 그녀에게 사형은 인생을 마무리하는 가장 극적인 방법이었을지도 모른다. 아니, 어쩌면 그것은 자신을 불행하게 하고 농락했던 남자들에게 보내는 마타 하리의 복수와 조롱일런지도 모른다.

아라비아의 로렌스

토마스 에드워드 로렌스, 그는 영국 역사상 가장 위대한 스파이 중 한 명이며 아랍인들의 영웅이다.

▼ 치명적인 아름다움
마타 하리는 특유의 아름다움과 요염함으로 사람들의 마음을 사로잡았지만, 그녀의 미모는 불행의 근원이었다. 마타 하리가 사망한 후에 많은 사람이 그녀에게 열광했고 그녀의 이야기는 영화로 만들어졌다. 또한 그녀의 이름을 딴 재단이 건립되고 기념관도 세워졌다. 시간이 흐르면서 전쟁에 대한 관심은 줄어들었지만, 마타 하리에 대한 관심만큼은 지금까지도 여전하다.

머리가 매우 좋았던 그는 아주 우연하게 스파이가 되었다. 로렌스는 1911년에 옥스퍼드 대학을 졸업하고 중동 지역으로 가서 고대 히타이트왕국의 유적 발굴 작업에 참여했다. 그리고 이후 몇 년 동안 아랍어를 배워 중동 전문가가 되었다.

얼마 후, 제1차 세계대전이 발발했다. 당시 중동 지역은 독일의 우방인 오스만튀르크제국이 통치하고 있었다. 로렌스는 오스만튀르크제국이 멸망하면 중동 지역도 독립을 쟁취할 수 있다고 생각하고, 중동 지역의 영국 정보기관에 자원해서 들어갔다. 중동 지역의 아랍 독립군과 영국을 오가는 연락관으로서 그는 최선을 다해 일하며 이때부터 양복을 벗고 아랍식 복장을 했다. 또한 아랍 독립군 병사들과 함께 지내며 중동 독립 전쟁에도 참여했다. 격렬한 전투를 겪으면서 로렌스는 서른두 차례나 부상을 당했지만 용감함과 지혜로움으로 곧 중동의 유명 인사가 되었다. 많은 아랍인은 중동의 독립을 진심으로 바라는 로렌스를 존경하며 그를 '아라비아의 로렌스'라고 부르기 시작했다.

1918년에 제1차 세계대전이 끝났다. 전쟁 기간에 영국 정부는 줄곧 오스만튀르크제국을 반대하고 중동 지역의 독립을 지지했는데 전쟁이 끝나자 갑자기 태도를 바꾸었다. 영국은 심지어 아랍 독립군을 밀고하기까지 했다. 이에 분노한 로렌스는 즉시 런던의 버킹엄 궁전으로 달려갔다. 사람들이 모여든 궁전 앞 광장에서 그는 아랍인들을 배신하지 말라고 눈물로 호소했다. 그리고 1919년에는 아랍인을 대표하는 자격으로 파리 평화회의에 참석해서 그들의 상황을 세계에 알리고자 했다. 그러나 그의 이런 노력은 아무런 효과가 없었다. 로렌스는 자신이 아랍인을 위해 아무것도 할 수 없는 현실을 깨닫고 모든 것을 잊겠다는 심정으로 영국 공군에

▼ 로렌스

이것은 로렌스가 남긴 유일한 사진이다. 아랍의 전통 복장을 한 그는 가슴에 다마스쿠스의 구부러진 검을 꽂고 있다. 1962년에 미국 컬럼비아 영화사가 로렌스의 일생을 그린 영화 〈아라비아의 로렌스〉를 제작했는데, 이 영화는 미국 영화협회에서 선정한 역사상 가장 뛰어난 10대 역사 영화에 선정되었다.

들어갔다.

1935년에 전역한 로렌스는 도시에 작은 집을 사서 그곳에 파묻혀 지냈다. 좌절감에 빠진 그는 자신이 "떨어진 낙엽처럼 천천히 말라 죽는 것 같다."라고 말했다. 하지만 사실 그는 아직 '나무에서 떨어지지 않은' 상태였다. 당시 대외 확장에 대한 욕망을 감추지 않던 히틀러가 로렌스를 매우 존경하는 것으로 알려지자, 영국 정부는 독일과의 관계를 개선하는 데 로렌스를 이용하려고 했다. 얼마 후 영국 외교부의 한 관리가 로렌스에게 이와 관련하여 상의하고 싶으니 방문해달라는 전보를 보냈다. 5월 13일, 로렌스는 이 전보에 대한 답장을 보내기 위해 오토바이를 타고 우체국으로 갔다. 돌아오는 길에 그는 자전거를 타고 다가오는 아이들을 피하려다가 오토바이를 탄 상태에서 그만 길 한쪽으로 넘어지고 말았다. 이때 머리에 치명적인 부상을 당한 로렌스는 6일 후 병원에서 사망했다.

수수께끼 같은 삶을 산 스파이 크리스티나

크리스티나는 아름답고 지혜로웠다. 영국 총리 처칠은 그녀를 '가장 좋아하는 여성 스파이 중 한 명'이라고 말하기도 했다.

크리스티나는 1915년에 폴란드 바르샤바의 귀족 집안에서 태어났다. 아버지는 폴란드의 백작이었고, 어머니는 유대계 은행가의 딸이었다. 크리스티나는 어렸을 때부터 대담했고 말 타는 것을 좋아했으며, 자라서는 폴란드 미인대회에 나가 우승하기도 했다. 열아홉 살이 되었을 때 그녀는 폴란드 외교관과 결혼한 후 남편을 따라 아비시니아로 갔다. 얼마 후 폴란드가 무너지자 외국에 있던 크리스티나는 즉시 영국으로 가서 자원하여 정보기관에 들어갔다.

영국의 스파이가 된 크리스티나는 목숨을 바쳐 많은 일을 했다. 그녀는 타고난 미모, 출신 배경, 그리고 특유의 대담함과 풍부한 지식을 이용해 수많은 귀중한 정보를 수집했다. 1941년 초에 크리스티나는 독일이 소련과 접하는 국경에 탱크를 대규모로 배치한다는 정보를 입수했다. 이것은 당시 영국 총리이던 처칠의 예상, 즉 1941년 6월에 독일이 소련을 침공할 것이라는 예상과 정확히 맞아떨어졌다. 1944년 7월 6일, 크리스티나는 프랑스에 정보를 전달하는 임무를 맡았다. 그런데 프랑스에 도착한 지 한 달쯤 되었을 때 다른 영국 스파이 두 명이 독일의 정치경찰인 게슈타포에 체포되었다. 기지가

넘쳤던 크리스티나는 이 긴박한 상황에서 프랑스 정부에 잠입해 있던 게슈타포 스파이를 찾아냈다. 그녀는 그를 찾아가서 자신이 영국의 원수 몽고메리의 조카라고 거짓말했다. 그리고 체포한 영국 스파이를 풀어주지 않으면 그가 스파이라는 사실을 프랑스 정부에 폭로하겠다고 협박해서 동료들을 구해냈다. 그 후로도 위험한 일은 계속되었다. 크리스티나는 여러 차례 게슈타포에 체포될 위기에 맞닥뜨렸지만 항상 번뜩이는 기지를 발휘해 그 상황에서 벗어났다. 훌륭히 스파이 활동을 한 그녀에게 프랑스에서는 십자군 훈장, 영국에서는 조지 십자 훈장을 각각 수여했다.

불가사의한 점은 제2차 세계대전이 끝난 후에 크리스티나가 알 수 없는 이유로 영국 정보기관에서 추방당했다는 사실이다. 폴란드에 있던 가족의 재산마저 모두 잃은 크리스티나는 생계를 위해 국제 우편선船에서 일해야

▲ 크리스티나는 순발력과 기지가 매우 뛰어났다. 한 번은 게슈타포에 체포되었을 때 몰래 혀를 깨물어 피를 토하는 척했다. 그 모습을 보고 그녀가 폐결핵에 걸렸다고 생각한 게슈타포는 전염될까 봐 즉시 크리스티나를 풀어주었다. 크리스티나의 또 다른 장점은 바로 뛰어난 말솜씨였다. 그녀는 제2차 세계대전 중에 적진에 잠입해서 폭동을 부추겨 결과적으로 적군이 항복하게 하는 놀라운 성과를 거두었다.

했다. 이보다 이상한 것은 전쟁 중에 수많은 위기에서 벗어난 그녀가 전쟁이 끝난 후에 치정 사건으로 살해당했다는 사실이다. 사건을 살펴보면 이렇다. 당시 크리스티나와 함께 우편선에서 일한 한 남성이 크리스티나를 사랑하게 되었다. 그녀에게 끈질기게 구애하던 그는 계속 거절당하자 사랑이 점차 광기로 변했다. 그는 결국 런던의 한 아파트에서 칼로 크리스티나의 심장을 찔렀다. 한때 유럽 대륙을 무대로 활약한 스파이가 이렇게 허무하게 죽었다. 이 살인 사건은 영국 전체를 뒤흔들었고, 범인은 사형에 처해졌다.

The Road to the Two World Wars

제 2 장

제2차 세계대전

전쟁의 불씨

제1차 세계대전이 끝난 후, 패전국인 독일은 전쟁을 일으킨 이유로 승전국인 연합국 측에 배상금 10억 파운드를 지급했다. 그러나 곧 승전국에서 10억 5,000만 파운드 이상 차관을 들여와 그 자금으로 전쟁을 치르느라 무너진 국내 경제를 매우 빠른 속도로 회복시켰다. 그러자 잠시 수그러들었던 독일의 대외 확장에 대한 야심은 다시 커지기 시작했고, 최고 권력자의 자리에 오른 히틀러는 독일을 다시 전쟁의 소용돌이에 빠뜨렸다.

베르사유 조약

전쟁은 미치 뚜껑이 열려버린 판도라의 상자처럼 인류에게 커다란 재난을 안겨주었다. 1918년 11월 11일, 4년 3개월에 걸쳐 총 3,600만 명에 이르는 사망자를 발생시킨 제1차 세계대전이 끝났다. 그 이듬해에 승전국인 영국, 프랑스, 미국, 이탈리아, 일본 등 연합국은 파리 근교의 베르사유 궁에서 평화 회의를 열었다. 그들은 '베르사유 조약'을 체결하고 독일과 오스트리아-헝가리제국 등 패전국들이 이 조약에 서명하도록 압박했다. 조약에 따르면 독일은 국토의 8분의 1, 인구의 10분의 1 및 식민지 300만 제곱킬로미터를 연합국에 내놓고 10억 파운드에 달하는 전쟁 배상금까지 지급해야 했다. 또 의무 병역 제도를 없애고, 독일군 총참모부를 해산해야 했으며, 이후로는 육군 10만, 해군 1만 5,000명이 넘는 병력을 갖출 수도 없었다. 해군 전함은 총 36척을 넘어서는 안 되며 대형 전함과 잠수함은 보유할 수 없었다. 공군은 아예 조직할 수 없고, 군사학교를 세우는 것도 금지되었으며 그 밖에 군용 비행기, 탱크, 중거리포 등 공격성 무기를 보유할 수도 없었다. 또 독일은 그동안 서부 전선에 세웠던 모든 군사 시설을 즉각 철거해야 했다. 게다가 라인 강 왼쪽의 독일 영토는 이후 15년 동안 연합국이 관리하기로 했으며, 라인 강 양쪽 50킬로미터 내에는 군사 방어 시설을 세우는 것이 금지되었다. 그리고 독일의 아프리카 식민지는 영국과 프랑스가 나눠 가지고, 태평양의 식민지는 영국과 일본이 나눠 가지기로 했다.

베르사유 조약은 이처럼 일방적으로 승전국인 연합국 측의 이익만 추구했다. 독일은 이 치욕적인 조약에 분노했고, 이는 새로운 전쟁의 빌미가 되었다. 한편, 연합국 내부에서도 갈등이 생겼다. 이탈리아는 나눠 받은 영토와 배상금이 영국과 프랑스보다 적은 것에 매우 화가 나 그 두 나라가 자신들을 속였다고 분개했다. 이렇게 판도라의 상자는 억지로 잠시 닫혔지만, 다시 열릴 가능성이 매우 컸다. 인류는 이전보다 처참한 전쟁을 앞두고 있었다. 프랑스의 포슈 장군도 이를 직감한 듯 "이것은 평화가 아니다. 그저 휴전일 뿐이다."라고 말했다.

영국, 프랑스, 미국 등 승전국 사이에서는 종전 후 독일의 처리 문제를 해결하는 데 큰 의견 차이가 발생했고, 이는 독일이 다시 일어나는 계기가 되었다. 우선 영국은 독일이 약해진 틈을 타 프랑스가 유럽 대륙을 호령하는 상황을 바라지 않았다. 또 당시는 러시아에 사회주의 정권이 들어선 직후였기 때문에 유럽에 사회주의가 번질까 봐 매우 걱정했다. 영국은 이러한 상황을 막으려면 독일이 어느 정도 국력을 회복해야만 한다고 생각했다. 그러나 프랑스의 생각은 영국과 정반대였다. 그들은 독일이 되살아날 수 없게끔 해서 유럽 대륙의 패권을 차지하고자 했다. 그리고 미국의 입장은 또 달랐다. 그들은 유럽 시장, 특히 독일 시장에 진출하고 싶었기 때문에 아이러니하게도 독일에 거액의 차관을 제공했다. 결국, 독일은 영국과 미국의 도움으로 전쟁 배상금 지급에 대한 부담을 덜었을 뿐만 아니라 많은 투자도 받았다. 이후 독일은 산업이 크게 발전하고 국력은 금세 회복되었다. 아울러 독일은 조금씩 무기를 증강하기 시작했으며, 이 시기에 아돌프 히틀러가 역사의 무대에 등장했다.

악마의 등장

히틀러는 1889년에 독일과 오스트리아-헝가리제국의 국경 지대에 있는 작은 마을 브라우나우에서 태어났다. 그의 아버지는 오스트리아-헝가리제국 세관에서 일하는 평범한 사람이었다. 어린

▼ 네 나라의 지도자
베르사유 조약에 서명하기 위해 네 나라의 지도자가 모였다. 왼쪽부터 영국 총리 로이드 조지, 이탈리아 총리 비토리오 오를란도, 프랑스 총리 조르주 클레망소, 미국 대통령 우드로 윌슨이다.

시절 히틀러는 매우 반항적인 소년이었기 때문에 중학교에서 퇴학당했다. 이후 실업학교에 들어가기도 했지만 역시 얼마 못 가서 그만두고 품팔이로 끼니를 이어갔다. 그러던 중 제1차 세계대전이 시작되자 당시 스물다섯 살이던 히틀러는 전쟁터야말로 자신이 활약할 곳이라고 생각하고 자원입대했다. 그런 그에게 1918년 독일의 패전은 세상의 종말을 의미했다. 그는 위대한 독일 민족이 영국, 프랑스 등의 나라에 무릎을 꿇었다는 사실을 받아들일 수 없었다. 그 후 파시스트 조직인 '독일노동당'에 가입한 그는 뛰어난 연설 솜씨로 당에서 나날이 위치가 높아졌다. 1920년 2월, 히틀러는 당의 이름을 '국가사회주의 독일노동자당', 즉 '나치'로 변경하고 당의 지도자가 되었다. 그리고 1923년 11월 8일, 뮌헨의 맥주 홀에서 폭동을 일으켰다. '뮌헨 폭동' 혹은 '맥주 홀 폭동'으로 불리는 이 사건을 통해 정부를 무너뜨리고 파시스트 정권을 세우고자 한 것이었으나, 폭동은 실패로 돌아갔다. 히틀러는 폭동을 일으킨 이유로 체포되어 감옥에 갇혀 있는 동안 자신의 이론과 사상을 체계적으로 정리했다. 그리고 그가 구술한 내용을 추종자인 루돌프 헤스가 받아 적어 출간했는데, 이것이 바로 히틀러의 유명한 저서 《나의 투쟁》이다. 히틀러는 이 책에서 자신이 생각하기에 전 세계에서 가장 우월한 민족인 순수 혈통의 아리안 민족이 이끄는 새로운 세계에 대해 매우 상세하게 설명했다. 1932년 7월, 독일 대선에 출마한 히틀러는 탁월한 연설 실력을 마음껏 발휘하며 독일인들의 마음을 사로잡았다. 그는 독일이 새로운 생존 공간을 찾아야 하며, 강한 국가가 되기 위해 경제를 우선 발전시켜야 한다고 주장했다. 그의 급진적인 주장은 당시 경제적으로 빈곤하던 독일인들에게 큰 지지를 얻었다. 그러나 개표 결과 히틀러는 근소한 차이로 힌덴부르크에게 대통령 자리를 내주어야 했다. 아쉬운 패배였지만, 대신 나치는 다음 선거에서 37.3퍼센트의 표를 얻어 제1당이 되었고 히틀러는 제1당의 당수가 되었다. 대통령에 당선된 힌덴부르크는 이미 고령이었다. 그래서 그는 1933년 1월 30일에 젊고 지도력이 뛰어난 정치가 히틀러를 총리로 임명했다. 이렇게 권력의 중심에 선 히틀러는 독일의 군사력을 강화하는 데 주력했다. 1935년 3월 5일에 그는 국방군을 건립한다고 선포하고, 얼마 지나지 않아 국방 법령을 반포하여 의무병역제를 다시 시행했다. 이 일련의 조치는 베르사유 조약을 정면으로 위배하는 것이었다. 이로써 유럽 대륙에는 다시 불안한 전쟁의 기운이 감돌기 시작했다.

한편, 이탈리아는 베니토 무솔리니의 지휘 아래 군사력 증강에 박차를 가했다. 무솔리니는 1883년에 이탈리아 프레다피오에서 대장장이의 아들로 태어났다. 그는 어릴 때부터 다혈질이었으며 모든 문제를 폭력으로 해결하려는 성향을 보였다. 1919년 3월, 무솔리니는 밀라노에 '전투자 동맹'이라는 이름의 조직을 세웠다. 그리고 파시즘에 푹 빠져 1921년 11월에 정식

▲ 무솔리니
1940년에 이탈리아의 독재자 무솔리니가 장갑차 위에 서서 연설하고 있다.

으로 파시스트당을 세웠다. 제1차 세계대전이 끝난 후 이탈리아는 정국이 불안하고 경제도 매우 안 좋은 상황이었다. 그래서 강한 이탈리아를 만들자고 주장한 무솔리니의 파시스트당은 많은 사람의 지지를 받았다. 이탈리아 국민은 무솔리니가 나라를 곤경에서 벗어나게 해줄 구세주라고 믿어 의심치 않았다. 파시스트당의 당원은 금세 150만 명으로 늘어났고, 무솔리니는 그 밖에도 많은 노동조합과 사회단체까지 장악해 총 250만 명에 이르는 지지 세력을 확보했다. 1922년 10월 15일, 무솔리니는 완전무장한 당원 4만 명과 함께 수도 로마로 진군해 '로마 진군'으로 불리는 쿠데타를 일으키고 정권을 손에 넣었다. 이어서 1922년 10월 29일에 무솔리니가 별다른 충돌 없이 이탈리아 총리가 되었고, 이와 함께 이탈리아에 파시즘이 완전히 뿌리내렸다. 무솔리니는 정치, 문화, 경제를 모두 개혁해 강력한 독재 정권의 기반을 다지는 한편, 대외적으로 영토 확장의 야심을 적나라하게 드러냈다. 그는 곧이어 지중해 연안과 아프리카를 침공해 식민지를 확장하기 시작했다.

전쟁의 불씨

1924년, 이탈리아는 군사력으로 유고슬라비아를 압박해 아드리아

해 북쪽에 있는 항구 도시 피우메를 강탈했다. 이곳은 제1차 세계대전 후에 유고슬라비아에 할양되었던 곳이다. 1935년에 무솔리니는 다시 군대를 일으켜 에티오피아를 침공했다. 또 그다음 해에는 독일과 함께 스페인의 내전에 간섭해 프란시스코 프랑코가 독재 정권을 세울 수 있도록 도왔다. 1936년 10월 25일에 이탈리아와 독일은 '이탈리아-독일 조약'에 서명하고 아비시니아, 스페인 등의 문제에 관해 서로 의견이 일치함을 확인했다. 11월 1일 밀라노에서 무솔리니는 "베를린과 로마는 이미 한마음이 되었다. 이 마음을 중심으로 우리는 함께 유럽을 단결시킬 것이다."라고 말했다. 이렇게 성립된 '로마-베를린 추축'을 기반으로 이탈리아는 제2차 세계대전에서 독일의 가장 주요한 우방이 되었다.

아시아와 태평양 지역에서는 미국과 일본이 서로 이익을 추구하며 끊임없이 충돌하고 있었다. 제1차 세계대전이 끝난 후 독일과 러

▼ 맥주 홀 폭동
히틀러가 한 손을 허리에 올리고 다른 한 손으로는 모자를 쥐고 있다. 무섭게 부릅뜬 두 눈은 마치 독재 정권을 향해 나아갈 길을 쏘아보는 듯하다. 그외 인쪽에 서 있는 사람은 나치의 '사상적 지도자' 알프레트 로젠베르크, 오른쪽에 있는 사람은 히틀러의 조수인 프리드리히 베버이다.

시아가 쇠퇴하자 일본은 왠지 모를 우월감을 느꼈다. 그들은 계속 군사력을 키우고, 주변 국가들을 끊임없이 간섭하며 더 나아가 침공할 기회를 호시탐탐 노렸다. 이러한 일본의 행보는 미국의 신경을 거슬러 두 나라 사이에는 마찰이 끊이지 않았다. 1921년 11월에 미국, 영국, 프랑스, 일본, 이탈리아, 벨기에, 네덜란드, 포르투갈, 중국이 미국 워싱턴에서 회의를 열어 동아시아의 안정을 유지하고 중국의 권익을 옹호한다는 내용의 '9개국 조약'을 맺었다. 그러나 일본의 군국주의자들은 이 조약에 불만을 품고 대외 확장 정책의 야심을 포기하지 않았다. 1940년 9월에 독일, 이탈리아, 일본은 '독일-이탈리아-일본 방공 협정'을 맺었다. 미국이 영국 또는 유럽 대륙에서 일어난 전쟁에 관여하면 일본도 즉시 독일과 이탈리아의 추축국에 가입해 참전할 의무가 있다는 내용의 협정이었다. 사실상 일본은 이 협정을 맺으면서 이미 추축국에 참여한 것과 다름없었다. 이렇게 해서 독일, 이탈리아, 일본으로 구성된 추축국은 제2차 세계대전의 불씨가 되었다.

뮌헨의 음모

1938년 9월 30일, 런던 다우닝 가의 총리 관저 앞에서 방금 뮌헨에서 돌아온 영국 총리 체임벌린이 연설했다. 그는 환호하는 사람들을 향해 손에 뮌헨 협정서를 들고 말했다. "역사상 가장 명예로운 평화를 독일에서 다우닝 가로 가지고 돌아왔습니다. 나는 이것이 우리 시대의 새로운 평화라고 믿습니다."

오스트리아 합병

1936년 3월 7일, 독일군은 위풍당당하게 라인 강의 비무장 지역으로 진입했다. 이곳은 베르사유 조약에서 비워두어야 한다고 규정한 곳이었지만, 히틀러는 더 이상 대외 확장에 대한 야심을 감추려 하지 않았다. 영국과 프랑스 정부는 이 소식을 듣고 매우 놀라서 즉시 독일에 강하게 항의했다. 그러자 히틀러는 매우 부드러운 표현으로 그저 상징적이고 관례적인 훈련일 뿐이라고 설명했다. 또한 독일은 어떤 국가에도 절대 위협이 되지 않겠다고 약속했다. 그러나 프랑스는 히틀러를 믿지 않으며 영국 측에 독일에 대해 강력한 군사적 제재를 가하자고 제안했다. 그런데 영국의 반응은 시큰둥했다. 심지어 영국은 프랑스에 "날로 강력해지는 독일에 대해 프랑스가 할 수 있는 일은 그저 타협뿐이오."라고 충고했다. 영국의 한 신문은 "독일의 군사 행동은 자신들의 영토에서 벌인 일이므로 놀랄 일이 아니다."라고 보도하기도 했다. 이렇게 영국은 독일의 움직임을 '그다지 신경 쓰지 않아도 될 일'이라고 생각했다. 예상 밖으로 영국이 별다른 반응을 보이지 않자 독일은 더욱 과감하게 행동하여 라인 강 일대의 거의 모

▼ **오스트리아 빈에서 군대를 사열하는 히틀러**

히틀러는 기쁨과 자랑스러움이 가득한 얼굴로 군대를 사열했다. 문제아였던 그는 과거에 조국을 깔보던 다른 나라들에 자신만의 방법으로 보복했다. 히틀러는 오스트리아를 지도에서 지우고 독일이 오스트리아 영토를 병합한 새로운 지도를 그렸다. 오스트리아는 한순간에 나치 독일의 동부 지역으로 전락했다.

든 지역에 군대를 주둔시켰다. 그
리고 독일 국민에게 열광적 지지를
받고 있던 히틀러는 더욱 대담하게
큰 규모의 전쟁을 계획하기 시작했
다. 스페인 내전에 간섭해서 큰 성
과를 거둔 히틀러는 이번에는 과거
의 오스트리아-헝가리제국에서 분
리된 오스트리아에 관심을 보였다.
히틀러는 오스트리아를 합병하고
자 했다. 여기에는 두 가지 이유가
있다. 첫째, 그는 게르만 민족의 일
파인 튜턴족도 모두 자신의 통치
아래 두고 싶었다. 둘째, 체코슬로

▲ 체임벌린은 손에 뮌헨 협정서를
들고 열정적으로 연설했다. 그는
유럽의 안정을 유지하는 데 성공
했다고 자신만만하게 말했다.

바키아에서 유럽 남서쪽까지 연결되는 길을 얻으려면 반드시 먼저
오스트리아를 손에 넣어야 했기 때문이다. 1936년 7월에 히틀러는
총참모부에 오스트리아 침공 계획을 세우라고 명령하고, '오토 작
전'이라고 이름 붙였다. 이 작전명은 오스트리아의 옛 왕조인 합스
부르크 가문의 한 왕자의 이름을 따서 명명한 것이었다. 1938년 2월
12일, 히틀러는 더 기다리지 않고 오스트리아 정부에 최후통첩을 보
냈다. 그는 오스트리아 국내에서 활동하는 나치당의 합법성을 인정
할 것과 감금 중인 나치 당원의 전원 석방을 요구했다. 또 내각의 보
안 장관에 나치 당원을 임명하라고 압박했다. 오스트리아 정부는 당
연히 이 무리한 요구들을 모두 거절했고, 히틀러는 이를 빌미로 바
로 군사를 일으켰다. 3월 12일, 독일군이 '오토 작전'을 개시했다.
독일의 무력 위협을 받은 오스트리아 정부는 독일군이 오스트리아
에 주둔하는 것을 승인할 수밖에 없었다. 이튿날인 3월 13일에 히틀
러는 오스트리아 공화국의 해산을 선포하고 모든 영토를 독일에 합
병했다. 이 소식을 들은 영국과 프랑스 두 나라는 너무 놀라서 독일
에 강력하게 항의했다. 하지만 이전과 마찬가지로 두 나라의 항의는
이번에도 그저 말뿐이었고 어떤 실질적인 행동도 하지 않았다. 히틀
러는 이렇게 몇 번의 경험을 통해 독일이 도발해도 영국과 프랑스가
실제로 제재를 가하지 않는다는 것을 알게 되었다. 그래서 더욱 대
담해진 그는 이번에는 체코슬로바키아를 목표물로 삼았다.

수데텐의 독립 운동

히틀러가 체코슬로바키아를 다음 목표물로 삼은 이유는 두 가지였다. 독일 외의 국가에 사는 게르만 민족을 합병하고, 이 지역이 나중에 소련의 공군 기지가 되거나 영국과 프랑스의 군사 기지가 되는 것을 사전에 막으려는 것이었다. 히틀러의 비밀 문건 가운데 체코슬로바키아 공격과 관련하여 이런 기록이 있다. "우리 독일이 체코슬로바키아를 침공하는 것은 전쟁이 시작되었을 때 서부 전선의 후방에 발생할 수 있는 위협의 싹을 자르기 위해서이다. 소련 공군이 체코슬로바키아를 공군 기지로 쓰는 일을 미리 막아야만 한다."

▼ 1938년 9월, 뮌헨 협정이 성사된 지 몇 시간 후 수데텐의 거리에는 붉은색 나치 깃발이 걸렸다.

제1차 세계대전 이후 체코슬로바키아, 루마니아, 유고슬라비아는 도나우 강 유역과 발칸 반도의 안정을 유지하기 위한 동맹을 맺은 상태였다. 루마니아는 석유 자원이 풍부하고 유고슬라비아는 광산이 많았으며, 또한 두 나라 모두 대규모의 군대를 갖추고 있었다. 두 나라는 상대적으로 힘이 약한 체코슬로바키아에 병력 일부를 파견해 지원해주었다. 이 작은 세 나라는 이렇게 연합해서 강한 국가에 대항하고자 했는데, 이를 '소연합국'이라고 부른다. 프랑스는 소연합국이 결성되는 데 많은 영향력을 행사했으며 1924년부터 1927년까지 이 세 나라와 차례로 정치 및 군사 협정을 맺기도 했다. 결과적으로 프랑스는 소연합국을 이끄는 위치에 서서 이 동맹을 중심으로 이탈리아에 대항하는 세력을 형성했다.

체코슬로바키아 서부와 독일이 맞닿은 곳에 수데텐이라는 도시가 있다. 그곳에는 오래전부터 독일인 320만 명이 그 지역 주민들과 어울려 살고 있었다.

그러던 중, 나치의 지시를 받은 독일인들이 1935년부터 체코슬로바키아에서 독립하라고 수데텐 사람들을 부추기기 시작했다. 1938년 4월 24일, 수데텐의 지도자 헨라인은 자치를 주장하며 체코슬로바키아에서 독립해 하나의 국가가 되겠다고 선포했다. 이와 동시에 히틀러는 체코슬로바키아 정부가 수데텐 지역에 살고 있던 독일 국민을 학대했다며 다음과 같이 선포했다. "독일은 게르만 민족을 보호할 의무가 있다. 우리는 수데텐 사람들이 신체의 자유와 정치 및 사상의 자유를 쟁취하도록 최선을 다해 돕겠다." 이로써 체코슬로바키아의 상황은 순식간에 매우 긴박하게 돌아갔다. 그러나 여전히 전쟁을 두려워하던 영국과 프랑스는 또 한 번 독일에 양보했다. 다시 말해, 두 나라는 체코슬로바키아 정부에 평화적인 방법으로 수데텐 지역을 안정시킬 것을 촉구했다.

독일의 군사적 압박도 버거운 지경에 영국과 프랑스마저 냉담한 태도를 보이자 체코슬로바키아는 하는 수 없이 수데텐의 지도자 헨라인과 회담을 했다. 그러나 양측의 의견 차이가 너무 큰 탓에 회담은 곧 결렬되었다. 헨라인은 체코슬로바키아 정부와의 회담이 실패로 돌아갔다고 일방적으로 선포한 후 끊임없이 폭동을 일으켰다. 이에 당황한 체코슬로바키아 정부가 즉시 군대를 보내 폭동을 진압하자, 히틀러는 이를 빌미로 체코슬로바키아의 내정에 간섭하기 시작했다. 1938년 5월 19일에 독일은 체코슬로바키아와의 국경 지역에 군대를 집결시켰다. 체코슬로바키아도 가만히 보고 있지만은 않았다. 그들은 즉시 동원령을 내려 국경 지역에 병력을 보충해 독일군과 거의 비슷한 규모의 병력으로 맞섰다. 영국과 프랑스는 이런 상황을 알고 잠시 당황했다. 그들은 유럽에서 다시 전쟁이 일어나는 것을 방지하고자 줄곧 독일에 양보하는 전략을 펴 왔는데, 그러한 노력이 모두 수포로 돌아갈 위기에 처한 것이다. 무슨 수를 써서라도 전쟁을 피하고 싶었던 두 나라는 '말을 잘 듣지 않는' 체코슬로바키아 정부를 강하게 압박했다. 특히 프랑스는 체코슬로바키아가 계속 말을 듣지 않고 끝까지 독일에 대항한다면 이전에 서명한 상호 방어 조약을 파기하겠다고 했다. 이에 체코슬로바키아는 하는 수 없이 독일과 수데텐 문제에 관해 회담하기로 했다. 이와 함께 영국과 프랑스 두 나라는 히틀러에게 "수데텐이 체코슬로바키아에서 독립하는 것을 지지할 테니 무력 사용을 자제해달라."라고 계속해서 요구했다. 영국 총리 체임벌린은 이 문제를 원만하게 해결하기 위해 전용기를 타고 직접 독일 베를린까지 왔다. 그는 히틀러에게 영국, 프랑스, 독일, 이탈리아의 4개국 수뇌 회담을 열고 체코슬로바키아가 독일에 수데텐 지역을 할양하는 문제를 상의하자고 제안했다. 체임벌린의 제안은 마침 히틀러가 원하는 것이었기에 즉각 추진되었다.

뮌헨 협정

1938년 9월 29일에 영국 총리 체임벌린, 프랑스 총리 달라디에, 독일 총리 히틀러, 이탈리아 총리 무솔리니가 독일 뮌헨에 모여 수데텐 할양 문제를 논의했다. 그러나 정작 당사국인 체코슬로바키아

▼ 1938년 9월 29일, (왼쪽부터) 영국 총리 체임벌린, 프랑스 총리 달라디에, 이탈리아 총리 무솔리니, 독일 총리 히틀러가 뮌헨에 모였다. 무솔리니와 달라디에가 악수하며 인사하고 있다.

는 정부 대표가 회담장 입구에서 입장을 금지당해 자신들의 일임에도 아무런 의견을 내놓을 수 없게 되었다. 다음 날인 9월 30일, 4개국 정부 대표는 체코슬로바키아가 독일에 수데텐을 할양한다는 내용의 협정에 서명했다. 이것이 바로 유명한 '뮌헨 협정'이다. 이는 역사상 강대국의 횡포를 가장 잘 보여주는 협정이었으며, '뮌헨의 배신'이라고 불리기도 한다. 어찌 되었든, 체코슬로바키아는 협정에 따라 수데텐과 오스트리아에 접한 국경 지대의 남부 지역까지 총 1만 8,000제곱킬로미터에 달하는 땅을 독일에 넘겨주어야 했다. 이로써 체코슬로바키아는 영토의 약 5분의 1과 그곳에 세워진 수많은 산업 시설 및 방어 시설, 그리고 천연자원을

모두 잃게 되었다.

　수데텐을 합병한 후 히틀러의 야심은 극에 달했다. 1939년 3월 10일에 독일은 체코슬로바키아의 수도 프라하를 침공했다. 그리고 독일을 지지하던 슬로바키아인들을 체코슬로바키아에서 독립시켜 슬로바키아라는 새로운 국가를 세우겠다고 선포했다. 독립을 원하던 슬로바키아인들은 자발적으로 독일의 보호를 받겠다고 나섰고, 곧 나머지 체코인들도 독일에 저항하는 것을 포기했다. 이렇게 해서 독일은 큰 힘을 들이지 않고 체코슬로바키아 전체를 점령한 셈이 되었다. 한편, 히틀러의 계속되는 도발에 영국과 프랑스 정부는 고심에 빠졌다. 하지만 그들은 '유럽의 황금시대'가 다시 올 것이라는 착각에 빠져 이미 독일을 제재할 기회를 놓쳐버렸다. 이제 독일의 확장을 막을 방법은 없었다.

　얼마 후, 나치의 돌격대장 헤르만 괴링은 독일을 방문한 무솔리니와 회담하면서 자신만만하게 말했다. "체코슬로바키아의 훌륭한 생산 시설이 독일의 손에 들어 왔으니 우리 추축국의 경제는 더욱 발전할 것입니다. 이 경제력은 곧 주변 국가들을 압박할 수 있는 힘이 되겠지요. 이제 폴란드의 산업 지역까지 비행기로 25분 만에 도착할 수 있습니다." 이번에는 전쟁의 그림자가 폴란드에 드리우고 있었다.

폴란드 침공

폴란드 공격이 시작되기 전에 열린 회의에서 히틀러는 이렇게 말했다. "전쟁을 하는 이유, 그것이 옳은지 그른지는 중요하지 않소. 그 누구도 승자에게 옳고 그름을 따지지는 않으니까. 정말 중요한 것은 승리하는 것이오."

그단스크 만

　폴란드 북부의 그단스크는 비스와 강 하구에 맞닿은 항구 도시이다. 이곳은 오래전부터 폴란드의 영토였다가 1793년에 프로이센이 점령했고, 제1차 세계대전이 끝난 후에는 베르사유 조약에 따라 '국제연맹'의 보호를 받는 자유시가 되었다. 국제연맹은 제1차 세계대전이 끝나고 나서 세워진 국제평화기구로, 그단스크에 고위 관리를 파견해서 행정을 담당하게 했다. 폴란드는 그단스크의 외교 문제를 대신 처리하고, 경제와 세관 업무에 대해 일정한 권리를 행사했다. 즉, 국제 연맹의 관할이라는 것은 명목뿐이고 그단스크는 사실상 다시 폴란드의 영토가 된 것이나 마찬가지였다. 베르사유 조약에는 폴란드가 사용할 바닷길로 슐레지엔의 북쪽 끝에서 비스와 강 하류의 서쪽까지 이어지는 지역을 규정한 내용이 있다. 이곳은 길이 416킬로미터, 평균 너비 128킬로미터로 '그단스크 길'이라고 부른다. 그런데 이 길은 동프로이센과 독일 본토를 분리하는 위치였기 때문에 독일은 폴란드가 이 길을 사용하는 것이 줄곧 못마땅했다.

　히틀러는 폴란드가 그단스크를 실질적으로 통치하는 것도 마음에 들지 않았다. 이 문제에 관해 《나의 투쟁》에는 "감히 독일의 영토를 빼앗아 폴란드

▼ 1930년대 독일의 한 교실에서 선생님이 학생들에게 그단스크 길에 대해 설명하고 있다.

에 주다니, 나는 이것을 절대 용서할 수 없다."라고 언급된다. 오스트리아와 수데텐을 잇달아 손에 넣은 히틀러는 1938년 10월 24일에 폴란드에 그단스크 지역과 더불어 도로와 철도를 건설한 그단스크 길까지 모두 내놓으라고 요구했다. 당연히 폴란드 정부는 이를 거절했고, 이후 두 나라가 이 문제를 놓고 여러 차례 협상했지만 합의에 이르지 못했다.

▲ 1939년 9월 13일, 독일의 탱크가 다리를 건너고 있다. 독일이 폴란드와 전쟁을 벌이는 내내 폴란드 영토 전체에서 탱크 수천 대가 수십 킬로미터의 속도로 오갔다. 탱크의 뒷부분에는 대포, 오토바이가 있고, 대포 위에 앉아 있는 병사들도 보인다.

1939년 3월에 독일은 체코슬로바키아 전체를 완전히 합병한 후 폴란드에 그단스크 문제에 관한 최후통첩을 보냈다. 그런데 폴란드가 이에 별 반응을 보이지 않자 히틀러는 4월 11일에 직접 '하얀 작전'이라고 명명한 폴란드 침공 계획을 발표했다. 여기에 이런 말이 등장한다. "빠르고 강한 공격으로 적에게 타격을 주어야 한다. 신속하게 승리를 거둘수록 폴란드를 고립시키기 쉬워진다." 이것은 바로 히틀러가 줄곧 추구해온 전격전을 의미했다.

영국과 프랑스는 그제야 히틀러의 야심이 감당할 수 없을 만큼 크다는 사실을 깨달았다. 두 나라는 히틀러가 정말로 유럽 전체를 정복하려고 한다는 것을 알고 부랴부랴 폴란드와 상호 방위 협정을 맺었다. 그들은 이 협정을 통해 독일이 감히 폴란드를 침공하지 않기를 바랐지만, 히틀러는 이미 영국과 프랑스를 개의치 않았다. 1939년 8월 23일에 독일과 소련은 '상호불가침 조약'에 서명했다. 이는 그동안 유럽의 전쟁을 막아보려고 애쓰던 영국과 프랑스로서는 매우 실망스러운 것이었다. 8월 31일, 소련을 안정시킨 히틀러는 폴란드 침공의 제1호 작전 명령을 내리고 폴란드와 접한 국경에 100만 대군을 집결했다.

신출귀몰한 작전

우수한 작전 지휘관이던 구데리안은 언제나 장갑차를 타고 가장 앞에 서서 작전을 지휘했다. 1938년에 독일이 오스트리아를 합병할 때, 구데리안은 이틀 안에 빈을 점령해야 한다고 생각하고 전에 없던 매우 빠른 속도로 장갑차를 진격시켰다. 또 공격을 시작한 지 3일 만에 독일과 체코슬로바키아의 새로운 국경을 만든 적도 있다. 그러나 그의 능력은 폴란드에서 전격전을 벌이는 과정에서 가장 눈부시게 빛났다. 구데리안은 폴란드에서 일어난 거의 모든 전투에 참여했고 언제나 최전방에서 작전을 지휘했다. 1940년에 히틀러가 됭케르크 전장에서 전진을 멈추라고 명령하지 않았다면, 아마 역사는 구데리안에 의해 다시 씌어졌을 것이다. 독일인 특유의 성실함과 근면함을 갖춘 구데리안은 비록 열렬한 파시스트였지만 역사상 최고의 지휘관으로 손꼽힐 만하다. 또 그는 독일의 고위 장교였음에도 유대인 학살과 멸종정책에 동조한 적이 없기 때문에 지금까지도 역사학자, 군사학자들에게 존경과 객관적인 평가를 받고 있다.

전격전

1939년 9월 1일 새벽 4시 45분, 독일은 선전포고도 하지 않고 폴란드를 침공했다. 독일은 이 전투에 7개 기갑사단과 4개 차량화 보병사단을 포함한 58개 사단의 병력 약 150만 명을 투입했다. 또 탱크 2,800대, 대포 및 박격포 6,000문, 전투기 약 2,000여 대 등 각종 전쟁 장비를 동원했다. 독일은 북부 집단군을 동프로이센과 포모제에 배치하고 남부 집단군은 슐레지엔과 슬로바키아에 주둔시켜 세 방향에서 폴란드를 공격했다. 그중 제3집단군은 동프로이센에서 남쪽으로 이동해 바르샤바와 비아위스토크를 공격했다. 또 제4집단군은 포모제에서 출발해 그단스크 길에 있는 폴란드 군대를 소탕한 후, 비스와 강의 남동쪽으로 이동해 바르샤바를 침공하기로 했다. 포젠 쪽 국경은 독일의 후방 수비 부대가 맡았다. 독일군 전체의 오른쪽 날개는 제8집단군으로, 그들은 계속 남쪽으로 진격해서 제10집단군의 왼쪽을 보조하는 임무를 맡았다. 주공격 부대인 제10집단군은 무슨 수를 쓰든 바르샤바를 점령하는 것을 목표로 했다. 더 남쪽에는 제14집단군이 배치되어 두 가지 임무를 맡았다. 하나는 크라쿠프 서쪽의 중요 공업 지역을 점령하는 것이고, 다른 하나는 주공격이 순조롭게 이루어지면 폴란드 남동쪽으로 이동해서 렘베르크까지 점령하는 것이었다. 한편, 폴란드는 병력 약 100만 명, 경탱크 870대, 대포와 박격포 4,300문, 비행기 900여 대를 보유했다. 동원된 군사력만 비교해봐도 폴란드는 독일의 상대가 되지 못했다. 게다가 폴란드는 군대의 배치에도 큰 문제가 있었다. 모든 부대가 국경선을 따라 죽 늘어선 탓에 서로 협조하거나 보완하는 효율적인 움직임이 불가능했던 것이다.

독일의 공군도 많은 역할을 했다. 그들은 우선 폴란드의 군용 비행장을 습격해 이틀 안에 폴란드 공군의 군용기를 거의 다 파괴했다. 또 육군 기계화 부대가 폴란드의 방어선을 신속하게 뚫을 수 있도록 엄호하고, 국경에 주둔하는 폴란드 군대에 공중 포격을 퍼부어 무력화하기도 했다. 이렇게 철저한 계획에 따라 맹렬하게 공격한 독일 군대는 일주일 만에 폴란드 국경 안으로 들어섰다. 폴란드군은 용감하게 저항했으나 거의 모든 전투에서 패했고, 국경을 따라 배치된 부대들은 급히 후퇴했다. 우지에 있던 병력은 독일 제10집단군의 공격을 받고 둘로 나뉘어서 각각 동쪽의 라돔과 북서쪽으로 쫓겨 갔

◀ 독일 기갑 부대의 사령관인 구데리안이 장갑차를 시찰하던 중에 탱크 위에 서서 부하와 이야기를 나누고 있다. 독일은 제2차 세계대전에서 전격전으로 수많은 성과를 거두었는데, 이는 대부분 구데리안이 계획한 것이었다.

다. 독일의 기갑사단들은 폴란드 수도 방어선의 돌파구를 뚫고 빠른 속도로 바르샤바까지 진격했고, 북쪽에서도 독일 제4집단군이 순조롭게 비스와 강을 건너 강을 따라 바르샤바로 전진했다. 폴란드군 중에 독일 제3집단군과 대치하는 부대만이 유일하게 공격을 버텨내는 듯했으나, 얼마 지나지 않아 이들마저 나레프 강변으로 후퇴했다.

일주일 후, 독일군은 폴란드 국경을 넘어 수백 킬로미터까지 들어갔다. 폴란드의 모든 전선은 무너지고 있었으며 대부분 부대가 독일군의 공격을 받아 분리되거나 포위되었다. 1939년 9월 9일, 폴란드의 포즈난 집단군이 비스와 강의 지류인 브주라 강으로 후퇴하다가 독일에 포위되었다. 긴박한 상황에서 포즈난 집단군의 사령관 쿠트제바는 과감하게도 자신이 이끌던 12개 사단에 독일군의 측면을 공격하라고 명령했다. 이리하여 유명한 '브주라 전투'가 시작되었다. 이미 승리를 확신하던 독일은 궁지에 몰린 폴란드의 거센 반격을 받고 놀랐지만, 즉시 반격에 나섰다. 포즈난 집단군은 바르샤바로 진격하는 독일군을 조금 지체시키기는 했으나, 결국 열흘 만에 전멸했다.

1939년 9월 14일에 독일군이 폴란드의 수도 바르샤바에 가까이 접근하자 용감한 바르샤바 시민은 죽을 각오로 저항했다. 9월 16일,

폴란드 정부가 바르샤바를 탈출한 후 국경을 넘어서 루마니아로 피신했다. 상황이 이렇게까지 악화하자 폴란드와 가까운 소련도 불안해지기 시작했다. 소련 공산당은 독일이 폴란드를 점령한 후 그곳을 발판으로 발칸 반도, 나아가 소련까지 침공할지도 모른다고 생각했다. 이에 다급해진 소련은 예상한 최악의 상황을 피하려면 폴란드 국경 안으로 군대를 보내 독일군의 진격을 저지해야 한다고 판단했다. 9월 17일, 소련은 독일의 폴란드 침공을 소련에 대한 위협으로 규정하고 병력을 파견하기로 했다. 소련군은 매우 빠른 속도로 진격해서 9월 18일에 브레스트리토프스크에 도착했고 바로 진영을 꾸려 독일군과 대치하기 시작했다. 바르샤바 방송국은 바르샤바 시내가 폭격을 받은 수십 일 동안 계속해서 폴란드 음악을 방송했다. 그러던 9월 28일, 음악이 멈추고 라디오에서 인구 3,500만 명이 사는 아름다운 폴란드가 독일에 점령당했다는 긴급 뉴스 방송이 흘러 나왔다.

기이한 전쟁

영국과 프랑스 두 나라는 독일이 폴란드를 침공한 후에도 여전히 독일에 선전포고하지 않았다. 그들은 여전히 독일이 폴란드에 대한 군사 행동을 멈출 것이라는 환상을 품은 채 계속해서 독일 정부에 외교 회담을 제안했다. 그러나 독일이 맹렬한 기세로 폴란드를 공격하자 9월 3일, 즉 전쟁이 시작되고 3일째에야 비로소 독일에 정식으로 선전포고를 했다. 두 나라는 이전에 폴란드와 상호 방위 협정을 맺었기 때문에 당시 바르샤바로 진격하는 독일군을 공격하기는 했다. 그러나 대규모 병력을 동원하지는 않고 형식적으로 폴란드를 지원할 뿐이었다. 두 나라가 동원한 전투기 몇 대는 포격이 아닌 평화를 강조하는 전단지를 살포하는 데 사용되었다. 그때까지만 해도 영국과 프랑스는 독일이 '고상한 인간의 양심'으로 결국 전쟁을 멈출 것이라고 믿었다. 실제로 독일 공군도 영국과 프랑스의 군대를 위협하거나 폭격하려고 하지 않았다. 마치 서로를 배려하는 것 같은 기이한 전쟁이 계속되었지만, 바다에서는 상황이 조금 달랐다. 바다에서 양측 간에 전투가 시작된 9월 3일 저녁, 영국 여객선인 아테나 호가 독일의 잠수함에 부딪혀 침몰했다. 사망자는 120명에 달했는데 그중 28명이 미국인이었다. 이후 영국과 독일은 바다에서 격렬한 전투를 벌였고, 이런 상황은 제2차 세계대전이 끝나기 전날까지 계속되었다.

됭케르크 철수

히틀러는 폴란드 전쟁이 완전히 마무리되기도 전에 프랑스 침공을 계획하고 작전 승인서에 다음과 같이 언급했다. "이 전쟁의 목적은 프랑스를 침공함으로써 영국을 압박해 두 나라의 항복을 동시에 받아내는 것이다. 이대로 실현되기만 한다면 유럽 대륙에서 독일의 위상은 더욱 높아질 것이 분명하다. 이 전쟁에서 가장 중요한 것은 속도이다. 빠르면 빠를수록 우리에게 유리하다."

전쟁 준비

독일이 폴란드의 영토 대부분을 점령하자 폴란드를 지원하러 온 영국 원정군도 더 이상의 저항을 포기했다. 당시 서부 전선에 주둔하던 영국과 프랑스의 연합군 병력이 독일군보다 훨씬 많았음에도 두 나라는 여전히 우유부단한 모습을 보였다. 그들은 히틀러가 영국, 프랑스와 전쟁을 일으키기보다는 군대를 동쪽으로 이동시켜 소련과 전쟁을 벌일 것이라고 생각했다. 그러나 이것은 또 한 번의 판단 착오였다. 히틀러는 '프랑스 전체'를 다음 목표로 삼고 군대를 계속 서쪽으로 진격시켰다. 그의 계획은 프랑스를 점령한 후 영국까지 압박해서 서유럽 전체를 장악하는 것이었다. 영국과 프랑스는 서부 전선에 독일군의 병력이 계속 늘어나는 것을 빤히 보면서도 계속해서 낙관적인 전망만 내놓았다. 이런 이상한 상황에 대해 한 프랑스 기자는 다음과 같이 묘사했다. "전선의 분위기는 정말 놀라웠다. 라인 강변에 주둔한 우리 포병들은 독일의 탄약 운송 열차가 강 반대편으로 가는 것을 멍하니 바라보고만 있었다. 또 우리의 공군 조종사들은 독일의 산업 지역인 자를란트

▼ 제2차 세계대전이 시작되기 전, 프랑스는 적의 탱크가 빠져서 기동력을 활용하지 못하도록 마지노선 주변에 매우 기다란 도랑을 팠다. 또 이 도랑 안에 철사 등을 꼬아서 만든 장애물을 가득 설치했다.

를 지나가면서도 절대 포탄을 투하하려고 하지 않았다. 나는 프랑스의 전략이 '적을 건드리지 말자.'인 것을 금세 깨달을 수 있었다."

반면에 독일은 이 짧은 휴전 기간을 절대 헛되이 보내지 않았다. 히틀러는 더 좋은 품질의 군사 장비를 대량으로 생산해서 독일군의 작전 수행 능력을 향상시키는 데 최선을 다했다. 독일의 서부 유럽 공격 작전은 독일 A집단군의 사령관 만슈타인이 계획했고, '낫질 작전'이라고 명명되었다. 만슈타인은 이 전쟁에 136개 사단 병력, 탱크 2,439대, 비행기 3,700대, 그리고 수송기 600대를 동원했다. 그리고 병력을 크게 A, B, C 세 집단군으로 나누어 다음과 같이 작전을 벌이기로 했다. 가장 먼저 공수 부대가 벨기에, 네덜란드, 룩셈부르크의 중요한 전략적 지역을 점령한다. 이와 동시에 공군이 출동해서 프랑스, 벨기에, 네덜란드와 룩셈부르크의 제공권을 확보한다. 이어서 B집단군이 벨기에와 네덜란드에서 적을 속이기 위한 양동 작전을 시작해 영국-프랑스 연합군을 유인한다. C집단군은 프랑스가 구축한 대규모 방어선인 마지노선을 정면으로 공격해서 돌파구를 찾는다. 영국과 프랑스가 독일 B집단군, C집단군과 전투를 벌이느라 정신없을 동안 주공격 부대인 A집단군은 전체 전선의 중앙에서부터 매우 빠른 속도로 적을 향해 돌격한다. 그리고 이어서 빽빽한 삼림 지대인 아르덴 산을 가로질러 룩셈부르크와 벨기에의 남부에 들어선다. 그러면 마지노선을 우회해서 프랑스의 중심 지역으로 바로 들어갈 수 있었다. 사실 '낫질 작전'은 매우 위험했다. B집단군의 양동 작전이 제대로 이루어지지 않으면 영국-프랑스 연합군에 거꾸로 포위되거나 자칫하면 전멸할 수도 있었다. 그러나 히틀러는 천성적으로 모험, 그리고 그것을 통해 얻는 성공에 열광하는 사람이었다. 그는 만슈타인의 작전 계획을 듣고 매우 흡족해하며 즉시 작전 수행을 준비하라고 명령했다. 독일의 제19기갑사단을 이끌었던 구데리안은 전쟁이 끝난 후에 이때를 회고하면서 히틀러, 만슈타인, 그리고 자신을 제외하고는 아무도 이 계획의 성공을 믿지 않았다고 말했다.

한편, 독일과 대치하던 네덜란드, 벨기에, 룩셈부르크, 프랑스의 군대와 영국 원정군은 총 135개 사단 병력, 탱크 3,469대, 비행기 2,000대를 보유했다. 이 밖에도 필요하면 영국에 있는 비행기 1,000여 대를 즉시 동원할 수 있었다. 숫자로만 따져 보았을 때 연합군과 독일의 병력 및 화력은 거의 비슷했다. 본격적인 전쟁이 시작되기

전, 영국과 프랑스는 독일이 제1차 세계대전에서 프랑스를 침공한 방식을 그대로 따를 것이라고 생각했다. 그 방식은 바로 오른쪽 날개에 주력 부대를 배치하고 벨기에를 통해서 프랑스를 공격하는 전술인 '슐리펜 계획'이다. 그래서 연합군은 주력 부대를 프랑스와 벨기에가 맞대고 있는 국경선의 북쪽 끝과 프랑스 북부에, 나머지는 거의 모두 남부의 마지노선에 배치했다. 그러다 보니 정작 전체 전선의 가운데

▲ **독일의 기갑 부대**
1940년 5월, 아르덴 산을 넘은 독일의 기갑 부대가 마지노선의 측면 날개 부분에 나타났다.

부분은 전투력이 가장 약한 부대만 남았다. 하지만 프랑스는 이 지역에 아르덴 산 같은 험한 지형이 있으므로 적이 쉽게 넘보지 못할 것이라고 생각하고 그다지 걱정하지 않았다.

낫질 작전

1940년 5월 10일, 네덜란드, 벨기에 및 룩셈부르크의 상공에 대규모의 독일 폭격기가 나타나더니 군용 공항, 철도, 주요 도로 등에 무자비하게 폭격을 가하기 시작했다. 곧이어 독일군이 300여 킬로미터에 달하는 기다란 전선에 늘어서서 네덜란드, 벨기에 및 룩셈부르크를 향해 대규모 공격을 시작했다. 드디어 독일의 프랑스 침공이 시작된 것이다.

연합군을 유인하는 양동 작전의 임무를 맡은 B집단군은 벨기에와 네덜란드에서 공수 부대와 기갑 부대를 앞세워 매우 순조롭게 전투를 벌였다. 영국-프랑스 연합군의 주력 부대는 이것이 함정인 줄 모르고 벨기에와 접한 국경에 더 많은 병력을 배치했다. C집단군도 계획대로 잘 움직였다. 그들은 마지노선을 따라 주둔한 프랑스군을 대대적으로 공격해 발을 묶는 데 성공했다. 한편, 룬트슈테트가 지휘하는 A집단군은 룩셈부르크와 벨기에에 걸쳐 있는 아르덴 산에서 공격을 시작했다. 또 구데리안이 지휘하는 제19기갑사단은 겨우 하루 만에 룩셈부르크의 항복을 받아냈다. 5월 12일 오후, 구데리안이 이끄는 3개 기갑사단이 아르덴 산맥에 있는 110킬로미터 길이의 협

▲ 매우 지친 영국 병사들이 됭케르크의 해안에서 자신들을 데려갈 수송선을 기다리고 있다.

곡을 통과해서 뫼즈 강 북쪽으로 돌진했다. 그러더니 다음날인 5월 13일에 뫼즈 강을 건너 곧바로 프랑스의 중심 지역으로 들어갔다. 영국과 프랑스는 그제야 독일의 양동 작전에 말려들었다는 것을 알아차렸다. 그들은 거의 모든 방향에서 공격하는 독일을 막아내느라 정작 프랑스의 중심 지역을 소홀히 하는 실수를 저지른 것이었다. 그렇다고 다른 지역에서 벌어진 전투에서 우위를 차지한 것도 아니었다. 낭시 벨기에 국경 안에 있던 영국-프랑스 연합군과 마지노 선 주변에 배치된 프랑스군은 대부분 부대가 포위되어 전멸할 위기에 놓였다. 다음날 오후, 영국과 프랑스는 전쟁이 시작된 후 가장 큰 규모의 폭격기 부대를 동원해서 뫼즈 강변에 주둔한 독일군에 폭격을 시작했다. 양측 모두 전투기와 폭격기 500여 대를 투입해 어두워질 때까지 맹렬하게 싸운 끝에 결국 승리를 거둔 쪽은 독일이었다. 이 날 영국은 동원한 군용기의 총 60퍼센트를 잃었고, 독일 공군은 이제 프랑스의 제공권까지 장악하게 되었다. 같은 날 독일의 B집단군은 네덜란드의 로테르담을 공격해서 네덜란드군 최고사령부의 항복을 받아냈다.

5월 15일 새벽, 독일이 뫼즈 강의 방어선을 뚫고 프랑스의 중심으로 다가오고 있다는 소식이 프랑스 전체에 전해졌다. 설마 하던 일이 터지자 당황한 프랑스 정부는 곧 투르 지방으로 피신할 준비를 했다. 이때 프랑스 총리 레노는 5일 전에 체임벌린의 뒤를 이어서 영국의 새로운 총리가 된 처칠에게 전보를 보냈다. "어젯밤 우리의 작전은 실패했고, 파리로 향하는 길은 이제 모두 열려버렸소. 비행기를 비롯해 보내줄 수 있는 모든 장비와 병력을 보내주시오." 전보를 받아 본 처칠은 프랑스 정부와 국민을 안정시키고 모든 전선이 무너지는 상황을 막기 위해 다음날 직접 파리로 왔다. 전쟁이 끝난 후에 처칠은 자신의 회고록에서 당시의 상황을 이렇게 묘사했다. "프랑스 총리 레노와 연합군 총사령관 가믈랭을 만나자마자 나는 상황이 생각보다 심각하다는 것을 알 수 있었다. 그들의 온몸이 먼지와 흙으로 덮여 있었기 때문이다." 처칠이 가믈랭에게 예비 부대가 어디에 있느냐고 묻자 그는 "없습니다."라고 대답했다. 절망감에 빠져 괴로워하던 레노 총리는 프랑스의 대사로 임명되어 스페인에 가 있던 여든세 살의 페탱 원수를 파리로 소환했다. 동시에 베이루트에 있던 일흔세 살의 베강 장군도 불러들였다. 레노 총리는 이 제1차 세계대전의 영웅들이 프랑스에 행운을 가져다주기를 간절히 바랐다.

한편, 구데리안의 제19기갑사단은 뫼즈 강을 건넌 후 한시도 쉬지 않고 계속해서 서쪽으로 전진했다. 그들의 번개같은 이동 속도는 어찌나 빠른지 심지어 독일군 총참모부의 걱정마저 샀다. 총참모부는 오히려 조금씩 쉬어가며 좀 더 천천히 전진하라고 명령했다. 그러자 구데리안은 이런 문제에 대해 사사건건 간섭하면 자리에서 물러나겠다고 응대했다. 당시 히틀러에게 두터운 신임을 받던 구데리안은 이러한 명령 불복종에도 별다른 징계를 받지 않았고, 부대의 이동 속도는 오히려 더 빨라졌다. 5월 20일에 구데리안이 이끄는 부대는 아브빌 부근의 영국 해협에 도착했다. 그들은 우선 영국-프랑스 연합군이 영국으로 후퇴할 때 사용할 퇴로를 끊기 시작했다. 남쪽 퇴로는 A집단군이 이미 끊어놓은 상태였고, 네덜란드 및 벨기에 동쪽 지역은 북쪽의 B집단군이 완벽하게 점령하고 있었다. 결과적으로 수십만 명에 달하는 영국-프랑스 연합군의 주력 부대는 독일의 포위망에 완전히 갇혀버린 셈이었다. 당시 상황에서 영국-프랑스 연합군이 안전하게 후퇴하려면 프랑스 북부의 됭케르크 같은 항구를 이용하는 방법밖에 없었다. 당시 가믈랭을 대신해서 총사령관이 된 베강 장군은 파리로 돌아온 지 얼마 되지 않았기 때문에 아직 전선의 상황을 정확히 파악하지 못한 상태였다. 또 그가 생각한 전술은 모두 제1차 세계대전 당시에 쓰이던 것으로 다소 시대에 뒤떨어졌다. 이 때문에 연합군은 더욱 혼란에 빠졌다.

철수

1940년 5월 23일부터 24일까지 구데리안의 제19기갑사단이 도버 해협 연안의 항구인 불로뉴와 칼레를 점령했다. 이곳은 영국-프랑스 연합군이 주둔한 됭케르크 항구와 불과 20킬로미터도 안 되는 거리였다. 얼마 후 라인하트가 이끄는 제41기갑사단까지 됭케르크 근처에 도착하자 영국–프랑스 연합군 수십만 명은 여지없이 독일의 포로가 될 상황에 몰렸다. 조금만 더 전진하면 연합군을 전멸시킬 수도 있을 이때, 히틀러가 진격을 멈추라는 명령을 내렸다. 그는 왜 이런 이해하기 어려운 명령을 내린 것일까? 아직 그 이유는 정확히 밝혀지지 않았지만, 사람들은 주로 세 가지 정도로 추론한다. 첫째, 히틀러는 어쩌면 됭케르크에서 영국 원정군을 일부러 놓아주려고 했던 것일지 모른다. 그런 다음에 그들을 쫓아가서 영국의 항복을 이끌어내려는 것이다. 둘째, 히틀러는 제1차 세계대전에서처럼 기갑사단의 탱크와 장갑차가 플랑드르 지역의 늪에 빠질까 봐 걱정했을 것이다. 셋째, 당시 잇달아 큰 공을 세우던 공군 원수 괴링이 공군만으로도 됭케르크 항구에 있는 연합군을 전멸시킬 수 있다고 장담했기 때문이다.

▼ 1940년 6월 23일, 전쟁의 승자 히틀러와 그의 수행원들은 파리로 가서 에펠탑을 구경했다. 이것은 히틀러의 두 번째이자 마지막 파리 방문이었다. 가운데에 서 있는 사람이 히틀러이며, 왼쪽은 나치의 공식 조각가인 아르노 브레커이다. 오른쪽은 제2제국의 무식 선축가이사 군수장관인 알베르트 스피어이다.

어찌 되었든 잠시 공격을 멈추게 했던 히틀러는 5월 26일에 다시 됭케르크를 향해 진격하라고 명령했고, 이날 영국–프랑스 연합군도 영국으로 후퇴하기 시작했다. 다음날인 5월 27일에는 벨기에가 독일에 항복했다. 이날부터 6월 4일까지 영국–프랑스 연합군 33만 8,000명이 영국으로 떠났다.

6월 10일에 프랑스 정부는 투르로 피난을 떠났고 이날 이탈리아가 프랑스에 정식으로 선전포고했다. 6월 13일에 파리는 무방비 도시가 되었다. 독일은 그다음 날인 14일에 총탄 하나 사용하지 않고 텅 빈 파리를 손쉽게 점령했다. 6월 18일에 프랑스 정부는 다시 보르도로 이동했다. 그러나 모든 전선의 붕괴가 확실해지자 더 이상 독일에 저항하지 않겠다고 선포하고, 4일 후에 공식적으로 독일에 항복했다. 그 후 제1차 세계대전 당시 프랑스의 영웅 페탱은 독일의 꼭두각시가 되었다. 독일은 40일도 걸리지 않아 프랑스를 완전히 점령하며 제1차 세계대전에서 받은 치욕을 어느 정도 되갚아주었다.

브리튼 전투

1940년 7월 16일, 히틀러는 '바다사자 작전'을 명령하며 이렇게 말했다. "영국은 군사적으로 절망적인 상황에 몰렸으면서도 여전히 우리에게 항복하지 않고 있다. 그래서 나는 영국 침공을 결정했다. 우리는 필요하다면 더 강하게 영국을 압박해야 하고, 이를 위한 모든 준비 작업은 8월 중순까지 완성되어야 한다."

전쟁 준비

프랑스에 갔던 영국 원정군 중에는 무사히 돌아온 사람도 있지만, 영국은 병사 6만 8,000여 명을 잃었다. 또한 거의 모든 전쟁 장비를 프랑스에 놓고 와야만 했다. 전체적으로 보았을 때 영국의 손실은 참담하기 그지없었다. 그들은 대포 2,450문, 탱크 공격용 총 6,400개, 기관총 1만 1,000개, 군용 자동차 7만 5,000여 대, 각종 군용물자와 탄약 50만 톤을 잃었고 전함 224척, 비행기 106대가 침몰 또는 격추되었다. 당시의 영국은 유럽 대륙으로 원정군을 보내기는커녕 자국을 안전하게 지키는 것조차 어려운 상황이었다.

반면에 바다 건너 독일의 히틀러는 자신감이 최고조에 달했다. 히틀러는 영국의 군사력이 매우 약해진 상태이므로 크게 공격하지 않아도 금세 독일에 항복할 것이라고 판단했다. 그래서 영국은 잠시 내버려두고, 동부 전선으로 시선을 돌려 소련 침공 계획을 세우기 시작했다. 그는 프랑스가 항복한 후부터 1940년 7월까지 영국의 항복을 기다려 주었다. 그러나 예상과 달리 영국이 여전히 자세를 굽히지 않자 히틀러는 매우 화가 나서 결국 영국 침공 작전인 '바다사자 작전'을 명령했다. 독

▼ **전쟁 중의 결혼식**

1940년에 순백의 드레스를 입은 영국인 신부가 폭격을 받아 거의 폐허가 된 집에서 걸어 나오고 있다. 그해에 영국에서는 결혼하는 사람이 전년도보다 훨씬 많았다. 전쟁 중에 결혼하는 것이 서로의 사랑과 믿음을 증명한다고 생각했기 때문이었다.

일의 계획은 다음과 같았다. 우선 도버 해협과 맞닿은 프랑스에서 중포를 발사해 해상에 세워진 영국의 방어 건축물을 파괴한다. 이와 동시에 전투기를 출격시켜 이 지역의 제공권을 장악함으로써 영국으로 들어갈 바닷길을 확보한다. 이어서 이 길의 양측에 잠수함까지 완벽하게 배치되면 육군이 탑승한 수송선이 영국을 향해 출발한다. 그리고 수송선이 영국까지 가는 동안 공군이 하늘에서 배를 엄호하며 혹시 있을지 모를 위험에 대비한다.

히틀러는 '바다사자 작전'의 성공을 위해 한 달 동안 13개 사단, 수송선 168척, 바지선 1,910척, 예인선 419척, 모터보트 1,600척을 북해 연안에 집결했다. 그러나 이 정도로는 사실 전통적인 해상 강국인 영국을 당해내기가 쉽지 않았다. 그래서 자신만만한 히틀러와 달리 독일 총참모부의 많은 장군은 이 계획의 성공을 확신하지 못했다. 일부 장군은 바다를 건너 섬에 상륙해서 공격하는 것 자체가 성공할 수 없는 일이라고 생각했다. 아울러 전쟁 물자의 비축과 보급 또한 만만한 일이 아니었다. 처음에 히틀러가 계획한 작전 개시일은 1940년 8월 15일이었으나, 총참모부의 이러한 우려와 반대로 9월 15일로 연기되었다가 다시 9월 24일로 미루어졌다.

계획처럼 육군이 탑승한 수송선이 영국 해협을 순조롭게 건너서 영국에 상륙한 후 빠르게 진격하려면 공군의 역할이 매우 중요했다. 독일의 공군 원수 괴링은 히틀러에게 4주 안에 영국 공군을 꺾고 영국 하늘을 장악할 수 있다고 장담했다. 심지어 그는 자신이 지휘하는 공군만으로도 영국의 항복을 받아 낼 수 있으니 육군은 동원할 필요도 없다고 큰소리쳤다. 괴링의 말

▼ 1943년 6월에 독일군 병사가 히틀러(가운데)와 괴링(오른쪽)에게 Me-262 제트 전투기의 연구 및 제작 상황을 소개하고 있다. 원래 마른 체형이던 괴링은 맥주홀 폭동에 가담했을 때 큰 부상을 당했다. 이후 오랫동안 모르핀 같은 마약성 진통제를 맞다 보니 살이 많이 쪄서 전쟁 후에 포로로 잡혔을 때 그의 체중은 125킬로그램이나 되었다.

이 완전히 허무맹랑한 것만은 아니었다. 당시 독일 공군은 전투기 2,669대를 보유했지만 영국은 800대도 채 되지 않았기 때문이다. 그러나 영국에는 독일이 모르는 비밀 무기, 바로 레이더가 있었다. 레이더는 비행기를 공격하는 지상 대포인 고사포, 탐조등, 전투기 및 그 밖의 방어 장비들과 함께 사용했을 때 매우 큰 효과를 발휘했다. 특히 완벽에 가까운 경고 시스템은 전쟁이 시작된 후 독일을 무척 곤혹스럽게 했다.

격렬한 전투

독일은 1940년 7월 10일부터 8월 초까지 전투기 2,400여 대를 영국 상공에 출동시켜 무자비한 공습을 펼쳤다. 그들의 첫 번째 공격 목표는 도버와 플리머스 사이에 있는 영국 남쪽의 항구와 영국 해협을 지키는 호위 함대를 무력화하는 것이었다. 그리고 최종 목표는 나중에 자국의 육군이 탄 배가 바다를 건널 때 장애물이 될 수 있는 모든 시설을 파괴하는 것이었다. 이와 동시에 영국 전투기가 대응하러 나오면 모두 격추해서 영국의 공군 전투력을 최소화하는 것도 독일의 한 목표였다. 그러나 영국은 그리 호락호락하지 않았다. 그들은 독일의 작전에 말려들지 않기 위해 소규모의 전투기 부대만 출동시켰고, 하늘에서 독일 전투기 사이를 교묘하게 오갈 뿐 정면으로 승부하려고 하지 않았다. 이 공중전에서 독일 전투기는 227대가 격추되었으나 영국이 입은 손실은 96대에 불과했다. 다시 말해, 영국은 매우 효율적으로 공중전을 펼쳐 전쟁 초기에 이미 독일의 기세를 한풀 꺾어놓은 셈이다.

8월 1일, 일이 계획대로 진행되지 않는 데 화가 난 히틀러는 빨리 영국 공군을 무력화하라고 괴링을 다그쳤다. 이에 괴링은 다시 구체적인 작전 계획을 세우고 이를 '매 작전', 그리고 작전을 벌일 날을 '매의 날'이라고 이름 붙였다. 그는 짧은 시간 안에 영국 공군의 전투기를 전멸시키고 영국

▼ 1940년에 런던 시민은 집에 있던 알루미늄 솥이나 바가지 같은 것을 나라에 기증했다. 영국은 이렇게 모인 물자들을 비행기를 제조하는 데 사용했다. 사실 당시 영국에는 물자가 그다지 부족한 편이 아니었지만, 정부는 국민의 애국심을 불러 일으키기 위해 이런 모금 및 기증 활동을 계속했다.

상공을 장악해 자국의 육군과 해군을 공중에서 엄호해주고자 했다. '매의 날'은 원래 8월 8일로 정해졌으나, 날씨가 좋지 않은 탓에 13일로 미뤄졌다. 그런데 막상 작전을 시작하려고 보니 작전 공간이 너무 좁아서 독일 최고의 전투기인 Bf-109로는 대규모 폭격기 부대를 호위할 수가 없었다. 괴링은 하는 수 없이 전투 능력은 다소 떨어지지만 당시 상황에 가장 적합한 Bf-110 전투기를 사용하기로 했다. 8월 15일, 영국과 독일의 전쟁 중에 가장 대규모로 기록된 전투가 시작되었다. 독일 폭격기 100여 대는 영국 상공에서 맹렬하게 폭격을 퍼부었다. 순조롭게 폭격을 마치고 기분 좋게 기지로 돌아가던 독일 전투기들은 갑자기 영국 전투기 부대와 맞닥뜨렸다. 영국 전투기 조종사들은 매우 날쌘 비행 기술을 선보이며 독일 조종사들의 혼을 빼놓았다. 영국 전투기 40여 대는 빠른 속도로 모였다가 금세 다시 흩어지고 또다시 모이는 식의 비행 기술을 뽐내며 독일 전투기의 대형을 모두 흐트러뜨린 다음에 하나씩 격추했다. 전투기 수가 상대적으로 적은 영국은 대부분 전투기를 쉴 틈 없이 계속해서 번갈아가며 투입했다. 그래서 영국의 전투기 조종사들은 하루에 평균 두 번, 많으면 세 번씩 출동하기도 했다. 독일은 이 공중전에서 전투기 76대를 잃었고, 승리는 전투기 34대만 잃은 영국에 돌아갔다. 뼈아픈 실패를 겪은 괴링은 이후 Bf-109 같은 최고 전투기의 호위 없이는 절대로 전투를 벌이지 않았다.

독일의 공격을 막아낸 영국 공군은 사기가 크게 올랐다. 그들은 여세를 몰아 8월 28일에 독일의 수도 베를린 상공으로 날아가서 공습을 감행했다. 영국을 제압하기는커녕 수도까지 공격당하자 히틀러는 화가 머리끝까지 치솟았다. 그는 괴링에게 즉시 영국의 수도 런던을 폭격해서 되갚아주라고 명령했다. 콧대 높은 영국을 굴복시키고 싶었던 히틀러는 이 폭격으로 영국인들이 혼란과 공포에 빠지기를 바랐다. 9월 7일, 독일 공군은 폭격기 625대와 전투기 648대를 투입해 대규모 런던 공습을 벌였다. 런던 시민은 이때부터 57일 동안 매일 저녁 독일의 일방적인 폭격에 시달려야 했다. 수많은 무고한 시민이 목숨을 잃고, 도시의 주요 건축물 대부분이 무너졌다. 표면적으로 보았을 때 영국이 입은 손실은 추산하기도 어려울 정도로 막대했다. 그러나 역설적이게도 이 기간은 영국 공군이 전투를 멈추고 잠시 쉴 수 있는 때이기도 했다. 이후 승리의 여신은 언제나 영국의 편이었다.

전환점

　1940년 9월 15일, 전쟁은 새로운 상황을 맞이했다. 이날 오후 독일의 폭격기 200여 대는 어김없이 전투기 600여 대의 엄호를 받으며 기세등등하게 런던 상공으로 날아왔다. 그런데 이번에는 영국의 반응이 전과 달랐다. 그동안 쉬면서 충분히 전투 준비를 마친 영국 공군은 독일 공군을 맞아 치열하게 싸웠다. 이날 전투에서 독일은 전투기 183대를 잃었고, 영국의 손실은 40대도 되지 않았다. 같은 날, 영국의 폭격기가 프랑스의 불로뉴에서 벨기에의 앤트워프까지 이어지는 해안선의 거의 모든 항구를 폭격했다. 이 항구들에 정박해 있던 독일군 수송선에 타격을 주려는 목적이었다. 이틀 후, 독일이 처음의 예상과 달리 아직도 영국 상공을 장악하지 못하자 히틀러는 '바다사자 작전'을 일단 보류했다. 그리고 10월 12일에 영국 침공을 이듬해 봄으로 연기한다고 선포했다. 그런 한편으로 런던을 비롯한 영국의 대도시를 목표로 한 야간 포격은 간간이 이어졌다. 그중 11월 14일의 코번트리 공습, 12월 29일에 벌어진 런던 공습의 규모가 특히 컸다. 이런 공습으로 수많은 사망자를 발생시켰지만 독

▼ 영국의 공군 조종사들은 하늘에서 경계를 늦추지 않았다. 하루에도 서너 번씩 출격해야 했던 조종사들은 몸과 마음이 모두 힘들고 괴로웠다. 하지만 공중전에서 패하면 아무런 희망이 없다는 것을 잘 알고 있었기에 그들은 언제나 전투태세를 유지하며 긴장을 늦추지 않았다.

일 공군은 여전히 보유한 장비 수준에 비해 전투력이 그다지 뛰어나지 못했다. 바다사자 작전을 연기한 때가 지난 1941년 7월에 히틀러는 '바다사자 작전'의 시행을 다시 1942년 봄으로 미루었다. 그는 그 무렵이 되면 소련과의 전쟁을 끝냈을 것이니 영국 침공에 주력할 수 있다고 보았다. 그러나 상황은 그의 예상과 다르게 돌아갔다. 1942년 2월이 되어서도 독일은 여전히 동부 전선에서 소련과 대치했으며 전쟁은 도통 끝날 기미가 보이지 않았다. 히틀러는 결국 1942년 2월 13일에 '바다사자 작전'을 완전히 포기한다고 선포했다. 그러자 영국 공군은 쾰른, 에센, 브레멘, 베를린 등 독일의 대도시를 차례로 폭격했고, 영국의 상공은 다시 이전의 평화를 되찾았다.

'브리튼 전투' 또는 '브리튼 항공전'으로 불리는 이 전투에서 영국은 제2차 세계대전 중 처음으로 독일에 승리를 거두었다. 처칠은 영국 하원에서 연설하며 "역사상 이렇게 적은 사람이 이렇게 많은 사람을 대적해서 이만큼 큰 성과를 올린 적은 없다."라고 말했다. 이 전쟁에서 승리하며 자신감을 얻은 연합군은 유럽 대륙에서 다시 독일에 반격할 계획을 짜기 시작했다.

바이퇀 대전

일본은 1937년 9월 18일의 만주사변을 시작으로 중국을 정복하려는 야심을 노골적으로 드러냈다. 이로써 광활한 중국도 제2차 세계대전의 전쟁터가 되었다. 일본은 중국의 항일 세력이 거세게 저항하자 무력을 앞세워 정면 돌파하는 전략을 포기했다. 대신 이미 점령한 곳을 굳게 지키면서 중국의 후방을 공격할 기회를 노렸다. 1940년 8월, 화베이 지역에서 중국 팔로군과 일본군의 전투가 시작되었다. 바로 중국의 항일 전쟁 중 가장 대규모이자 가장 오랫동안 벌어진 전투인 '바이퇀 대전'이다.

나무 우리 봉쇄 작전

1938년 10월 27일, 3개월에 걸친 우한 전투가 끝났다. 이 전투에서 일본은 짧은 시간 안에 우한을 점령하려던 원래 계획에 실패했을 뿐만 아니라 사망자만 3만여 명에 이르는 참패를 맛보았다. 게다가 병력 배치와 지원, 물자 보급 등이 무엇 하나 제대로 되지 않는 문제점이 드러나 일본은 결국 전면전을 포기했다. 이후 그들은 전선에서 절대 먼저 공격하지 않고 팽팽한 대치 상황만 유지했다. 그리고 오히려 이미 점령한 지역에 주력 부대를 배치해서 후방을 더욱 굳게 지켰다. 1937년 7월부터 1940년 7월까지 일본은 병력 총 50만 명을 동원해서 화베이 점령 지역에서만 무려 109차례나 항일 세력 소탕 작전을 벌였다.

▼ 바이퇀 대전 중의 펑더화이

당시 이 지역에서 항일 전쟁을 벌이던 중국 공산당 군대는 팔로군이었다. 팔로군은 일본이 전략적으로 대치 상황을 유지하려고 하자 하는 수 없이 자신들이 가장 잘하는 게릴라전을 벌이기 시작했다. 팔로군은 일본군이 주로 사용하는 도로나 철도를 차단해서 보급을 끊거나, 일본과 전투를 벌이는 국민당 군대를 지원하기도 했다. 특히 교통망을 끊는 작전은 매우 효과적이어서 일본군을 매우 곤혹스럽게 했다. 일본은 신출귀몰하는 팔로군을 막기 위해 고심 끝에 화베이 지역 전체에 5,000여 킬로미터에 달하

▲ 미에코

1940년 8월에 팔로군은 징싱 광산에서 일본군이 버리고 간 아기 미에코를 발견했다. 팔로군의 녜룽전 장군은 이 아이를 돌보다가 이후 아이의 친척에게 보내주었다. 1980년 5월, 〈인민일보〉에 이 아기의 사진과 함께 '미에코, 어디에 있니?'라는 글이 실렸다. 얼마 후 중국 정부는 일본에 살고 있는 미에코를 찾아냈고, 그녀는 그해 7월 10일에 직접 중국으로 와서 녜룽전 장군에게 감사의 말을 전했다.

는 철도, 3만여 킬로미터 길이의 도로를 새로 만들었다. 또 이 철도와 도로 주변에 전략적 거점 3,000여 곳을 건설하기로 했다. 1940년부터 시작된 이 건설 작업이 완성되면 일본군은 바람 한 점 들어올 틈 없는 완벽한 봉쇄선을 구축하게 되었다. 팔로군의 지휘관 중 한 명인 류보청은 일본의 이 새로운 전략을 옛날에 죄인을 끌고 갈 때 사용한 나무로 만든 우리에 빗대어 '나무 우리 봉쇄 작전'이라고 불렀다.

팔로군은 일본군의 '나무 우리'를 깨부수기 위해 대규모의 후방 기습을 계획했다. 1937년에 항일 전쟁을 시작할 무렵 팔로군은 겨우 3만여 명이었지만, 이후로 끊임없이 병력이 보충되어 1940년에는 40여만 명으로 늘어나 있었다. 팔로군 지휘관들은 많은 병력을 바탕으로 여러 지역에서 동시에 적을 기습하는 대규모 게릴라전을 계획했다. 1940년 4월, 팔로군 총사령부는 '교통망 초토화 작전'을 지시했다. 이 작전의 목표는 바로 일본의 '나무 우리'를 부수는 것이었다. 이 전투에 투입된 팔로군은 총 100개 연대가 넘어서 이를 '바이퇀 전투'라고 부른다. 당시 화베이에는 철도의 주요한 줄기가 되는 간선이 모두 일곱 개 있었다. 서로 교차하는 이 간선 중에서도 가장 중요한 위치에 있던 것이 바로 정타이 철도였다. 이 철도는 산시 성과 화베이 성을 이었고, 산시 성과 차하르, 화베이 성을 구분하기도 했다. 전체적으로 산시 성, 화베이 성, 그리고 허난 성을 마치 병풍처럼 두른 형태였다. 일본은 200킬로미터에 달하는 이 철도를 매우 중요하게 여겨서 철도를 따라 많은 병력을 투입해 방어를 튼튼히 했다. 8월 8일, 드디어 팔로군의 게릴라 공격이 시작되었다. 팔로군 총사령부는 산시 성, 차하르, 화베이 성에 이르는 넓은 지역에 주력 부대를 투입했다. 이 부대의 임무는 양취안부터 스자좡 사이의 정타이 철도 곳곳을 끊는 것이었다. 그들 외에도 제129사단이 양취안에서 위츠 사이에 있는 정타이 철도를, 제120사단이 신셴 북쪽의 퉁푸 철도와 펀양, 리스 주변의 도로를 습격하기로 했다. 이후 팔로군과 일본군은 서로 공격하고 방어하는 전투를 계속 이어갔다.

정타이 습격 작전

1940년 8월 20일 저녁 8시 정각, 팔로군의 부총사령관 펑더화이는 새로운 계획을 구상했다. 팔로군 병사들이 미리 정타이 철도 양쪽에 매복했다가 명령이 떨어지면 철도를 따라 세워진 역과 적의 거점으로 거침없이 돌격하는 작전이었다. 팔로군의 매복을 전혀 눈치 채지 못한 일본은 날쌘 호랑이처럼 빠르게 움직이는 팔로군을 보고 당황해서 어찌할 바를 몰랐다. 그때부터 밤새도록 이어진 전투 결과 팔로군은 산시 성, 차하르, 화베이 성에 있는 중요한 전략적 거점에서 잇달아 승리했고, 냥쯔관에서부터 징이베이 사이의 정타이 철도를 전부 장악했다. 또 이어서 커파뤄 고개, 베이구, 디두 등의 거점에서도 모두 승리를 거두었다.

팔로군 총사령부는 일본이 다시 정타이 철도를 장악할까 봐 병사들에게 철도의 레일이나 버팀목을 하나도 남기지 말고 파괴하라고 명령했다. 팔로군은 정타이 철도뿐만 아니라 주변 지역의 도로, 다리, 심지어 전선 기둥조차 하나도 남기지 않고 모두 파괴했다. 그들은 철도의 레일을 못 쓰게 하는 특별한 방법까지 고안하여 병사들에게 보급하기까지 했다. '우선 철도의 아랫부분을 떼어내고, 침목은 불에 태운다. 철도의 윗부분은 망치로 두드려서 납작하게 한다.' 이런 구체적인 방법은 모두 경험에서 나온 것이었다. 팔로군은 예전에도 일본이 사용하던 철도를 빼앗은 적이 있었다. 그때 그들은 철도를 두드려서 그저 편평하게 하기만 했는데, 나중에 일본군이 다시 오더니 너무 쉽게 복원했다. 그래서 팔로군은 일본군이 정타이 철도를 복원해서 사용할 수 없도록 철저하게 파괴했다.

팔로군의 게릴라전은 정타이 철도와 그 주변에 배치된 일본군

▼ 1940년 9월, 팔로군은 산시 성과 차하르를 연결하는 자연 요새 냥쯔관을 점령했다.

에 큰 타격을 주었다. 공격 첫날에 너무 놀라서 허둥대기만 하던 일본은 얼마 후 침착함을 되찾고 반격을 시작했다. 당시 정타이 철도의 동쪽 끝인 스자좡에서 웨이수이 사이의 철도는 아직 팔로군이 점령하지 못한 상태였다. 그래서 일본은 이 지역을 공격의 시작점으로 삼았다. 그들은 8월 22일부터 웨이수이에서 징싱 사이의 일본군 주둔지에 계속 병력을 보충해서 팔로군의 활동 범위를 점점 줄여갔다. 이렇게 일본군의 반격에 밀리는 상황이 되자 펑더화이는 이에 대한 대응 작전을 고민했다. 얼마 후, 그는 공격 목표를 철도가 아닌 철도 양측의 일본군 주둔지로 바꾼 새로운 작전을 구상해냈다.

9월 10일에 바이퇀 대전의 제1단계 전투가 끝났다. 20여 일에 걸친 이 전투에서 팔로군은 정타이 철도와 그 주변의 대부분 교통 및 전략적 거점, 다리, 역, 도로 등을 모두 파괴했다. 또한 퉁푸 철도의 북단, 핑한 철도, 더스 철도, 베이닝 철도 및 기타 주요 도로를 모두 차단했다. 동시에 징싱 광산까지 폭파해서 처음에 계획한 목표를 대부분 달성했다. 이후 팔로군은 짧은 휴식 기간을 보내고 곧바로 제2단계 공격을 준비했다.

치열한 전투

1940년 9월 23일 밤 11시, 팔로군 제129사단은 위랴오 도로의 서쪽 끝 지역인 위서를 공격하기 시작했다. 위랴오 도로는 위서에서 동쪽 끝의 랴오쉬안까지 이르며 팔로군의 타이항 주둔지를 가로지른다. 그래서 일본군은 이 도로를 위서에서 서쪽으로 연장해 우샹과 바이진 철도를 연결한 다음, 팔로군의 타이항 주둔지를 반으로 나누려고 했다. 당시 위랴오 도로를 지키던 일본 제4여단은 도로를 따라 일곱 개로 나뉘어 진영을 구축했고 그중에 위서에 있는 진영의 규모가 가장 컸다. 가장 크다고는 해도 중국에 와 있는 일본군이 워낙 적었기 때문에 이곳의 병사는 300명이 채 되지 않았다. 대신 일본군을 위서에 견고하고 완벽한 방어 시설을 구축했다. 그래서 팔로군 제129사단은 3일 동안 매우 격렬한 전투를 벌인 끝에 간신히 위서 지역을 장악할 수 있었다. 전투에서 승리한 제129사단은 많은 양식과 탄약을 얻는 성과까지 올렸다. 이와 동시에 팔로군 제120사단도 퉁푸 철도의 남쪽과 북쪽 끝에 있는 일본군 주둔지를 맹렬하게 공격해서 점령했다.

제129사단이 위서를 공격할 때, 팔로군 제1군의 일부인 제1연대는 산시 성, 차하르, 화베이 성이 이어지는 지역에서 전투를 벌이고 있었다. 그들의 임무는 랴오셴 서쪽의 랑야 산을 안전하게 지키고 동시에 랴오셴에 주둔하는 일본군이 주로 사용하는 시위안 철도를 차단하는 것이었다. 이것은 일본이 랴오셴의 병력이 다른 곳으로 이동하는 것을 막기 위해서였다. 실제로 일본은 랴오셴에 있던 병사 300여 명을 위서로 보내려고 했으나 철도가 차단된 바람에 실패했다. 팔로군 제1연대는 이 지역의 일본군을 전멸시키기 위해 유인 작전을 선택했다. 9월 25일, 마바오위를 비롯한 용감한 병사 다섯 명이 목숨을 걸고 랑야 산으로 적을 유인하기 시작했다. 이 다섯 병사는 깊은 계곡과 험한 바위 사이를 계속 이동하며 벌떼처럼 쫓아오는 일본 병사들이 온종일 산속에서 빙빙 돌게 했다. 이날 일본군은 그저 쫓아다니기만 했는데도 부상자가 90여 명이나 발생했다. 팔로군의 다섯 병사는 적의 총알을 두려워하지 않았다. 그들은 몸에 지닌 탄약이 떨어지자 돌, 나뭇가지, 독침 등을 휘두르며 일본군에 끝까지 저항했다. 그리고 최후의 순간이 왔을 때, 그들은 자신의 총을 일본군이 가져갈까 봐 모두 부수어 못 쓰게 한 다음 벼랑 아래로 뛰어내렸다. 다섯 명 중 마바오위, 후푸차이, 후더린은 장렬하게 전사했고, 거전린과 쑹쉐이는 나뭇가지에 걸려 목숨을 건졌다. 이 용감한 팔로군 병사들은 지금도 '랑야 산의 다섯 전사'로 불리며 항일 투쟁을 상징하는 인물이 되었다.

팔로군의 계속되는 게릴라전에 화가 난 일본은 타이항, 타이웨 및 산시 성, 차하르, 화베이 성 등에서 대규모 팔로군 소탕 작전을 감행했다. 화베이 지역의 일본군 사령관인 오카무라 야스지는 '나무 우리 봉쇄 작전'을 더욱 강화했다. 그는 국민당 군대가 중국 내의 소련군 주둔지인 소비에트 지역을 포위했을 때, 그곳에서 보갑제保甲制를 실시한 것에 주목했다. 보갑제란 이웃끼리 서로 책임을 지게 하는 중국의 전통적인 제도로, 관리를 많이 고용하지 않고도 질서를 유지하고 통제를 강화하기 위해 만들어진 제도이다. 그 후 야스지는 화베이 지역에서도 보갑제를 실시해 주민들이 서로 감시하며 팔로군 활동을 하는 이를 고발하게 했다. 그러자 팔로군의 활동 반경은 순식간에 줄어들었고, 근거지의 면적도 점점 축소되었다. 팔로군의 근거지 안에 사는 사람의 수도 1,300만 명까지 줄어드는 등 상황은

▲ 이곳은 허베이 성 라이위안 지역으로 만리장성과 접한 푸투 골짜기이다. 사진 속의 팔로군 기관총 병사는 총격 명령을 기다리고 있으며, 다른 한 명은 모제르 총을 든 채 적의 상황을 살피고 있다. 1940년 가을에 팔로군 종군기자 사페이가 촬영했다.

점차 팔로군에 불리해졌다. 이 무렵 10월 6일부터 12월 5일까지 바이퇀 대전의 제3단계 전투가 벌어졌다. 제3단계 전투에서 팔로군의 목표는 단 한 가지, 일본군의 근거지를 소탕하는 것이었다. 여러모로 불리했지만 제129사단은 맹렬히 싸워서 일본의 오카자키 대대, 쿠쓰다 부대를 전멸시키는 데 성공했다. 이후 팔로군이라는 말은 후방 기습 공격 또는 끈질긴 게릴라전을 의미하는 대명사가 되었다.

바이퇀 대전 기간에 크고 작은 전투가 총 1,824차례나 벌어졌다. 또 사망자는 일본이 2만 645명, 괴뢰군이 5,155명, 그리고 부상자는 일본이 281명, 괴뢰군이 1만 8,407명 발생했다. 팔로군은 일본의 각종 대포 53문과 총 5,800개를 획득했고 철도 470킬로미터, 도로 1,500킬로미터, 교량 및 연결 도로 260여 곳을 파괴했다. 그뿐만 아니라 그들은 일본의 거점 2,993곳을 소탕하는 등 항일 전쟁을 승리로 이끄는 데 큰 공을 세웠다.

발칸 침공

1940년 11월 11일, 군사 회의에 참석한 히틀러는 이탈리아의 그리스 침공에 깊은 유감을 표했다. 그는 "나는 단 한 번도 이탈리아에 이런 독단적인 행동을 허용한 적이 없으며, 이 일은 이탈리아의 명백한 잘못이오. 게다가 이탈리아는 이 전쟁에 3개 사단을 투입했다는데 그 정도로는 어림도 없소."라고 말했다.

그리스 침공

1940년 8월에 독일과 영국이 맹렬한 전투를 벌이던 무렵, 무솔리니는 왠지 무시당하는 느낌이 들었다. 그래서 그는 독일에 못지않은 실력을 보여주기 위해 그리스 침공을 계획했다. 지중해와 발칸 지역에서만큼은 이탈리아가 독일보다 영향력이 크다는 것을 보여주기 위해서였다. 약 3개월에 걸친 비밀스러운 준비 끝에 무솔리니는 10월 28일에 그리스 공격을 명령했다. 그가 내세운 명분은 그리스 정부가 몰래 영국을 지지했으므로 그리스는 더 이상 중립국이 아니라는 것이었다. 이탈리아는 이미 점령하고 있던 알바니아에서 공격을 시작했다. 무솔리니는 이 전쟁을 통해 히틀러의 도움을 받지 않고도 얼마든지 성공할 수 있다는 점을 내보이고 싶었다. 그래서 그는 준비 기간 내내 비밀을 유지하다가 10월 19일이나 되어서야 독일에 연락했다. 그러나 이탈리아가 곧 그리스를 침공할 것이라고만 간단히 알리고 다른 사항에 대해서는 상세하게 언급하지 않았다.

▼ 1941년, 독일 공군 전투기가 아테네 상공을 날고 있다. 그리스와 영국의 병사들은 피를 흘리며 죽음을 각오하고 독일에 저항했으나, 나치의 진격을 멈추지는 못했다. 이웃나라 유고슬라비아가 독일에 함락되고 얼마 지나지 않아 나치 독일의 상징인 '卍'자가 그려진 붉은색 깃발이 사진 왼쪽 위에 보이는 아크로폴리스에 휘날렸다.

이탈리아는 전쟁 초반에 병력 8만 7,000명, 탱크 163대, 전투기 380대를 투입했다. 자신만만한 무솔리니는 그다지 많은 병력을 동원하지 않아도 충분히 승리할 수 있다고 믿어 의심치 않았다. 하지만 그의 예상과 달리 그리스군의 전투력은 예상 밖으로 매우 뛰어났다. 이탈리아는 침공을 시작하자마자 그리스의 강한 저항에 부딪혀 무척 당황하고 말았다. 사실, 약 두 달 전인 8월 21일에 이탈리아의 군사적 위협을 받은 적이 있는 그리스는 그 후 전국적으로 전쟁 동원령을 내린 상태였다. 또 영국에 병력과 전쟁 장비의 지원을 부탁했다. 영국은 독일과 전쟁을 벌이느라 정신이 없었지만, 지중해의 전략적 요충지인 크레타 섬이 이탈리아의 손아귀에 들어가서는 안 된다고 판단해 많은 병력과 장비를 보내주었다.

11월 초, 그리스는 이탈리아의 초반 공격을 효과적으로 저지하고 곧이어 맹렬하게 반격했다. 11월 11일에 영국 해군의 항공모함 일러스트리어스 호에서 이륙한 전투기 21대가 이탈리아의 주요 해군 기지인 타란토 항을 기습 공격했다. 이 공격에서 영국은 이탈리아가 보유한 전함 4척 중 3척, 그리고 순양함 2척을 파괴했다. 반면에 영국의 손실은 겨우 전투기 2대뿐이었다. 재미있는 것은 같은 날 이탈리아 공군이 폭격기를 출동시켜서 영국 본토에 대규모 공습을 시도했지만 크게 실패했다는 사실이다. 전쟁이 끝난 후 처칠은 자신의 회고록에서 이 상황에 대해 다음과 같이 언급했다. "그 공습은 이탈리아가 영국에 가한 마지막 공격이었다. 이탈리아는 우리를 공습한 폭격기들을 사용해 타란토 항이나 지켰어야 했다." 타란토 항 공격은 전쟁 역사상 항공모함에서 이륙한 전투기를 이용해 적군의 해군 기지를 기습한 최초의 사례가 되었다. 이후 항공모함에서 이착륙할 수 있는 전투기, 즉 함재기艦載機는 제2차 세계대전에서 가장 중요하고 효과적인 해상 공격 무기가 되었다. 영국의 타란토 항 공격으로 대부분 전함을 잃은 이탈리아는 이때부터 해상에서는 아무런 작전도 펼 수 없는 상황이 되었다. 그들은 지중해와 발칸 반도를 완벽하게 장악하기는커녕 원래 있던 영향력마저 잃고 말았다. 그러자 북아프리카에 주둔하는 이탈리아 군대의 상황까지 점점 나빠졌다.

11월 14일, 그리스는 여세를 몰아 더 적극적으로 공격하여 곧 그리스 영토에서 이탈리아군을 완전히 몰아내는 데 성공했다. 이탈리아의 27개 사단은 허둥지둥 알바니아로 후퇴했으나, 이후 수개월 동안 그리스의 16개 사단에 포위되어 꼼짝하지 못했다. 이탈리아의 패배는 단순히 그들만의 문제가 아니었다. 당시 스페인은 추축국에 가입할지 고민하고 있었는데, 이탈리아가 그리스와 영국에 무참히 패하자 가입을 포기하고 중립을 선포했다. 그 결과 스페인이 추축국에 가입하면 그들과 손잡고 지브롤터 해협을 장악하려고 했던 히틀러

의 계획도 무산되었다. 이뿐만 아니라 소련도 이탈리아가
발칸 지역을 장악하려는 야심을 숨기지 않는 것을 보고
추축국을 경계하게 되었다. 이에 히틀러는 소련 침공 계
획을 앞당겨야만 했다. 1941년 3월 초, 이전 공격에
서 체면을 구긴 무솔리니는 직접 군대를 지휘해
서 다시 한 번 그리스와 전쟁을 벌였으나 결
과는 또다시 실패였다. 히틀러는 이렇게
자꾸만 일을 벌이는 무솔리니에게 매우
화가 났지만, 그래도 동맹을 맺은 이탈리
아를 도와 상황을 정리하기로 했다.

독일의 개입

   독일이 이탈리아와 그리스의 전쟁에 개입한 데
에는 앞으로 진행할 소련 침공에 대비하려는 목적
도 있었다. 히틀러는 영국이 동아프리카와 북아프
리카를 오갈 때 이용하는 지중해 교통망을 차단하
기 위해 지중해 지역을 독일의 전략적 요충지로 만
들고 싶었다. 만약 이 계획이 성공한다면 나중에
소련을 침공할 때 지중해를 매우 요긴하게 사
용할 수 있을 것이다. 또 히틀러는 발칸 지역에
풍부하게 매장된 석유, 가스, 광산 등 전략적 물자에

▲ **히틀러(왼쪽)와 무솔리니(오른쪽)**
히틀러와 무솔리니는 규모가 큰
경축 행사 등에 함께 참석하며
항상 우호를 다졌다. 이 야심만
만한 전쟁광 두 명은 처음 만난
순간 함께 전 세계를 나눠 가지
겠다는 꿈을 꾸었다.

도 욕심이 났다. 1940년 11월까지 헝가리, 루마니아, 체코슬로바키
아는 독일의 군사적 압박을 견디지 못하고 모두 추축국에 가입했다.
그리고 1941년 3월 1일에 불가리아가 추축국에 가입했다. 이어서 3월
26일에 유고슬라비아가 곧 추축국에 가입할 것이라는 소식이 전해
지자, 유고슬라비아 군대가 쿠데타를 일으켜 친親나치 정권을 무너
뜨렸다. 이에 히틀러는 매우 화를 내고 즉시 제25호 작전 명령을 내
려 유고슬라비아를 공격했다. 이 작전 명령의 공격 대상에는 이탈리
아와 전쟁하던 그리스도 포함되었다. 독일군은 불가리아, 헝가리,
오스트리아 등지에서 여러 방향으로 유고슬라비아와 그리스를 동시
에 공격했다. 하지만 히틀러의 이 결정은 독일을 패배로 몰고 가는
원인이 되었다. 독일은 이때 유고슬라비아와 그리스를 공격하느라
한 달이라는 귀중한 시간을 낭비했고, 이는 훗날 소련과의 전쟁에

▶ 1941년, 독일의 트럭 부대가 동
맹군 부대가 지나갈 수 있도록
길을 비켜주고 있다.

큰 영향을 미쳤다.

　1941년 4월 6일 이른 새벽, 대규모의 독일 폭격기가 유고슬라비아
의 수도 베오그라드 상공에 나타났다. 그리고 잠시 후 히틀러가 '징
벌'이라고 부른 폭격 작전이 시작되었다. 꼬박 3일 동안 폭격이 이
어지면서 무고한 시민 총 1만 7,000명이 사망했으며, 베오그라드의
주요 건물은 대부분이 무너졌다. 이와 동시에 지상에서는 추축국 연
합 부대의 약 80개 사단이 유고슬라비아 남부와 그리스의 트라키아
및 마케도니아 지역에서 공격을 시작했다. 유고슬라비아는 약 50개
사단 정도의 군대를 보유했지만 전국 각지에 분산되어 있어서 즉시
집결할 수가 없었다. 그러다 보니 유고슬라비아군은 우수한 장비로
무장하고 작전 수행 경험이 풍부한 독일군의 적수가 되지 못했고 계
속 후퇴하기만 했다. 일주일 후, 독일과 헝가리 군대가 베오그라드
를 완전히 점령했다. 홍수처럼 밀려들어 오는 독일의 기갑 부대를
목격한 유고슬라비아 군대는 두려움에 떨며 후퇴하기만 할 뿐, 산
이 많은 지형을 이용해 게릴라전을 벌일 생각은 하지도 못했다. 4월
17일, 유고슬라비아의 국왕 페테르 2세를 비롯한 정부 요인들은 영
국이 보내준 비행기를 타고 조국을 떠나 런던으로 피신했다. 그날
완전히 혼란에 빠진 유고슬라비아의 남은 병력은 사라예보에서 독
일에 항복했다. 독일은 유고슬라비아에 28개 사단의 병력 30만 명

▲ 아크로폴리스는 약 3,000여 년의 역사가 있는 아테네의 중심지이다. 1941년에 독일은 신에게 제사를 올리기 위해 건설된 이곳을 공중에서 포격했다.

정도가 아직 남아 있다는 사실에 매우 놀랐다. 어쩌면 유고슬라비아는 전쟁에 대한 두려움을 이기지 못하고 너무 일찍 포기한 것일지도 모른다. 어찌 되었든 추축국은 11일 동안의 짧은 공격으로 유고슬라비아를 완전히 점령했고 이후 독일은 이탈리아, 헝가리, 불가리아와 유고슬라비아의 영토를 나눠 가졌다.

그리스 함락

전쟁 초반에 그리스 군대는 테살로니키 방향에서 들어오는 독일의 공격을 효과적으로 막아냈다. 그러나 유고슬라비아가 너무 빨리 항복하는 바람에 병력에 여유가 생긴 독일이 그리스 공격에 주력하자 그리스는 더 이상 버텨낼 수가 없었다. 이에 영국은 리비아에 주둔하던 영국군 6개 사단 병력 약 6만 4,000명을 그리스로 보내주었다. 1941년 4월 9일, 그리스의 테살로니키 방어선이 무너졌다. 이탈리아에 잇달아 승리했던 그리스는 5개월 만에 처음으로 후퇴하기 시작했다. 이튿날인 4월 10일에 독일군은 유고슬라비아의 스코페에서 출발해 계속해서 남쪽으로 진군했다. 그들은 비톨라를 가로지른 후, 상대적으로 약한 그리스 중부의 방어선으로 돌진했다. 독일군이 그리스-영국 연합군의 옆과 뒤쪽을 포위하고 공격하자 트라케, 동마케도니아, 에피루스에 있던 그리스 군대는 남쪽으로 후퇴할 수밖에 없었다. 그리스는 앞서 이탈리아와 전쟁하느라 전투력이 많이 약해진 상태였다. 상황은 계속 나빠지기만 했다. 4월 18일, 그리스의 총리 코리지스(Koryzis)가 자살하자 국왕 게오르기오스 2세가 직접 통치에 나섰다. 그는 그리스 군대 전체에 남부의 항구로 후퇴하라고 명령을 내렸지만, 그리스군은 이미 사방에서 포위되어 꼼짝할 수 없는 상황이었다.

4월 23일에 여러 겹으로 포위된 그리스 제1집단군이 가장 먼저 독일에 항복했다. 같은 날 영국 원정군도 펠로폰네소스 반도에서 물러나 크레타 섬과 이집트로 떠났다. 이는 됭케르크 대철수와 비슷하지만, 사실 영국의 상황은 그때보다 더 좋지 않았다. 이번에는 독일이 제공권을 완전히 장악했기 때문에 영국군은 주로 밤에만 이동했다. 게다가 철수하면서도 끝까지 쫓아오는 독일군과 간간이 소규모 전투를 벌여야 했다. 4월 26일에 독일군은 코린트 운하를 가로지르는 다리를 장악하고, 계속 진격해서 펠로폰네소스 반도에 진입했다. 이날 저녁, 영국 해군 수송선은 규정 인원보다 많은 병사를 태운 탓에 정박하기가 쉽지 않았다. 이튿날 새벽이 되어서야 가까스로 항구에 배를 대는 데 성공한 순간, 갑자기 독일의 융커스 폭격기가 출현했다. 폭격을 받은 수송선은 바로 침몰했고 배에 탄 병사 700여 명도 모두 바다에 빠졌다. 얼마 후 다른 수송선 2척이 구조를 위해 도착했지만 생존자는 50명도 되지 않았다. 이렇게 고된 철수 과정은 꼬박 닷새가 걸렸고, 철수에 성공한 병사들은 겨우 5만 3,000명에 불과했다.

4월 27일, 독일군이 그리스 아테네의 중심지인 아크로폴리스에 나치의 붉은 깃발을 꽂았다. 이어서 4월 30일에는 독일군이 펠로폰네소스 반도의 남쪽 끝까지 내려가 이제 크레타 섬을 제외한 그리스 영토 전체가 독일에 점령되었다. 이로써 발칸 지역은 완전히 독일의 영향력 아래 놓이게 되었다.

대서양 전투

전쟁이 시작되기 전에 독일 해군이 보유한 잠수함은 총 56척이었다. 그중 10척은 미완성 상태로, 전쟁에 투입되기 위해 마지막 점검을 받고 있었다. 그래서 실질적으로 대서양에 투입될 수 있는 것은 일반 잠수함 22척과 250 톤급 소형 잠수함 24척뿐이었다. 당시만 해도 독일의 모든 조선소는 속도가 빠른 전함을 만드는 데 주력했고, 잠수함을 만드는 것을 그리 중요하게 생각하지 않았다.

독일의 잠수함 부대

독일이 폴란드를 침공한 지 3일째 되던 날 저녁, 독일 해군의 잠수함 U-30호는 헤브리디스 제도에서 서쪽으로 약 200해리 떨어진 바다에서 어뢰를 쏘아 영국 여객선 아테나 호를 격침했다. 당시 영국은 독일에 선전포고를 한 상태였지만, 독일이 폴란드 침공을 멈출지도 모른다는 환상을 품고 있었기 때문에 실제 전투는 하지 않고 있었다. 그런데 대서양에서 자국 여객선이 공격당하자 너무 당황했다. 영국의 항의를 받은 히틀러는 U-30호의 항해 일지에서 관련 사항을 모두 삭제하고, 아테나 호의 침몰은 독일과 아무런 관계가 없다고 주장했다. 심지어 이 사건이 독일을 모함하기 위해 처칠이 벌인 자작극이라고 주장하기도 했다. 항상 자신만만하고 뒤로 물러나는 법이 없던 히틀러가 이때에는 왜 이렇게까지 했을까? 당시는 독일의 해군 역량이 너무 부족했기 때문이었다. 독일은 대서양에서 전통적인 해상 강국인 영국과 전투할 만한 준비가 되지 않은 상태였다. 당시 독일 잠수함 부대의 사령관은 카를 되니츠였다. 그는 대서양에서 영국을 몰아내고 완벽하게 장악하려면 적어도 잠수함 300척이 있어야 한다고 보았다. 특히 그는 다음과 같이 잠수함의 중요성을 주장했다. "제1차 세계대전에서 이미 잠수함이 적의 해상 수송을 방해하는 데 매우 효과적이라는 사실이 증명되었다. 잠수함은 적의 해상 교통망을 휘저을 수 있기 때문에 해군

▼ 독일 잠수함 U-29호의 지휘관 오토 슈하트(Otto Schuhart)이다. 그가 지휘하는 U-29호는 1939년 9월 19일에 영국의 항공모함 커리져스 호를 격침했다. 이후 영국 선박들은 독일 잠수함이 활동하는 지역에서 한동안 항해하지 못했다.

▶ 1939년 10월 14일, U-47호의 지휘관 귄터 프린(Gunther Prien)은 잠수함을 스캐파플로의 군항에 잠입시켰다. 그는 겨우 어뢰 3개로 배수량이 3만 3,000톤에 달하는 영국 전함 로열 오크 호를 격침했다. 당시 로열 오크 호에 타고 있던 영국 해군 800명은 모두 사망했다. 사진은 태평양에서 순항하는 U-47호의 모습이다.

의 역량이 상대적으로 부족한 나라는 잠수함을 이용한 작전을 벌이는 것이 가장 유리하다.” 되니츠는 1891년에 태어나 열아홉 살이 되던 해에 독일 해군에 들어갔다. 그는 입대하자마자 순양함에서 근무했고, 제1차 세계대전 때에는 잠수함 부대에 배치되어 지중해와 대서양에서 벌어진 많은 작전에 참여했다. 전쟁이 끝난 후 되니츠는 계속해서 해군에서 복무하다가 히틀러가 권력을 장악한 후로는 잠수함 부대를 재건하는 데 투입되었다. 그는 곧 독일 잠수함 부대의 사령관으로 임명되었고 해군 준장으로 승진했다. 되니츠는 ‘무제한 잠수함 작전’을 적극적으로 지지했으며, 잠수함 부대를 발전시키는 데 최선을 다했다. 잠수함 작전을 다양하게 훈련하던 그는 여러 잠수함이 무리지어 협동 작전을 펼치는 전략을 고안해냈다. 이것은 이후 연합군의 골칫거리가 된 ‘이리떼 전술’로 발전했다.

대서양 해전에서 되니츠는 많지 않은 잠수함과 병력을 동원해 많은 성과를 올렸다. 1939년 9월 14일, 독일의 잠수함 U-39호는 헤브리디스 제도에서 서쪽으로 150해리 떨어진 바다에서 어뢰를 발사해 영국의 항공모함 한 척을 파손시켰다. 그로부터 3일 후 U-29호가 아일랜드 부근의 바다에서 영국의 항공모함 한 척을 격침했고, 10월

14일에는 U-47호가 스코틀랜드 북부의 오크니 제도에 있는 영국 해군 기지 스캐파플로에 잠입해서 전함 한 척을 격침했다. 영국은 1939년 말까지 모두 해군 선박 221척을 잃었는데 그중 114척이 독일 잠수함의 공격에 의한 것이었다. 되니츠의 '무제한 잠수함 작전'은 영국 해군에 큰 공포를 안겨주었고, 반면에 히틀러는 그동안 중요하게 생각하지 않았던 잠수함이 매우 효과적인 무기라는 점을 깨닫게 되었다. 그 후 히틀러는 잠수함을 대량으로 건조하자는 되니츠의 제안을 받아들여 잠수함 제작을 명령했다. 이와 동시에 되니츠는 '무제한 잠수함 작전'을 발전시켜 자신만의 '이리떼 작전'을 고안했다. 또 히틀러의 지원을 받아 노르웨이와 프랑스 연해에 잠수함 기지를 세웠다. 이 기지들을 활용하면 독일 본토에서 대서양으로 진입하는 항로를 약 450해리나 줄일 수 있어서 '이리떼 작전'을 펼치는 데 매우 유리했다.

무서운 이리떼

1940년 7월에 독일은 북해와 대서양 중부에서 '이리떼 작전'을 시작해 영국의 수송선 함대가 오가는 바닷길 아래에 잠수함 10~15척을 몰래 잠입시켰다. 독일의 잠수함들은 바다 밑에서 조용히 기다리다가 수송선 한 척이 함대에서 멀어져 단독으로 항해하면 즉시 공격했다. 만약 수송선이 계속 전함의 호위를 받으면 섣불리 공격하지 않고, 무선 교신으로 수송선 부대의 위치와 규모, 방향, 속도 등을 사령부로 알렸다. 사령부가 이 정보를 토대로 잠수함을 추가로 지원해주면 협력해서 영국의 수송선 부대를 공격했다.

10월 17일에 독일 잠수함 6척이 북대서양 해역에서 영국의 수송선 부대를 공격해 30여 척을 격침했다. 이는 독일 잠수함 부대가 대서양에서 거둔 가장 큰 성과였다. 1941년 2월에 되니츠는 '이리떼 작전'을 더욱 발전시켜서 아예 처음부터 잠수함 6~8척을 한꺼번에 매복시켰다가 적의 선박이 나타나면 즉시 공격하도록 했다. 이때 각 잠수함 사이의 거리는 30해리 정도로 매우 촘촘하게 늘어서서 공격하는 점이 중요했다. 1940년

▼ 노르웨이를 향해 순항하는 로열 오크 호

스캐파플로에서 로열 오크 호를 침몰시킨 후 U-47호 대원들은 히틀러와 만찬을 함께하는 영광을 얻었다. 히틀러는 지휘관 프린에게 직접 기사 십자 훈장을 달아주고 스캐파플로 기습을 '독일 해군 잠수함 부대 역사상 가장 멋진 성과'라고 치하했다.

▲ 되니츠

1942년에 촬영된 사진이다. 그 해에 독일 잠수함 부대는 가장 화려한 성과를 거두었다.

7월부터 1941년 3월 사이에 독일의 잠수함 부대는 영국의 수송선 380여 척과 최대 적재량이 약 200만 톤에 달하는 잠수함 등을 침몰시켰다. 되니츠의 '이리떼 작전'은 대성공이었다.

영국 선박에 대한 독일 잠수함의 위협이 나날이 거세지자 영국은 1941년 4월부터 아이슬란드에 선박 보호 함대 기지를 건설했다. 또 수송선을 보호하는 함대의 항로를 북쪽으로 조금 이동해서 아이슬란드에 있는 영국 공군의 엄호를 받을 수 있도록 했다. 이 밖에 모든 해군 함대에 무선 장비와 레이더를 설치해서 독일의 '이리떼' 잠수함이 접근하는지 미리 알 수 있게 했다. 그러나 독일은 이미 새로운 전술을 구상하고 있었다. 되니츠는 잠수함들이 집결해서 적을 공격하는 전술을 버리고 반대로 흩어져서 공격하는 방법을 선택했는데, 이렇게 하자 잠수함의 기동성이 더욱 좋아졌다. 1941년 5월, '이리떼 작전'의 성공률은 최고에 달했다. 이 한 달 동안 격침된 영국 수송선의 총 적재량은 32만 톤으로, 영국은 이때 제2차 세계대전 중 가장 힘든 시기를 보냈다.

1941년 6월에 독일은 소련 공격을 계획하고, 폴란드 바다에서도 '이리떼 작전'을 펼치기로 했다. 그들의 목표물은 소련의 북부로 가는 수송선이었다. 그래서 대서양에 투입된 독일의 잠수함 수는 반으로 줄었지만 공격 성공률은 여전히 좋았다. 독일 잠수함 중 U-107호는 한 달 동안 영국 수송선을 14척이나 격침했는데 이는 전체 전쟁 기간 중 최고 기록이었다. 1942년 4월에 독일 해군은 보유한 잠수함 288척 중 81척을 대서양에 배치해 '이리떼 작전'을 계속했다.

잠수함 부대의 쇠퇴

1942년 11월에 히틀러는 대서양에 배치되었던 잠수함 일부를 지브롤터 해협의 동서 양끝으로 보냈다. 연합군의 북아프리카 상륙을 방지하기 위해서였는데, 이 조치는 효과가 그리 크지 않았다. 결과적으로 대서양에서 더 많은 성과를 올릴 기회만 날린 셈이 되었다. 이후 대서양에 미국 해군이 진출하면서 독일의 '이리떼 작전'은 점점 효력을 잃었다.

1943년 4월 말, 되니츠는 잠수함 51척을 동원해 영국-미국 연합군의 수송선 부대 ONS-5를 7일 동안 계속해서 공격했다. 이때 독일의 잠수함은 연합군 수송선 13척을 침몰시키는 성과를 거두었지만, 독일이 입은 피해도 만만치 않았다. 독일은 잠수함 6척을 잃고 4척이 파손되어 더 이상 잠수함 작전을 펼칠 수 없게 되었다. 독일 해군참모부는 실패의 원인을 다음과 같이 판단했다. "연합군은 비행기와 전함에 레이더를 다는 등 독일 잠수함의 공격을 막기 위해 온 힘을 다했다. 그 결과 우리 잠수함의 매복 지역이 드러나고 말았다. 또 공중에서도 적의 공군이 수송선 부대를 엄호해 잠수함 공격은 더 이상 어떠한 성과도 얻을 수 없었다." 1943년 5월이 되자 독일 잠수함 부대의 손실은 처참할 지경이었다. 잠수함이 31척이나 격침되자 되니츠는 5월 23일에 북대서양에서 독일 잠수함 부대를 철수시켰다. 그동안 큰 성공을 거둔 독일의 잠수함 부대는 이렇게 점차 쇠락하기 시작했다.

1944년 6월, 연합군이 시도한 노르망디 상륙 작전이 성공했다. 이때 독일은 잠수함 부대를 동원해 연합군에 타격을 주려고 했지만 성과는 별로 없었다. 1945년 5월 9일에 히틀러가 사망한 후 그의 뒤를 이어 독일 총리가 된 되니츠는 독일의 무조건 항복을 선포했다.

사막의 여우 로멜

1942년 1월, 처칠은 영국 하원에 출석해서 독일의 북아프리카 기갑 군단장 로멜을 이렇게 평가했다. "우리는 매우 용감하고 전쟁에 능한 적수를 만났습니다. 물론 적이기는 하지만 그는 위대한 장군임이 틀림없습니다."

프랑스 전투

독일은 제2차 세계대전에서 패했지만, 각각의 전투를 살펴보면 훌륭한 지휘관이 매우 많았다. 특히 에르빈 로멜의 일생은 매우 극적이다. 그는 제2차 세계대전에서 독일을 상징하는 지휘관으로 원수의 자리에까지 올랐지만, 히틀러 암살 음모에 연루되어 자살을 강요받았다.

로멜은 1891년 11월에 독일 남부의 하이덴하임에서 태어났다. 어렸을 때부터 그는 몸이 매우 허약해서 밖에서 뛰어노는 것보다는 집안에서 책 읽는 것을 좋아했다. 특히 수학과 기계학을 좋아해서 나중에 기계 기술자가 되고 싶어 했다. 그러나 그는 고등학교를 졸업한 후 아버지의 권유에 따라 육군에 입대했고, 얼마 후 군사학교에 들어가서 전략과 전술을 공부했다. 졸업 후에는 다시 육군에 들어가서 제1차 세계대전에 참전했으며 여러 작전에서 매우 출중한 재능을 드러냈다. 히틀러는 로멜이 1938년에 쓴 《로멜 보병전술》이라는 책을 읽고 그를 발탁해 경비대장으로 임명했다.

히틀러의 눈에 든 로멜은 1940년 초에 독일 육군 제7기갑사단의 사단장으로 임명되었다. 그해 5월 10일에 독일이 프랑스를 침공할 때 로멜은 제7기갑사단을 지휘해 독일군 중에 가장 먼저 프랑스 국경 안으로 들어갔다. 그의 부대는 5월 12일 오후에 뫼즈 강 동쪽에 도착했다. 그런데 후퇴하던 프랑스군이 강을 건너는 다리 두 개를 모두 폭파해서 강을 건널 방법이 없었다. 그래서 로멜은 이튿날인 5월 13일 새벽에 프랑스군의 포탄을 맞을 수도 있는 위험을 무릅쓰고 직접 뫼즈 강변을 샅샅이 조사해 마침내 프랑스군이 미처 파괴하지 못

▼ 로멜은 언제나 전장의 최전선에 섰다. 1940년에 프랑스를 공격할 때도 그는 탱크를 타고 가장 앞에서 적을 향해 돌진했다. 히틀러는 그런 로멜에게 "모두 당신을 걱정하고 있소. 나 역시 걱정하느라 잠도 한숨 못 잤소."라고 전보를 보냈다.

한 둑을 찾아냈다. 조사를 마치고 돌아온 로멜은 강 건너에 혹시 프랑스군이 매복하고 있을지도 모르니 우선 중포로 공격하라고 명령했다. 이 공격이 끝난 후 로멜과 보병들은 고무보트를 타고 뫼즈 강을 건넜다. 모두 안전하게 뫼즈 강을 건너자 로멜은 다시 직접 강의 동쪽으로 가서 이번에는 공병 부대에 부교浮橋를 설치하라고 명령했다. 부교는 물에 뜨는 물체를 이용해서 임시로 만드는 다리인데, 주로 전투 지역에서 전쟁 장비를 이동시키기 위해 하천이나 호수 등에 설치한다. 5월 14일 오후, 탱크 15대가 이 부교를 건너 순조롭게 뫼즈 강 서쪽으로 이동했다. 이때 프랑스군이 로멜의 보병 부대가 주둔한 곳을 공격했지만, 로멜은 탱크를 이용해서 적을 물리쳤다. 독일군의 탱크가 강을 건너오리라고는 꿈에도 생각하지 못한 프랑스군은 혼비백산해서 뫼즈 강 방어선을 포기하고 후퇴했다. 강을 건넌 후 로멜의 제7기갑사단은 날개를 단 듯 계속해서 돌진했다. 그중 로멜이 직접 앞에 선 선두 부대는 진격 속도가 너무 빨라서 후속 부대와 멀어졌을 뿐만 아니라 심지어는 도망가는 프랑스군까지 앞지를 정도였다.

6월 20일에 로멜의 제7기갑사단은 프랑스 북서부의 항구 도시 셰르부르를 점령했다. 이로써 제7기갑사단은 역사상 처음으로 프랑스를 넘어 영국 해협의 해안까지 진격한 독일 군대가 되었다. 40여 일에 걸친 이 전투에서 로멜의 기갑사단은 350여 킬로미터를 전

▼ 1942년 1월 1일, 제15기갑사단을 사열하는 로멜

진했고 프랑스 병사 9만 7,000명을 포로로 잡았다. 또 장갑차 485 대, 트럭 4,000대, 대포 수백 문을 획득하는 성과를 올렸다. 반면에 제7기갑사단의 사상자는 2,000여 명에 불과했다. 로멜은 이 전투로 히틀러가 직접 수여하는 철십자 훈장을 받는 영예를 누렸다. 이뿐만 아니라 그는 화력으로 상대방을 먼저 제압하는 쪽이 승리한다는 것, 그리고 전쟁터에서 상태가 좋아지기를 기다리는 쪽은 결국 패하고 만다는 것을 알게 되었다. 또 설령 적을 정확히 파악하지 못했다고 하더라도 일단 적군을 보면 먼저 공격해야 한다는 자신만의 전술을 확립했다.

북아프리카

1941년 2월 6일, 로멜은 히틀러의 부름을 받고 그의 사무실로 갔다. 히틀러가 영국의 북아프리카 원정군 사령관 오코너의 사진이 실린 잡지를 건네자 로멜은 금세 그의 뜻을 알아차렸다. 히틀러는 로멜에게 북아프리카에서 연이어 패하는 이탈리아군을 도와 상황을 유리하게 바꾸라고 명령했다. 얼마 후 독일의 북아프리카 군단 사령관으로 임명된 로멜은 2월 12일에 트리폴리타니아에 도착했다. 이어서 벌어진 전투에서 로멜은 기갑 부대를 이용한 뛰어난 작전 및 탁월한 지휘 능력을 선보여 전 세계를 놀라게 했다.

당시 트리폴리타니아에 있던 이탈리아군은 사기가 바닥까지 떨어진 상태여서 대부분 장교와 병사가 이제 전투를 그만두고 돌아가려고 짐을 싸고 있었다. 그러나 로멜은 이곳에 도착하자마자 영국군에 반격할 계획을 짜기 시작했다. 2월 14일에 로멜의 요청을 받은 이탈리아 총참모부가 트리폴리타니아에 지원군을 보내주었고 같은 날 독일에서 보낸 지원군까지 도착해서 병력이 많이 증가했다. 한편, 이탈리아군을 무찌른 영국 제7기갑사단은 이집트로 가서 잠시 휴식하고 있었다. 그동안 점령 지역의 방어를 맡은 부대는 대부분 신병으로 조직된 영국 제2기갑사단이었다. 영국군은 북아프리카에 독일군이 와 있다는 것을 알았지만 병력이 많지 않다고 판단했기 때문에 독일이 빠르게 반격해오리라고는 꿈에도 생각하지 못했다. 로멜은 영국군의 주 공격 부대는 이집트에 있고 지금 트리폴리타니아에 남아 있는 것은 전투력이 약한 부대라는 사실을 알고 이 기회를 놓치지 말아야겠다고 생각했다. 3월 31일, 독일에서 보내기로 한 지원군이 아직 다 도착하지 않았지만 로멜은 독일의 1개 기갑사단과 이탈리아의 1개 기갑사단으로 구성된 혼성 부대를 이끌고 키레나이카의 서쪽 끝인 알아게일라에서 공격을 시작했다.

　　로멜의 공격은 영국군의 허를 찔렀다. 영국군은 일주일도 되지 않아 알아게일라에서 약 300킬로미터를 허겁지겁 물러났다. 또 한 주가 흘렀을 때 투브루크를 지키는 1개 부대를 제외한 영국군 전체가 이집트 국경 안쪽으로 후퇴했다. 이때 로멜은 병력이 부족해서 투브루크를 공격할 수는 없었지만, 최소한의 병력으로 영국군을 키레나이카까지 쫓아내는 성과를 거두었다. 로멜의 신출귀몰한 작전은 언제나 기동력을 바탕으로 했다. 또 그는 사막의 지형과 기후 등 많은 요인을 동시에 고려해서 작전을 지휘했기 때문에 적은 병력으로도 상당한 성과를 거둘 수 있었다. 얼마 후부터 사람들은 그를 '사막의 여우'라고 부르기 시작했다.

　　독일군과 영국군은 투브루크에서 7개월이나 대치했다. 양측은 서

▼ 로멜과 그의 참모진은 1943년 12월 1일부터 14일까지 덴마크 해안의 방어 시설을 시찰했다. 로멜은 각급 장교들에게 "반드시 모래사장에서 적을 격퇴해야 한다. 적이 모래사장을 넘어 진격하는 것을 허락해서는 안 된다."라고 강조했다. 그러나 당시 독일의 전투력으로 볼 때 이것은 거의 불가능한 일이었다.

▲ 노르망디 해변에 설치한 기둥

로멜은 연합군의 글라이더가 착륙할 가능성이 있는 곳에 빽빽하게 기둥을 박고, 기둥 사이사이를 철사로 휘감았다. 그리고 땅에 많은 지뢰를 묻었다. 그가 만든 이 독특한 상륙 저지물은 '로멜의 아스파라거스'라고 불렸다.

로 수차례 공격을 시도했지만 모두 성공하지 못했다. 1941년 11월 18일, 어느 정도 전투력을 회복한 영국군은 반격 작전인 '십자군 작전'을 시작했다. 당시 영국은 지중해를 오가는 독일의 수송선을 계속 공격하고 있었다. 그래서 로멜이 이끄는 북아프리카의 독일군은 병력과 물자를 제때 보급받지 못했고, 그 결과 영국의 반격을 받았을 때 제대로 대응할 수가 없었다. 로멜은 하는 수 없이 방어선의 폭을 줄이고 조금씩 뒤로 물러났으며, 12월 10일에는 투브루크까지 포기하고 서쪽으로 후퇴했다. 1942년 초에 영국군이 알아게일라까지 진격하자 북아프리카에서 독일의 상황은 점점 나빠지기만 했다. 1월 21일에 트리폴리타니아로 후퇴한 로멜의 부대는 마지막까지 온 힘을 다해 영국군에 대항했다. 로멜은 다시 한번 기갑 부대를 이용한 훌륭한 작전 및 지휘 능력을 선보이며 벵가지 같은 전략적 요충지를 잇달아 공격했다. 6월 초에 독일군은 다시 투브루크 근처까지 접근해 6월 20일에는 투브루크에 주둔하는 영국군을 맹렬하게 공격했다. 그리하여 다음날 새벽에 이곳을 점령하고 마침내 투브루크를 방어하던 영국군 3만 5,000명의 항복을 받아냈다. 끝까지 포기하지 않고 승리를 이뤄낸 이 전투는 로멜의 '속도 우선' 작전 원칙이 가장 잘 드러난다. 로멜은 이처럼 적이 전투를 준비할 시간을 주지 않는 신속한 공격을 지휘해서 많은 성과를 거두었다. 이후 독일군은 이집트의 마트루흐를 공격해서 점령하고, 이집트의 알렉산드리아에서 겨우 120킬로미터 떨어진 엘 알라메인 방어선까지 나아가서 영국군을 압박했다. 히틀러는 로멜이 북아프리카에서 거둔 성과를 치하하며 그를 원수로 진급시켰고, 로멜은 마침내 군인으로서 최고의 자리에 올랐다.

쓸쓸한 퇴장

1942년 10월 23일, 북아프리카에서 영국 제8집단군의 총사령관 몽고메리가 대규모 군대를 이끌고 독일에 반격하기 시작했다. 히틀러가 빈에서 요양하던 로멜을 급히 북아프리카로 보냈지만, 상황은 이미 돌이킬 수 없이 나빠진 상태였다. 11월 초, 영국이 독일의 보급선을 계속 차단하고 독일의 북아프리카 군단이 결국 엘 알라메인 전투에서 참패하자 로멜은 남은 병력을 이끌고 트리폴리타니아로 퇴각했다. 바로 이때 미국의 아이젠하워가 지휘하는 연합군이 북아프리카의 모로코와 알제리에 상륙했다. 그 후 아이젠하워가 계속 로멜을 추격하여 독일의 북아프리카 군단은 동서 양쪽에서 연합군의 공격을 받는 상황이 되었다. 북아프리카의 상황을 돌이킬 수 없다는 것을 깨달은 히틀러는 1943년 3월에 로멜을 독일로 불러들였다. 그로부터 2개월 후 튀니지에서 25만 명에 달하는 독일과 이탈리아 병력이 연합군의 공격을 받고 전멸했다.

전쟁터를 떠나 집에서 쉬던 로멜은 1943년 7월에 다시금 이탈리아 북부에 파견되는 독일군 사령관으로 임명되었다. 얼마 후, 히틀러는 연합군이 시칠리아에 상륙했다는 소식을 듣고 매우 놀랐다. 그래서 그는 1944년 1월에 로멜을 다시 프랑스 북부에 파견되는 B집단군의 사령관으로 임명했다. 이는 연합군이 프랑스에 상륙할 때를 대비한 조치였다. 이때 로멜은 히틀러가 해안에 건설하라고 지시한 각종 방어물인 '대서양 방벽'을 구축하는 데 힘쓰는 동시에 자신이 고안한 다양한 방어 건축물을 세웠다. 그러나 이런 노력에도 연합군의 노르망디 상륙 작전은 결국 성공했고 설상가상으로 로멜은 전선을 시찰하던 중에 부상을 당했다. 얼마 후, 로멜은 히틀러 암살 음모에 연루되었다는 의심을 받았다. 10월 14일에 히틀러가 독약을 보내 자살을 강요하자 로멜은 스스로 그것을 먹고 목숨을 거두었다. 당시 그의 나이는 쉰다섯이었다.

비운의 전함 비스마르크 호

영국은 비스마르크 호를 침몰시킨 후 독일에 승리할 수 있다는 확신이 생겼다. 반대로 독일은 대서양에서 영국의 선박을 습격하는 것을 멈춰야만 했다. 이후 영국의 군용 선박과 그 호위 전함을 습격하는 임무는 되니츠의 잠수함 부대와 소규모의 상선으로 위장한 전함이 담당했다.

비스마르크 호의 탄생

1939년 9월에 폴란드를 침공했을 때, 독일은 육지에서 영국과 프랑스 두 나라의 반격을 동시에 받았지만 바다에서는 영국만 상대하면 되었다. 독일의 해군은 강력한 육군에 비해 그 전투력이 영국에 훨씬 뒤졌다. 그래서 정면 승부보다는 전함, 잠수함, 비행기 등을 이용해서 영국 선박의 항로를 끊는 기습 작전을 펼치기로 했다.

1941년 봄, 독일 해군 총사령관 에리히 레더는 대서양을 항해하는 영국 선박에 큰 타격을 줄 수 있는 새로운 작전을 계획했다. 이때 독

▼ 비스마르크 호에 설치된 381 밀리미터 대포

일 해군 역사상 가장 거대한 전함인 비스마르크 호가 등장했다. 비스마르크 호는 당시 독일 해군의 주력 전함 중 하나로 화력이 매우 뛰어났다. 이것은 길이 250.5미터, 너비 36미터, 표준 배수량 4만 1,700톤, 만재 배수량 5만 405톤, 최대 항속 30.8노트, 최대 항해거리 9,280해리, 승무원 2,092명에 달하는 대형 선박이었다. 비스마르크 호는 화력 또한 대단했다. 배 위에는 381밀리미터 대포 8문, 150밀리미터 대포 12문, 105밀리미터와 37밀리미터 고사포가 각각 16문, 20밀리미터 고사포 12문, 그리고 수상 비행기 4대와 어뢰 발사기 6개가 설치되었다.

비스마르크 호의 제작은 1936년 7월 1일에 시작되었으며 프로이센 수상이자 독일 총리였던 오토 폰 비스마르크의 이름을 따서 명명되었다. '철혈재상' 비스마르크처럼 훌륭한 업적을 세우기를 바라는 뜻에서였다. 당시 독일은

베르사유 조약에 의해 전함을 제작하는 것이 금지되었지만, 히틀러는 정권을 잡은 후 조약 따위는 무시하고 독일군의 무기와 장비를 적극적으로 증강했다. 특히 그는 전통적 해상 강국인 영국의 위협에서 벗어나기 위해 해군의 전투력을 강화하는 데 공을 들였다. 1939년 2월 14일, 비스마르크 호는 성대한 진수식을 거행하고 이듬해 8월 24일에 정식으로 임무를 시작했다. 이때부터 독일의 해군은 빠른 속도로 발전하기 시작했다.

후드 호의 침몰

1941년 4월, 레더는 해상 습격 작전인 '라인 강 작전'을 훈련하기 시작했다. '라인 강 작전'의 구체적인 내용은 다음과 같다. 우선 순양함 샤른호르스트 호, 그나이제나우 호가 프랑스 브레스트 항구에서 대서양으로 나아가 영국 선박의 항로를 끊고 전투를 벌인다. 이때 비스마르크 호와 중순양함인 오이겐 호가 전투에 투입된다. 이 밖에 독일 해군은 보급선 2척, 유조선 5척 및 기타 군용 선박, 그리고 미리 북대서양에 보내 놓은 잠수함 4척을 동원해 합동 작전을 벌인다. 이 밖에 독일 상선은 중립국 선박으로 가장해서 적의 전함에 관한 각종 정보를 수집한다.

그런데 예상과 달리 샤른호르스트 호와 그나이제나우 호가 전투 초반에 파손되고 말았다. 그러자 이 작전을 포기하기 싫었던 레더는 비스마르크 호와 오이겐 호에 즉각 노르웨이의 스피츠베르겐 섬으로 갈 것을 명령하고 안개가 낀 날에 아이슬란드 북쪽으로 우회해서 대서양에 진입하라고 지시했다. 1941년 5월 18일, 비스마르크 호와 오이겐 호는 명령대로 폴란드의 항구 그디니아에서 출발해 스피츠베르겐 섬으로 갔다. 그런데 출발한 지 얼마 되지 않아 카테가트 해협을 통과하던 비스마르크 호가 스웨덴 순양함에 발각되었다. 정보를 전해받은 영국은 정찰기를 파견했고,

▼ 1939년 2월 14일, 히틀러를 비롯한 군과 정계 요인 수천 명이 모인 가운데 비스마르크 호의 진수식이 성대하게 시작되었다. 독일 총리였던 오토 폰 비스마르크의 손녀가 귀빈으로 초청되어 그날의 행사를 주도했다.

▲ 비스마르크 호

이 정찰기가 5월 21일에 스피츠베르겐 섬 해역에서 비스마르크 호를 발견했다. 영국 해군은 비스마르크 호가 영국의 수송선에 커다란 위협이 될 것으로 판단하고 즉각 주변 해역의 병력을 다음과 같이 재배치했다. 순양함 서퍽 호와 노퍽 호는 아이슬란드와 그린란드 제도 사이의 덴마크 해협에서 순찰 임무를 맡는다. 아이슬란드와 페로스 제도 사이의 순찰은 순양함 3척과 소형 전함들이 함께 담당한다. 전함 찰스 왕세자 호와 후드 호는 덴마크 해협의 서쪽 끝으로 가서 적을 경계한다. 전함 조지 5세 호와 리펄스 호, 그리고 항공모함 빅토리우스 호는 명령을 기다리며 대기한다. 전함 리넌 호, 로드니 호, 라미이 호와 항공모함 아크 로열 호 및 순양함 몇 척도 전투에 투입될 준비를 한다. 영국의 새로운 병력 배치는 모두 독일의 전함 비스마르크 호를 노린 것이었다.

 5월 23일 이른 저녁, 덴마크 해협에서 영국의 순양함 서퍽 호가 비스마르크 호의 흔적을 발견하고 수색하기 시작했다. 5월 24일 5시 35분, 서퍽 호가 비스마르크 호를 발견했고 다른 전함인 후드 호와 찰스 왕세자 호도 레이더로 비스마르크 호의 존재를 확인했다. 이 배들은 즉각 공격에 나섰는데, 그중 후드 호는 마침 딱 정면으로 비스마르크 호와 맞닥뜨리는 바람에 배의 후미에 설치된 대포를 쓸 수가 없었다. 그래서 왼쪽으로 20도 정도 방향을 틀려고 할 때 비스마르크 호가 발사한 첫 번째 포탄이 후드 호에 떨어졌다. 포탄이 탄약고에 정통으로 맞아 큰 폭발이 일어났다. 6시 37분, 후드 호가 침몰하면서 배에 탄 병사 1,400여 명 중에 단 세 명만이 살아남았다. 찰스 왕세자 호도 비스마르크 호가 발사한 포탄을 여러 발 맞고 전투에서 후퇴했다. 후드 호가 침몰했다는 소식이 전해지자 영국 해군은 매우 큰 충격을 받았다. 당시 해군 병사 대부분이 후드 호에서 근무한 적이 있었고 모두 후드 호를 영국 해군의 자존심이자 영국 해상 전투력의 상징이라고 여겼기 때문이었다.

비스마르크 호도 전투 중에 파손되었다. 특히 연료통에 포탄을 맞아서 항속이 20노트까지 줄어들었으며 연료통에서 기름이 새는 바람에 바다에 거대한 기름띠가 만들어졌다. 지휘관 루텐스(Lütjens)는 비스마르크 호를 남서쪽으로, 오이겐 호는 브레스트 항으로 후퇴시키기로 했다. 한편, 영국의 순양함 서퍽 호와 노퍽 호는 계속 비스마르크 호를 쫓아다니다가 비스마르크 호가 갑자기 방향을 바꾸자 놓치고 말았다. 오이겐 호는 혼란한 틈을 타고 재빨리 도망쳐서 10일 후에 브레스트 항에 돌아갈 수 있었다. 얼마 후, 수리를 마친 비스마르크 호가 다시 바다에 나타나 영국 전함에 큰 손실을 입혔다. 영국은 연일 피해 소식을 들으면서도 손쓸 방법이 없었다. 그들이 할 수 있는 일은 그저 더 많은 전함과 전투기를 보내는 것뿐이었다.

침몰

5월 25일 깊은 밤, 영국의 항공모함 빅토리우스 호에서 이륙한 어뢰 공격기 9대가 비스마르크 호를 발견하고 공격하기 시작했다. 그러나 바다 위의 날씨가 점점 나빠져서 앞이 보이질 않아 결국 비스마르크 호를 놓치고 말았다. 비스마르크 호는 여러 번 방향을 바꾸는 방법으로 영국 전함의 봉쇄망에서 벗어났다. 5월 26일 10시 30분, 영국 정찰기 한 대가 브레스트 항에서 750해리 떨어진 곳에 있는 비스마르크 호를 발견하고 사령부에 이 정보를 보냈다. 곧 영국의 전함 수십 대가 출동했다. 11시 15분, 항공모함 아크 로열 호에서 이륙한 어뢰 공격기 15대가 가장 먼저 비스마르크 호를 발견했다. 잠시 후 아크 로열 호에서 발사한 어뢰가 비스마르크 호의 조타실에 명중했다. 그러자 비스마르크 호 안으로 바닷물이 들어오면서 선체가 점점 기울기 시작했다.

군데군데 파손된 비스마르크 호는 속도가 이미 12노트까지 떨어졌다. 독일의 해군 총사령관 레더는 비스마르크 호의 상황을 보고받고 즉각 출동 가능한 모든 잠수함을 보내려고 했다. 하지만 가까운 곳에 있던 잠수함은 이미 전날의 전투에서 어뢰를 다 쓴 상태였다. 이 잠수함들은 비스마르크 호가 공격받는 것을 그저 보고 있을 수밖에 없었다. 5월 27일 1시, 비스마르크 호는 또다시 어뢰 2발에 명중되었다. 그 순간 갑판에 불이 붙었고, 두 시간 후에는 발전기마저 작동을 멈췄다. 당시 위치는 브레스트 항에서 서쪽으로 400해리 떨어진 곳이었다. 최후의 순간이 온 것을 예감한 루텐스는 해군 총사령부에 전보를 보냈다. "더 이상 배를 제어할 수 없습니다. 그러나 우리는 최후의 순간까지 적과 싸울 것입니다. 히틀러 만세!"

9시가 되자 영국 전함 조지 5세 호와 로드니 호가 비스마르크 호 가까이 다가가서 포탄을 쏟아 부었다. 이때 비스마르크 호는 이미 많이 파손되었지만, 이 전함에 탄 독일 해군 병사들은 여전히 포기하지 않고 대포를 쏘며 반격했다. 세 번째 발사한 포탄이 로드니 호에 명중해 갑판에 불이 나기도 했다. 그러나 비스마르크 호의 저항은 여기까지였다. 잠시 후 비스마르크 호에서는 대포가 작동하지 않고 방향계도 말을 듣지 않았다. 곧이어 비스마르크 호는 공격 능력을 완전히 상실했지만, 끝까지 포기하지 않고 어떻게든 영국 함대의 포위망을 돌파하려고 했다. 11시에 영국의 순양함 도싯 호가 연료를 보충하기 위해 회항을 준비하면서 마지막으로 남아 있던 어뢰 3발을 비스마르크 호에 쏘았다. 이 어뢰들이 모두 명중해 치명적인 일격을 당한 비스마르크 호는 빠른 속도로 기울더니 금세 침몰했다. 비스마르크 호에 탔던 독일 해군 병사 100여 명은 구출되었으나 대부분 병사가 사망했다. 비스마르크 호는 침몰하기 전까지 중포 90여 발, 각종 포탄 310여 발에 명중되었고 어뢰도 8~10발이나 맞았다.

전함 비스마르크 호가 침몰한 후, 레더는 히틀러의 눈 밖에 났다. 반면에 독일 잠수함 부대의 사령관 되니츠는 다시 '이리떼 작전'을 펼 기회를 잡았다. 비스마르크 호는 침몰했지만, 대형 전함이 전쟁에서 차지하는 역할은 결코 무시할 수 없었다. 이때부터 해전은 잠수함, 항공모함, 그리고 대형 전함이 함께 작전을 펼치는 형태로 발전했다.

▼ 영국의 항공모함 아크 로열 호
아크 로열 호는 어뢰 공격을 받은 후에도 바다 위에 14시간이나 떠 있었다.

바르바로사 작전

히틀러는 소련의 내부 상황을 정확히 파악하지도 않은 채 침공 결정을 내렸다. 그는 소련이 정치적으로 혼란하므로 독일이 반드시 승리할 수 있다고 확신하며 거만한 말투로 말했다. "우리는 그저 골문으로 공을 차 넣기만 하면 된다. 지금은 다시 오지 않을 좋은 기회이다."

새로운 목표

히틀러는 유럽 대륙 대부분을 점령한 후 이번에는 소련으로 눈을 돌렸다. 그의 탐욕스러운 눈에 비친 소련은 광활한 영토와 강력한 군대가 있는 반드시 쟁취해야 할 목표물이었다. 심지어 독일과 소련은 1939년 8월에 '상호불가침 조약'을 맺은 상태였지만 히틀러는 아랑곳하지 않았다. 그는 '조금 힘에 부쳐도 소련 문제를 어서 해결해야 한다.'라며 직접 구체적인 작전 계획을 세웠다. 그의 계획에 따르면 독일은 4~6주 안에 소련의 군대를 무력화하고, 소련의 영토, 특히 공업 지역을 우선 점령해야 한다. 독일의 최종 목표는 소련을 독일의 속국으로 만드는 것이었다. 이를 위해 히틀러는 가장 먼저 소련 공군의 정찰기가 베를린이나 플로이에슈티 유전 지역에 나타나서 위협하는 행동을 저지하라고 명령했다.

독일 총참모부에 모인 장군들은 히틀러의 이 무리한 계획을 듣는 순간 식은땀이 흐르는 것을 느꼈다. 아직 영국을 점령하지도 못했는데 그보다 훌륭한 전쟁 장비를 갖춘 소련을 침공하다니! 잘못하다가는 독일은 동부와 서부 전선 양쪽에서 모두 곤경에 빠질지 모르는 일이었다. 게다가 소련은 여름이 아주 짧고 겨울이 매우 길며, 봄과 가을에는 길이 모두 진흙탕이어서 독일 육군의 강점인 기계화 부대로 작전을 효율적으로 수행할 수

▼ **룬트슈테트**
처음에 룬트슈테트는 히틀러의 소련 침공 계획을 반대했다. 하지만 그는 결국 남부 집단군의 사령관으로 임명되어 소련의 군사 요충지를 공격했다.

▲ 1941년 6월 22일, '바르바로사 작전'에 투입된 독일의 차량화 보병부대가 우크라이나로 진격했다.

있을지도 의문이었다. 게다가 소련의 영토는 폭이 매우 넓어서 작전을 벌이려면 가로로 길게 늘어서야만 한다. 장군들은 이런 부대 배치 방식을 프랑스에서 한 번 해본 적은 있지만, 프랑스와 비교할 수 없을 정도로 넓은 소련 전역을 이런 식으로 장악할 수는 없다고 생각했다. 하지만 감히 히틀러에게 작전 계획의 문제점을 말할 수 있는 사람은 없었다. 결국, 육군 참모총장 프란츠 할더는 소련 침공의 구체적인 작전 계획을 세우기 시작했다. 넓고 넓은 소련에서 무엇을 주요 공격 목표로 삼아야 할까? 소련의 군대? 아니면 많은 영토와 공업 지역? 그것도 아니라면 소련의 정치 중심인 모스크바? 할더는 이 중에서 어느 것을 선택해야 할지 고민했지만, 사실 히틀러가 원한 것은 그 모든 것이었다. 그의 이런 욕심은 후에 독일이 소련을 침공했을 때 작전 수행에 혼란만 불러 일으켰다.

몇 개월에 걸쳐 상세한 연구와 모의 훈련을 마친 후, 할더는 1940년 12월 5일에 히틀러에게 소련 침공의 세부 작전 계획을 보고했다. 그의 계획은 다음과 같았다. 독일은 폴란드 해안선을 따라 바다에서부터 소련을 공격하는 동시에 육군이 북쪽, 중앙, 남쪽의 세 방향에서 한꺼번에 공격한다. 할더의 분석에 의하면 소련군은 남쪽보다 북쪽에 더 많이 배치되어 있었다. 또 북쪽과 남쪽은 이동하기가 쉽지 않은 프리피야티 늪지대를 경계로 나뉘어 있으므로 독일의 주요 공격 방향은 북쪽과 중앙으로 결정되었다. 그리고 드네프르 강과 북北드비나 강은 동쪽의 공업 지역을 방어하는 가장 마지막 방어선이므로 소련군은 반드시 이곳을 지키려 할 것이다. 따라서 독일군은 매우 빠르게 침투해서 소련군이 이곳에 방어 진지를 세우는 것을 막아야 하며, 이를 위해 바르샤바에 전투력이 매우 뛰어난 군대를 배치한다. 앞서 설명한 공격 진로 세 갈래 중에서 북부 집단군의 공격 목표는 레닌그라드이며, 중앙 집단군과 남부 집단군은 모스크바와 키예프를 각각 공격 목표로 삼는다. 전체 작전 범위는 남쪽의 볼가 강 하구에서 시작해 북쪽의 아르한겔스크까지 이른다. 할더는 이 작전 계획을 성공적으로 수행하려면 최소한 105개 보병사단과 32개 기갑사단, 그리고 차량화 보병 사단이 필요하다고 예상했다.

히틀러는 할더의 작전 계획에 기본적으로 동의했다. 그러면서 몇 가지 조건을 더 달았다. 우선 그는 소련군이 견고한 진지를 구축하지 못하게 하려면 할더의 계획보다 진격 속도가 더 빨라야 한다고 주장했다. 또 독일의 공업 지역에는 소련군이 얼씬하지 못하게 하되 독일 공군은 소련의 공업 지역을 언제든 폭격할 수 있어야 한다고 말했다. 그리고 북부 집단군이 폴란드 해안에 있는 소련군을 무력화할 때 중앙 집단군이 지원하도록 하고, 히틀러는 이를 위해 중앙 집단군의 병력과 전투력을 최강으로 끌어올리라고 지시했다. 그리고 프리피야티 늪지대의 남쪽에 배치된 부대에 남북 양쪽에서 크게 포위하는 형태를 취하라고 명령했다. 그런데 이때 히틀러는 위에 설명한 계획에 너무 집중한 나머지 각 부대가 우선 목표를 달성한 후 모스크바까지 어떤 방식으로 진격해야 하는지는 정확하게 결정하지 않았다.

히틀러의 의견을 듣고 작전 계획을 수정한 할더는 총참모부에 필요한 병력과 장비를 준비해달라고 요청했다. 총참모부의 작전 참모장이었던 알프레트 요들은 히틀러의 조언을 받아 소련 침공 작전을 '바르바로사 작전'이라고 이름 지었다. 바르바로사는 12세기 신성로마제국의 황제 프리드리히 1세의 이름이다. 어쩌면 히틀러는 이 전쟁을 통해 자신도 프리드리히 1세처럼 위대한 황제가 되고 싶었는지도 모르겠다. 그러나 히틀러의 바람과는 달리 '바르바로사 작전'에는 시작하기 전부터 오류가 많았다. 작전에 의하면 소련 침공의 최종 목표는 '모스크바 점령'이다. 한 나라의 수도를 점령한다는 것은 정치 및 경제 방면을 모두 장악하는 것을 의미하기 때문이다. 또 모스크바는 소련을 관통하는 모든 철도의 중심지여서 전략적으로 무엇보다 중요했다. 그러나 히틀러는 우선 중앙 집단군이 벨로루시 국경 내의 소련군을 무력화한 다음에 북쪽으로 이동해서 북부 집단군을 도와 폴란드 해안 지역의 소련군을 제압하라고 명령했다. 여기까지만 들으면 독일군의 최종 목표는 폴란드 해안에서 소련군을 쫓아내는 것인 듯 보인다. 히틀러는 여기서 더 나아가 부대들에 그 후에 다시 이동해서 레닌그라드를 점령하고 모스

▲ 1941년 6월 22일, 독일이 '상호 불가침 조약'을 깨뜨리고 소련을 침공했다. 독일은 마차와 트럭을 이용해서 많은 전쟁 장비를 운반했다.

크바까지 진격하라고 요구했다. 이것은 히틀러의 명백한 실수였다. 독일이 모스크바 점령을 최종 목표로 삼았다면, 처음부터 모스크바로 향했어야 한다. 작전의 오류는 이뿐만이 아니었다. 히틀러는 프리피야티 늪지대 남쪽에 배치된 남부 집단군에 짧은 시간 안에 소련의 국방과 경제 방면에서 중요한 지역인 도네츠 분지를 점령하라고 명령했다. 다시 말해, 남부 집단군은 모스크바 점령에 아무런 힘을 보탤 수 없는 것이다. 탐욕스러운 전쟁광 히틀러는 모스크바뿐만 아니라 소련 전역을 손아귀에 넣으려다가 계획에 결정적인 오류를 만들었고, 그 결과 실제 전투에서 전략적으로 매우 큰 문제들이 발생했다.

침공 준비

'바르바로사 작전'에서 가장 중요한 것은 기갑 부대의 역할이었다. 히틀러는 프랑스에서 항복을 받아내자마자 기갑 부대를 대규모로 정비하고 장비를 보충하라고 명령했다. 그래서 독일의 기갑 부대는 1940년 봄에 10개 사단에서 21개 사단으로 늘어났고, 차량화 보병 부대는 13개가 새로 만들어졌으며, 탱크는 3,550대까지 보유하게 되었다. 탱크는 소련보다 조금 부족하기는 했지만, 독일이 보유한 것은 모두 III형, IV형 전투용 탱크로 작전 능력이 매우 뛰어났다. 또 독일 기갑 부대 사령관들은 모두 실전 경험이 매우 풍부했으며 이는

전쟁의 승패를 결정하는 데 크게 작용했다. 기갑 부대 중 실제로 소련 침공에 투입된 것은 총 19개 사단으로, 독일은 이를 다시 4개 집단군으로 나누어 배치했다. 클라이스트가 지휘하는 제1기갑 집단군은 5개 기갑사단과 3개 차량화 보병사단으로 구성되었다. 구

▲ 아무런 준비도 하지 않고 있던 소련군은 독일의 공격을 받고 연이어 패했다. 수많은 소련 병사가 총도 제대로 들어보지 못하고 포로가 되었다. 이것은 1941년에 촬영된 사진으로, 수백 명에 달하는 소련군 부상자들이 포로수용소로 끌려가는 모습이다.

데리안이 지휘하는 제2기갑 집단군은 5개 기갑사단, 3개 차량화 보병사단과 1개 기병사단으로, 그리고 헤르만 호트(Hermann Hoth) 장군이 이끄는 제3기갑 집단군은 4개 기갑사단과 3개 차량화 보병사단으로 구성되었다. 마지막으로 제4기갑 집단군은 3개 기갑사단, 3개 차량화 보병사단과 2개 일반 보병사단으로 구성되었고 회프너 장군이 지휘했다. 독일은 1940년 말부터 '바르바로사 작전'을 본격적으로 준비했다. 독일은 우선 작전에 따라 북부 집단군, 중앙 집단군, 남부 집단군을 편성해야 했다. 그중 북부 집단군은 제18집단군, 제16집단군, 제4집단군의 모두 26개 사단으로 구성되었고 사령관에 레브(Leeb)가 임명되었다. 북부 집단군은 동프로이센 북동부에서 출발해 800킬로미터 떨어진 레닌그라드까지 진격한다. 그런 후 폴란드 해안에 주둔하는 소련군을 격퇴하고 핀란드 군대와 합류하기로 했다. 전투력이 가장 뛰어나야 하는 중앙 집단군은 보크(Bock)가 지휘하며, 제9집단군, 제4집단군, 제2기갑 집단군의 총 51개 사단으로 구성되었다. 보크는 기갑 부대를 둘로 나누고 양쪽 날개에 배치해서 정면으로 대치하는 소련군을 크게 우회해서 포위하려고 했다. 전체 작전에서 보조적인 역할을 담당하는 남부 집단군은 룬트슈테트가 지휘하기로 했다. 그는 독일군 40개 사단, 루마니아군 14개 사단 및 헝가리군 1개 사단으로 구성된 남부 집단군을 이끌고 키예프를 점령한 후 빠른 속도로 볼가 강까지 진격해야 했다.

전쟁의 시작

1941년 6월 22일 새벽 3시 30분, 독일은 이전에 소련과 맺은 '상호불가침 조약'을 일방적으로 깨뜨렸을 뿐만 아니라 선전포고도 없이 소련 침공을 시작했다. 공격 첫날, 독일 육군은 소련과 접한 국경에 대포 수천 문을 배치하고 소련의 방어 진지를 향해 발포했다. 이와 동시에 공군도 국경 가까이에 있는 소련의 군용 공항, 철도, 항구 등을 맹렬하게 폭격했다. 이어서 새벽 4시에 독일 및 핀란드, 루마니아, 헝가리, 이탈리아에서 온 190개 사단의 병력 50만 명, 탱크 3,700대, 전함 193척이 동시에 소련을 공격하기 시작했다. 이들은 폴란드의 바다에서부터 흑해까지 2,000여 킬로미터 길이로 늘어서서 앞에 보이는 소련군 진지를 무자비하게 공격했다. 소련에 주재하던 독일 대사 셸렌베르크는 첫 번째 공격이 시작되고 두 시간이 지난 후에야 소련의 외교장관 몰로토프에게 선전포고서를 건넸다. 셸렌베르크는 소련이 독일과 접한 국경에 군대를 집결하는 등의 '용납할 수 없는 위협 행위'를 했기 때문에 독일이 '예방' 차원에서 전쟁을 벌이는 것이라고 주장했다.

전쟁이 시작된 날, 아무런 준비도 하지 못한 소련은 매우 큰 손실을 입었다. 최전방의 수많은 부대가 독일군의 거센 공격에 해체되거나 포위되었고, 심지어 전멸한 부대도 있었다. 독일은 불과 몇 시간 만에 소련의 국경을 넘어 수십 킬로미터나 진격했다. 게다가 이 날은 일요일이어서 공군 조종사들이 모두 쉬고 있었다. 그래서 소련의 전투기 1,200여 대는 이륙도 해보지 못한 채 폭격을 받아 거의 모두 파괴되었다. 광기 어린 독일의 공격을 받고 소련의 최고 지도자 스탈린은 온 힘을 다해서 파시스트 침략자들을 물리치자고 국민에게 호소했다. 이때부터 독일과 소련의 전쟁, 이른바 독소 전쟁이 시작되었다.

독소 전쟁-모스크바 공방전

1941년 11월 7일 새벽, 모스크바의 붉은 광장에는 평소처럼 10월 혁명의 승리를 기념하는 대규모 열병식이 거행되었다. 스탈린은 레닌의 묘지 앞에서 붉은 군대를 사열한 후, 병사들의 사기를 북돋우는 감동적인 연설을 했다. "위대한 레닌의 승리의 깃발을 그대들에게 줄 테니, 독일 침략자들을 격파하라! 독일 점령자들을 몰살하라!"

태풍 작전

소련의 중서부에 자리한 모스크바는 소련의 수도이자 정치, 경제, 문화의 중심지이다. 히틀러는 '바르바로사 작전'의 최종 목표로 모스크바를 꼽았다. 스몰렌스크와 키예프를 점령한 독일군은 계획대로 레닌그라드 부근까지 진격한 후 쉬지 않고 모스크바로 이동했다. 1941년 9월 6일, 히틀러는 모스크바 점령을 위해 병력을 다시 배치하라고 명령했다. 이 작전 명령 제35호의 내용은 다음과 같았다. 독일 중앙 집단군은 제2, 제3, 제4기갑 집단군으로 나뉘어 각각 모스크바의 동쪽과 북동쪽을 공격해서 뱌지마와 브랸스크 방향에서 모스크바를 방어하는 소련군을 포위한다. 그러면 뒤이어 도착한 독일 지원군이 남쪽과 북쪽 양방향에서 모스크바를 완전히 포위한다. 이 전투에 투입될 수 있는 독일군은 총 74개 사단이었는데, 그중에는 14개 탱크 사단과 8개 차량화 보병사단이 포함되어 있었다. 모두 180만 명에 달하는 병사가 투입되었고, 탱크 1,700대, 각종 대포 1만 4,000문, 비행기 1,390대가 동원되었다.

이들에 맞서 모스크바를 방어하는 소련군은 코니예프(Koniev)가 이끄는 서부 전선군, 부지온니(Budyonny)가 지휘하는 예비 부대, 그리고 예레

▼ 1941년에 소련의 경탱크가 레닌그라드에서 모스크바로 가는 길에 전복되었다. 제2차 세계대전 중에 소련이 생산한 보병용 탱크는 독일의 탱크와 부딪혔을 때 단 한 번도 버텨내지 못했다.

▲ 1942년에 모스크바의 한 공장에서 여성 노동자들이 수류탄을 생산하고 있다. 당시 소련의 모든 군수 공장은 밤낮없이 가동되었다.

멘코(Eremenko)가 이끄는 브랸스크 전선군이었다. 총 병력은 약 125만이었으며 탱크 990대, 각종 대포 7,600문, 비행기 677대가 동원되었다. 독일군과 비교하면 병력이나 장비 면에서 모두 턱없이 부족했다. 게다가 전쟁 장비를 생산하는 공장이 모여 있는 동부 공업 지역이 대부분 독일의 손아귀에 들어갔기 때문에 장비의 보급도 시원치 않았다. 아무리 봐도 모스크바의 상황은 비관적이었다. 군대의 배치 또한 너무 비효율적이었다. 독일군이 소련 곳곳에서 전투를 벌이는 바람에 소련의 병력은 사방으로 흩어져서 간신히 버티고 있었다. 게다가 당시 일본과 터키가 독일과 매우 밀접한 관계였기 때문에 소련은 혹시 모를 공격에 대비하기 위해 이 나라들과 접한 국경에도 병력을 배치해야 했다. 그러다 보니 정작 수도인 모스크바의 방어선에 군데군데 빈틈이 생길 수밖에 없었다. 어느 하나 믿을 만한 구석이 없는 상황이었지만, 소련은 곧 겨울이 온다는 사실에 내심 희망을 걸었다. 어쩌면 독일군은 소련의 혹독한 겨울을 이겨내지 못하고 진격을 멈출지도 모르기 때문이었다.

1941년 9월 30일, 독일군은 모스크바 침공, 바로 '태풍 작전'을 시작했다. 계획대로 제2기갑 집단군은 브랸스크에서, 이틀 후 제3, 제4기갑 집단군이 뱌지마에서 각각 모스크바를 향해 전진했다. 소련군은 적의 전진을 막아보려고 완강하게 저항했으나 독일의 기갑 부대를 당해낼 수 없었다. 10월 3일부터 5일까지 오룔, 스파스데멘스크(Spas-Demensk), 키로프와 유크노브(Yukhnov)가 연이어 독일군에 점령되었다. 이어서 10월 7일에 뒤이어 도착한 독일군이 남과 북 두 방향에서 뱌지마 방어선을 향해 돌격해 소련의 서부 전선군과 예비부대는 거의 모두 포위되었다. 곧이어 수도 모스크바를 지키는 첫 번째 방어선이 무너졌고, 소련군은 모스콥스키(Moskovsky) 방어선으로 후퇴해야 하는 상황에 놓였다. 독일군은 다시 서, 남, 북쪽의 세 방향에서 포위를 시도했다. 10월 10일, 다급해진 소련군 총참모부는 서부 전선군과 예비부대에서 살아남은 병사들을 합해 새로운 서부 전선군을 조직하고 주코프에게 지휘를 맡겨 반격을 시도했다. 이와 동시에 독일군이 모스크바에 더욱 가까이 접근하는 것에 대비하여 각 정부기관과 주요 기업들을 긴급히 분산시켰다. 이 밖에 모스크바 근교에 방어 건축물을 세우고 민병대를 조직하는 등 혹시 발생할지 모르는 시가전에도 대비했다. 여기에 모스크바 시민 4만 명이 동원되었는데 그중 75퍼센트가 여성이었다.

모스크바를 지켜라

1941년 10월 14일, 전체 공격 대형에서 북쪽 날개 부분을 맡은 독일군 부대가 칼리닌으로 진격했다. 칼리닌은 지금의 트베리 지역으로, 이렇게 하면 모스크바를 동북쪽에서 공격하는 형태가 된다. 이에 소련은 칼리닌 전선군을 편성해서 독일군에 맹렬하게 저항했다. 칼리닌 전선군은 칼리닌에서 진격해 오는 독일군과 서쪽에서 소련군의 후방을 노리고 다가온 독일군까지 성공적으로 막아냈다. 10월 15일, 소련 정부기관 대부분이 모스크바에서 800킬로미터 떨어진 구이비셰프로 피신했다. 하지만 스딜린은 수도를 떠나지 않고 직접 모스크바 방어를 지휘했다. 얼마 후, 드디어 소련이 기다리던 겨울이 왔다. 날씨가 조금씩 추워지면서 곧 눈이 내렸고, 길은 진흙탕이 되었다. 위풍당당하게 진격하던 독일군은 하는 수 없이 모든 전선에서 전진을 멈추고 길이 얼기를 기다렸다. 독일이 잠시 전진을 멈춘 이 귀중한 시간을 소련은 결코 헛되이 흘려보내지 않았다. 적이 진격을 멈춘 것을 파악한 소련 총참모부는 후방에 있던 예비부대를 모스크바 근처에 배치했다. 이때 도쿄에서 소련 최고의 스파이 조르게가 일본이 곧 동남아를 공격할 예정이라는 정보를 보내왔다. 이것은 시베리아에서 소련군과 대치하던 일본 관동군의 병력 일부가 철수한다는 것을 의미했다. 이 정보를 바탕으로 소련은 시베리아에 있던 25개 보병사단과 9개 기갑여단을 서쪽으로 이동시켜 모스크바 방어를 강화할 수 있었다. 잠시 휴식 기간을 가진 독일군은 길이 얼지 11월 15일에 다시 한 번 모스크바를 공격하기 시작했다. 그들은 본격적인 겨울이 시작되기 전에 어서 모스크바를 점령하고 싶었다. 독일 제2기갑 집단군은 툴라를 공격하고 제3, 제4기갑 집단군은 클린을 향해 진격했다. 독일군은 이렇게 남과 북으로 나뉘어 모스크바를

무시무시한 추위

1941년 10월 말, 독일군이 모스크바 교외까지 진격했다. 그들은 망원경으로 크렘린 궁을 볼 수 있을 정도로 모스크바에 가까이 갔지만 더는 나아갈 수 없었다. 모스크바의 겨울이 다가왔기 때문이다. 11월 말이 되자 밤새도록 함박눈이 내렸고 기온은 영하 30도까지 떨어졌다. 독일군의 차량은 모두 시동이 꺼졌고, 기차도 출발하지 못했으며, 심지어 총노 추위에 얼어서 발사되지 않았다. 탱크는 윤활유가 모두 얼어버려서 시동을 걸 때마다 불을 피워서 녹여야 했다. 무엇보다 심각한 문제는 독일 병사들이 여전히 가을옷을 입었다는 점이었다. 얼어 죽는 병사가 계속 발생했고, 수천 명이 심한 동상에 걸려 팔이나 다리를 절단해야 했다. 12월 6일에 소련의 붉은 군대가 반격을 시작하자 완전히 무력해진 독일군은 후방으로 수백 킬로미터나 물러날 수밖에 없었다. 그리고 그들은 전쟁이 완전히 끝날 때까지 다시는 모스크바 가까이에 갈 수 없었다.

크게 에워싸고 포위하려고 했다. 그러나 소련군은 수도마저 빼앗겨서는 안 된다는 생각에 죽을 각오로 저항했고, 이 과정에서 양측에서는 모두 수많은 사상자가 발생했다. 11월 16일 새벽에 소련군 제316보병소대가 모스크바를 오가는 길목에서 독일군과 교전했다. 네 시간에 걸친 격렬한 교전 중에 소련군은 독일군의 탱크 18대를 파괴하고 독일 병사 수십 명을 사살했다. 이로써 제316보병소대는 독일군의 전진을 성공적으로 저지했으나, 안타깝게도 병사 28명이 전원 사망했다.

11월 말, 독일군은 엄청난 손실을 입었지만 마침내 모스크바 운하에 도착했다. 그러나 그들은 쉬지 않고 계속 이동해서 나로포민스크의 북쪽과 남쪽에서 동시에 나라 강을 건너 카시라로 진격했디. 그러나 독일의 상황은 자세히 들여다보면 결코 좋다고 말할 수 없다. 소련의 저항은 날로 거세지는 반면 독일 병사는 대부분이 매우 지친 상태였고, 무엇보다 곧 본격적인 겨울이 시작되기 때문이었다. 독일군의 이런 상황을 눈치 챈 소련은 야흐로마, 카시라, 툴라 등지에서 맹렬한 반격 작전을 계획했고, 전쟁의 주도권은 어느새 소련 쪽으로 넘어가고 있었다. 11월 16일부터 12월 5일까지 독일군은 모스크바 부근에서만 사상자 15만 5,000명과 탱크 800대, 대포 300문의 손실이 발생했다. 무엇보다 문제는 이 기간에 독일군의 사기가 현저히 떨어진 것이었다. 이때부터 소련군의 반격은 규모가 점점 커졌고, 독일군의 상황은 갈수록 나빠지기만 했다.

소련의 반격

1941년 12월 5일에 소련군이 전면적인 반격을 시작했지만, 피로에 지친 독일군은 점점 무력해지고 있었다. 독일의 중앙 집단군을 지휘하는 보크는 독일 총참모부에 "이미 어찌해볼 도리가 없게 되었다."라고 상황을 보고했다. 당시 모스크바는 이제 완전히 겨울로 접어들어서 기온은 한낮에도 영하 20도 이하에 머물렀다. 그러나 2개월 안에 소련을 완전히 점령한다는 야심 찬 계획을 세웠던 독일은 월동 준비가 전혀 되지 않은 상태였다. 병사들은 겨울옷도 없고 방한 장비도 없었다. 탱크와 자동차 내부의 물통은 엄청난 추위에 모두 얼어서 깨졌고, 엔진도 멈춰 시동조차 걸리지 않았다. 그러다 보니 겨울옷이나 방한 장비는커녕 식료품같이 일상적으로 받아야 하는 보급조차 원활하지 못했다. 12월 8일, 히틀러는 제39호 작전 명령을 내렸다. 소련에 있는 모든 독일군이 공격에서 방어로 전술을 전환하라는 것이었다. 그러나 히틀러는 절대 후퇴를 용납하지 않았다. 그는 무슨 방법을 써서라도 진지를 유지해 마지막 병사 한 명이 죽는 순간, 마지막 수류탄이 터지는 순간까지 한 발짝도 물러서지 말라고 명령했다. 1942년 1월 5일, 소련군 총참모부는 독일군이 이미 모스크바를 공격할 수 없는 상황이 되었음을 알아차리고 모든 전선에서 반격하기로 결정을 내렸다. 이때부터 4월 하순까지 소련군은 연이어 승리를 거두었다. 독일군은 점점 물러나더니 결국 모스크바에서 수백 킬로미터 떨어진 곳까지 후퇴했고, 모스크바와 코카서스는 마침내 위험에서 벗어났다. 소련은 이 반격 작전을 통해 모스크바를 안전하게 지켰을 뿐만 아니라 칼리닌, 툴라, 랴잔, 스몰렌스크, 오룔, 쿠르스크, 하리코프 등을 되찾았다. 그리고 아직 독일군과 대치하는 레닌그라드에서 유리한 상황을 만들 수 있었다. 독일은 이 기

▼ 모스크바의 맹추위에 떠는 독일 병사

머리와 얼굴을 옷과 모자로 아무리 둘러싸도 눈썹과 수염에 얼음이 맺히는 것을 막지 못했다. 병사들은 눈도 제대로 뜨지 못하며 영하 40도의 혹독한 기온을 견뎌야 했다. 이런 날씨에 익숙하고 두꺼운 겨울옷을 갖춰 입은 소련군이 반격을 시작하면서 전쟁의 주도권은 점차 소련 쪽으로 넘어갔다.

간에 약 50개 사단을 잃고 사상자가 50여만 명이나 발생했는데, 그
중에 얼어 죽거나 동상에 걸린 사람만 10만여 명이었다. 또 탱크
1,300여 대, 대포 2,500문, 자동차 1만 5,000대 및 기타 많은 전쟁 장
비를 잃었다. 나중에 독소 전쟁이 끝난 후 히틀러는 병사들의 기강을
바로잡기 위해 부대에서 도망가거나 명령을 어긴 병사 6만 2,000명에
게 모두 실형을 내렸다. 또 사령관이었던 보크, 구데리안, 브라우히
치(Brauchitsch), 슈트라우스 등도 모두 직위를 박탈당했다.

한편, 모스크바를 지켜낸 소련은 이후 군사 및 정치 분야에서 국
제적으로 위상이 매우 높아졌다. 또한 소련의 승리는 전 세계적으로
반反파시스트의 바람이 더욱 거세지게 하는 계기가 되었다. 하지만
더 중요한 것은 폴란드를 침공한 이후로 계속 승리를 거둔 독일의
전격전이 철저하게 실패했다는 점이었다. 이로써 독일 육군은 절대
패배하지 않는다는 신화는 끝나고 말았다.

진주만 공습

1941년 12월 7일, 일본이 선전포고도 하지 않고 진주만을 공격했다. 이 공격으로 미국은 태평양 함대에 엄청난 손실이 발생했으며, 얼마 후 일본에 정식으로 선전포고했다. 그리고 곧 태평양 전쟁이 시작되면서 미국도 제2차 세계대전에 뛰어들었다. 이로써 전 세계 인구의 80퍼센트 이상이 이 전쟁에 휘말리게 되었다.

남쪽을 향해

유럽과 동아시아의 전쟁터에 죽음의 그림자가 드리울 때도 미국은 여전히 평화로웠다. 대다수 미국인은 지구 한쪽에서 전쟁이 벌어지고 있다는 것을 전혀 인식하지 못했다. 한편, 동아시아의 일본은 당시 재정이 거의 바닥난 상태였다. 1937년 7월 7일에 노구교 사건이 일어난 이래로 4년 동안 일본은 거의 500억 엔에 가까운 전쟁 자금을 지출했다. 이 돈은 메이지 유신 이후 1936년까지 약 70년 동안의 일본 경제 예산 총액과 맛먹는 액수였다. 더 이상 전쟁에 쓸 돈이 없자 일본 군부의 고위 관료들은 동남아 지역까지 전쟁을 확대해서 식민지를 만들고 그곳에서 전쟁 물자를 거둬 들이기로 했다. '전쟁을 통해 전쟁을 한다'는 이상한 논리가 생긴 것이다. 1941년 7월 2일에 일본은 '제국국제강요'라는 문건을 통과시킨 후 "세계의 정세가 어떻게 바뀌든 일본은 반드시 동아시아에서 영광스러운 제국을 건설한다."라고 선언했다. 그리고 10월 18일에 전쟁광 도조 히데키가 일본의 총리 자리에 오르고 육군대신과 내무대신까지 겸했다. 당시 일본 총참모부의 기밀문서인 '전쟁일지'에 이런 기록이 있다. "그 어떠한 상황이 발생하더라도 새로운 내각은 반드시 전쟁을 벌인다. 공격하라! 전투하라! 이것 외에 일본 육군이 나아갈 길은 없다." 일

▼ 일본의 항공모함 쇼카쿠 호에 비행기가 가득 실려 있다. 이 비행기들은 얼마 후 진주만으로 날아가 1차 공습을 했다. 그들의 주요 임무는 미국의 전함을 파괴하고, 진주만의 공항을 습격해서 제공권을 확보하는 것이었다.

본이 태평양 남쪽의 섬나라들을 공격해서 자국의 식민지로 만들려면 미국과의 전쟁을 피할 수 없었다. 특히 하와이에 주둔하는 미국의 태평양 함대는 일본에 눈엣가시와 같은 존재였다. 태평양 함대를 없애지 않으면 일본이 동남아시아와 남태평양의 섬들을 침공할 때 미국의 측면 공격을 받을 것이 분명했다. 11월 4일, 일본은 육·해군 총참모부 회의를 열고 12월 초에 진주만에 주둔하는 미국의 태평양 함대를 공격하기로 했다. 이 작전은 'Z 작전'으로 불렸는데 이 이름은 1905년에 벌어진 러일 전쟁에서 유래했다.

▲ 미국 태평양 함대는 일본의 공격을 꿈에도 생각하지 못했다. 일본의 1, 2차 공습이 벌어진 후 진주만 항구의 거의 모든 곳이 불탔고 전함은 연이어 침몰했다. 사진 속의 침몰 중인 전함은 애리조나 호와 웨스트버지니아 호이다. 그중 애리조나 호에 타고 있던 수병 1,177명은 전원 사망했는데 이는 진주만 공습으로 발생한 총 사망자 수의 거의 절반에 해당한다.

당시 일본 연합함대의 사령관 도고 헤이하치로가 'Z'가 적힌 깃발을 걸어 작전의 시행을 알린 데서 착안한 것이다. 일본은 앞으로 진주만에서 벌일 전쟁도 30여 년 전의 해전처럼 크게 성공하기를 간절히 바랐다. 일본은 먼저 전쟁 의도를 숨기기 위해 태평양 연안과 미국 정부에 특사를 파견했다. 특사들은 진주만 공습 예정일의 불과 20여 일 전까지도 여러 차례 평화 회담을 열어 일본은 태평양에서 미국과 전쟁할 생각이 전혀 없다고 강조했다.

허를 찌른 공격

1941년 11월 23일, 일본 제1항공모함 부대의 사령관 나구모 주이치는 홋카이도 북쪽의 쿠릴 열도에 전함 30여 척을 비밀스럽게 집결했다. 전함 중에는 항공모함 6척도 포함되었다. 함대는 아무도 눈치채지 못하게 완벽하게 숨어 있다가 11월 26일에 서서히 움직이기 시작해 목표물인 진주만에 도착했다. 12월 2일, 일본 연합함대의 사령관 야마모토 이소로쿠가 대기 중인 나구모 주이치에게 최종적으로 확정된 공격 날짜를 보냈다. 그날은 12월 8일로, 하와이 시각으로는 12월 7일 일요일이었다. 그래서 미군은 대부분 휴일을 즐기고 거의 모든 전함이 항구에 정박해 있었다. 게다가 그날은 초승달이 떠서 비밀스럽게 공습하기에 안성맞춤이었다.

하와이 시각으로 12월 6일 23
시, 진주만에서 남쪽으로 7해리
떨어진 바다에서 일본 해군의 소
형 잠수함 5척이 바닷속으로 내
려갔다. 승선 인원이 겨우 두 명
인 이 작은 잠수함들은 한 시간
후에 미국 태평양 함대가 정박한
곳에 성공적으로 잠입했다. 12월
7일 오전 3시, 일본의 전함 30여
척이 진주만 북쪽에서 약 220해
리 떨어진 해역까지 접근했다.
그중 항공모함 6척에서는 공군
조종사들이 잠에서 깨어 도미를
곁들인 일본식 아침 식사를 하고

▲ 일본군의 광기 어린 공습을 받
은 미국은 너무 큰 손실을 입었
다. 공항의 비행기와 격납고에
불이 붙어 검은 연기가 피어오
르고 있다.

있었다. 6시가 되자 일본의 공군 비행기 182대가 연료와 포탄을 가
득 채우고 항공모함에서 한 대씩 이륙했다. 그중에는 급강하 폭격기
49대, 어뢰 공격기 40대, 그리고 엄호 임무를 맡은 전투기 43대도
포함되었다. 한 시간 반이 지난 후, 1차 공습 임무를 받은 이 비행기
들이 진주만 상공에 나타났다. 미국 태평양 함대의 레이더는 이들을
인식했지만 미군은 이를 아군으로 생각하고 아무런 조치도 하지 않
았다. 당시 진주만에는 미국 해군 선박이 94척 있었는데 그중 8척이
전함이었다. 이 전함들이 일본의 첫 번째 공격 목표였다.

1차 공습 부대의 사령관이 미리 약속한 암호 '호랑이! 호랑이! 호
랑이!'를 외친 것과 동시에 진주만은 불바다가 되었다. 주말이었던
까닭에 미군 전함에 남아 있는 병사는 평소의 4분의 3도 채 되지 않
았고, 게다가 배 안으로 물이 들어오는 것을 막는 문도 모두 열려 있
는 상태였다. 특히 항구의 가장 바깥쪽에 정박해 있던 전함 웨스트
버지니아 호는 어뢰 여러 개에 연이어 명중되는 바람에 금방 선체가
기울어졌다. 잠시 후, 선함 애리조나 호가 앞머리에 포탄을 맞고 크
게 폭발해 선체가 완전히 파괴되었다. 그와 함께 검은 연기가 순식
간에 300여 미터 상공까지 치솟았다. 애리조나 호는 빠른 속도로 침
몰했고 전함에 타고 있던 수병 100여 명도 전원 사망했다. 전함 오
클라호마 호도 어뢰에 명중되어 바닷물이 들어오는 바람에 수병

400명과 함께 바다로 침몰했다.

　일본의 1차 공습은 30분가량 계속되었고 이로 말미암은 미국의 손실은 이루 헤아릴 수가 없었다. 하지만 악몽은 아직 끝난 것이 아니었다. 8시 40분에 2차 공습을 수행할 일본의 비행기 176대가 진주만 상공에 등장했다. 이번에는 전함 네바다 호가 주요 공격 목표였다. 혼비백산한 미국 해군 병사들은 가까스로 정신을 차리고 각종 대공 무기로 일본 전투기를 공격했다. 이에 일본 전투기의 공습이 어느 정도 약해진 틈을 타 미국 해군의 예인선 몇 대가 네바다 호를 항구 바깥으로 끌고 나갔다. 덕분에 네바다 호는 침몰을 면했고 진주만의 항로도 어느 정도 확보되었다. 그러자 일본 전투기들은 네바다 호를 포기하고 항구에서 정비 중이던 선함 캘리포니아 호를 집중적으로 공격해 결국 침몰시켰다.

　2차 공습이 끝난 후 진주만의 모습은 처참했다. 거의 모든 지역에서 엄청난 화염이 일어났고 사방이 검은 연기로 가득 찼으며 곳곳에 시체가 널려 있었다. 공습이 진행된 1시간 50분 동안 미국의 전함 8척 중 4척이 침몰했고, 나머지 4척은 심하게 파손되었는데 그중 1척은 손을 쓸 수 없을 정도였다. 전함 외에도 순양함, 구축함과 각종 보조 선박이 침몰하거나 부서졌다. 또 공항에 있던 비행기 188대가 모두 포탄을 맞아 사용할 수 없게 되었다. 사상자는 4,400여 명 발생했으며 그중 사망자는 2,403명이었다. 사실상 미국의 태평양 함대는 거의 완전히 파괴된 셈이었다. 그나마 다행은 항공모함 엔터프라이즈 호는 마침 항구 밖에 있었기 때문에 화를 면한 것이었다. 미국의 처참한 상황과 달리 일본의 손실은 겨우 전투기 29대와 소형 잠수함 5척에 불과했다.

미국의 참전

　일본의 진주만 공습이 성공했다는 소식이 전해지자 총리인 도조 히데키는 12월 8일 오전에 전국으로 연설 방송을 했다. 이 연설에서 그는 온 국민이 사력을 다해 서양 열강을 무너뜨리자고 호소했다. "적을 물리치기 위해, 그리고 동아시아에 새로운 질서를 세우기 위해 온 나라가 장기전에 대비해야 한다." 그날 늦은 저녁에는 일본 정부가 전쟁 선언문을 방송했다. "우리는 선조가 이루지 못한 것을 반드시 이룰 것이다. 전 세계의 죄악의 근원을 빠르게 없애고, 동아시아에 새로운 평화의 기틀을 세워야 한다. 이로써 우리는 일본제국의 영광을 영원히 빛낼 것이다."

같은 날 미국 대통령 루스벨트는 의회에서 국정 보고를 하며 이렇게 말했다. "어제, 그러니까 1941년 12월 7일, 이 치욕의 날을 우리는 반드시 잊지 말아야 합니다. 우리 미국은 일본의 짐승 같은 공격을 받았습니다." 미국 의회는 곧 일본에 정식으로 선전포고할 것을 승인했다. 한편, 영국의 총리 처칠도 진주만 공습 소식을 듣고 매우 놀랐다. 그런데 뜻밖에도 그가 입 밖으로 처음 꺼낸 말은 바로 "좋아! 우리는 반드시 이긴다."였다. 그는 미국

▲ 일본의 공습 후, 진주만의 공항은 불바다로 변했고 짙은 연기가 하늘로 치솟았다. 사진 속의 미국 병사들은 마치 눈앞에 발생한 상황을 직접 보고도 믿지 못하겠다는 듯이 멍하니 불꽃을 바라보고 있다.

이 참전하면 이 전쟁의 판도가 바뀔 것임을 정확히 알고 있었던 것이다. 얼마 후 처칠과 루스벨트는 전화 통화를 했다. 루스벨트는 "이제 우리는 폭풍우 속에서 한 배에 탔습니다."라고 말했고, 처칠은 "미국이 우리 편에 선다면 그것만큼 기쁜 일은 없을 것입니다."라고 대답했다.

일본은 진주만을 공습한 동시에 필리핀과 말레이시아도 공격했고 이후 반년 동안 홍콩, 말레이시아, 싱가포르, 인도네시아, 미얀마, 필리핀, 뉴기니, 뉴브리튼 섬, 뉴아일랜드 섬과 솔로몬 제도 등을 단기간에 점령했다. 이어서 베트남과 태국까지 손에 넣고 통치했다. 이 대대적인 행보의 시작이었던 일본의 진주만 공습은 미국에 엄청난 손실을 안겼고, 미국이 제2차 세계대전에 뛰어들어 영국과 손을 잡는 계기가 되었다.

전술적인 면에서 볼 때 일본은 진주만 공습에서 큰 성공을 거두었다. 하지만 전략적인 측면에서 보면 철저히 잘못된 결정이었다. 일본은 미국이라는 강대국을 전쟁에 끌어들여 강력한 적과 전쟁을 치러야 하는 부담을 자초한 것이다. 그 바람에 이미 재정 곤란에 빠진 일본은 더 많은 전쟁 비용을 지출해야 하는 상황이 되었고, 이것은 그들을 패배로 이끌었다.

독소 전쟁–스탈린그라드 공방전

1942년 7월 28일, 독일과 소련은 스탈린그라드에서 격렬한 전투를 시작했다. 소련의 최고 지도자인 스탈린은 반드시 스탈린그라드를 사수하라고 명령했다. "단 한 발도 뒤로 물러서서는 안 된다. 지금이야말로 절대 후퇴할 수 없다. 끝까지 저항하라. 단 한 뼘의 영토라도 반드시 지켜야 한다. 마지막 피 한 방울이 떨어질 때까지."

스탈린그라드 진격

▼ 폐허 속 전투
건물이 포탄에 맞아 거의 모두 무너져 내리는 상황에서도 용감한 소련 병사들은 계속해서 싸웠다. 사진과 같은 광경은 스탈린그라드 곳곳에서, 예를 들어 기차역, 붉은 10월 공장, 볼가 강 항구 등에서 흔히 볼 수 있었다. 당시 양측의 수많은 병사가 다치거나 죽었고, 스탈린그라드 시내의 모든 땅은 말 그대로 붉게 물들었다.

1942년 4월 초, 히틀러는 모스크바를 섬령하려던 계획이 무산되자 소련 원정군의 주요 병력을 소련의 남쪽에 배치하기로 했다. 이후 여름 내내 독일군은 이곳에서 계속 전투를 벌였다. 코카서스 유전 지대와 돈 강, 쿠반 강 및 볼가 강 하류 지역으로 계속 밀고 들어가서 스탈린그라드를 점령한 후 다시 북쪽으로 치고 올라갈 심산이었다. 이 계획이 성공한다면 우랄 지역과 시베리아까지 압박할 수 있었다. 독일군이 북쪽으로 올라갈 기회를 잡으려면 스탈린그라드

를 점령하는 것이 가장 급선무였다. 스탈린그라드는 볼가 강 하류의 서쪽, 돈 강 하곡의 동쪽에 자리해 교통의 요지였다. 그뿐만 아니라 남북을 잇는 철도의 중심이고 공업 중심지였으며, 주민이 약 60만 명이나 되는 큰 도시였다. 또 이 도시의 서쪽과 남쪽인 돈 강 하류 지대와 쿠반 강 유역, 그리고 남코카서스는 드넓은 곡창 지대일 뿐만 아니라 석유와 석탄이 많이 생산되는 곳이었다. 그뿐만 아니라 1941년에 독일군이 키예프를 점령한 이후로 스탈린그라드는 소련의 중부와 남부를 잇는 유일한 지역이 되었기 때문에 전략적으로 매우 중요했다.

스탈린그라드를 공격하는 임무를 맡은 것은 독일 B집단군의 제6집단군이었다. 파울루스가 지휘하는 제6집단군은 13개 사단 병력인 약 27만 명과 각종 대포 3,000문, 탱크 약 500대, 전투기 약 1,200대를 보유했다. 이에 맞서는 소련군은 1942년 7월 12일에 새롭게 조직된 스탈린그라드 전선군이었다. 이 부대는 8월 7일에 둘로 나뉘어 각각 스탈린그라드 전선군, 남동부 전선군이 되었다. 또 얼마 후 9월 28일에는 스탈린그라드 전선군이 돈 강 전선군, 남동부 전선군은 스탈린그라드 전선군으로 다시 이름을 바꾸어 조직되었다. 소련 총참모부

는 스탈린그라드 방어에 12개 사단 병력 약 16만 명과 각종 대포 2,200문, 탱크 약 400대, 전투기 700대를 투입했다. 사령관은 처음에 티모셴코가 맡았다가 나중에 다시 예레멘코로 바뀌었다. 스탈린그라드 전선군의 임무는 520킬로미터 길이의 돈 강 방어선에서 독일군을 저지하는 것이었다. 스탈린그라드 전선군 중

최정예부대는 추이코프(Chuikov)가 이끄는 제62집단군과 슈밀로프(Shumilov)가 지휘하는 제64집단군이었는데, 이들은 모두 돈 강의 크게 구부러진 부분에 배치되었다. 이 지역은 강을 건너는 가장 짧은 경로여서 매우 중요했기 때문이다. 이 밖에 소련은 스탈린그라드 시민을 동원해서 도시 근교에 네 겹으로 방어 건축물을 세웠고, 이것은 이후의 방어 작전에서 매우 큰 역할을 했다.

1942년 7월 17일, 독일 제6집단군은 소련의 예상대로 돈 강의 크게 구부러진 곳으로 강을 건너려 했다. 그러나 그들은 미리 기다리고 있던 소련의 최정예부대 제62, 제64집단군의 기센 저항을 받아 조금도 전진할 수 없었다. 이에 독일 총참모부는 병력을 더 투입하기로 하고 코가시스에 있던 제4집단군을 스탈린그라드 방향으로 이동시켰다. 8월 2일, 제4집단군의 선두 부대가 스탈린그라드의 서남쪽까지 와서 소련군을 위협했다. 그러자 추이코프는 병력을 재정비해서 8월 5일부터 10일까지 독일의 제4집단군과 교전하여 독일군을 바깥쪽 방어선까지 물러나게 했다.

대혈전

1942년 8월 10일, 소련군은 돈 강 동쪽에 새로운 방어선을 구축했다. 8월 19일에 독일이 새로운 공격을 감행했는데, 그들의 목표는 서쪽과 서남쪽에서 동시에 돌격해 스탈린그라드를 점령하는 것이었다. 이에 소련군은 후방 예비부대의 병력을 스탈린그라드 전선군에 편입시켜 독일의 측면 날개를 공격하기로 했다. 그들은 이 공격을 통해 독일군을 반으로 나누어 무력화하고자 했다. 팽팽한 교전이 계속되면서 독일은 이 지역에 계속 병력을 보충했다. 8월 말에 이르러 스탈린그라드 지역에 주둔하는 독일군은 모두 80개 사단이나 되었다.

9월 12일, 서쪽과 서남쪽에서 진격해온 독일군은 스탈린

▼ 소련군 저격수가 눈밭에서 몸을 숨기기 위해 하얀색 옷을 입고서 진지를 방어하고 있다. 그들이 들고 있는 총은 당시 소련군 저격수들이 주로 사용한 모신나강 M1891, M1930 소총이다. 소련은 독소 전쟁 기간에 이런 총을 수만 개 생산해 군대에 지급했고, 병사들은 이 소총을 친근하게 '모신 동지'라고 불렀다.

그라드의 바로 코앞까지 왔다. 교전하면서 조금씩 밀리던 소련의 제62, 제64집단군은 이제 도시 안으로 들어가서 전투를 벌여야 하는 상황이 되었다. 독일과 소련 양측은 각각 끊임없이 병력을 보충했고, 곧 스탈린그라드의 모든 거리, 모든 건물, 심지어 건물의 각 층까지 모든 곳이 전쟁터가 되었다. 스탈린그라드의 기차역은 일주일 동안 13차례나 '주인'이 바뀔 정도였다. 9월 26일 밤, 야코프 파블로프라는 소련 중사가 정찰소대를 이끌고 스탈린그라드 중심에 있는 4층짜리 아파트를 3일째 지키고 있었다. 그들은 건물 가까이에 다가오는 독일군에게 총알 세례를 퍼부어 끝까지 이 건물을 지켰다. 그래서 이곳은 이후 '파블로프의 집'이라고 불렸고 지금까지도 보존되고 있다. 스탈린그라드를 지키는 것은 군인뿐만이 아니었다. 노동자들도 두려워하지 않고 최후의 승리를 위해 군수 장비의 생산을 계속했다. 특히 붉은 10월 야금冶金 공장의 노동자들은 바로 문밖에서 교전이 벌어지는 데도 아랑곳하지 않고 일했다. 독일군의 탱크가 공장에 가까이 다가오는 것 같으면, 몇 명이 총을 들고 나가서 적을 향해 쏘았으며 나머지 사람들은 묵묵히 생산을 계속했다. 전투가 가장 격렬했던 9월 한 달 동안 이 공장에서는 탱크 200대, 군용 차량 150대를 생산했다. 공장에서 탱크 1대가 완성되면 병사들이 직접 공장으로 와서 타고 나가 바로 전투에 투입되는 일이 다반사였다. 9월 초에 독일이 다시 한 번 지원병 20만 명을 보내자 소련도 6개 보병 사단과 1개 탱크 여단을 파견해 맞섰다. 10월 15일에 독일군은 스탈린그라드의 트랙터 공장을 집중적으로 공격했고, 소련군은 이에 거세게 반격했다.

소련의 반격

소련은 스탈린그라드를 지키기 위해 1942년 10월 9일에 돈 강 전선군을 북부로 이동시켰다. 그리고 10월 25일에 제64집단군이 남부에서부터 독일군의 측면 날개를 공격하기 시작했다. 11월 11일에 독일군이 또 한 번 스탈린그라드를 공격했으나, 소련군의 반격에 막혀 큰 성과를 거두지 못했다. 이때부터 소련의 반격은 연이어 성공했다. 11월 19일 새벽에 소련군은 세라피모비치와 클레츠카야(Kletskaja)에서 돈 강 상륙 작전을 시도해 성공했으며 스탈린그라드 남쪽의 사르파 호수에서도 반격 작전을 펼쳤다. '천왕성 작전'으로 불린 이 작전에는 서남부 전선군, 돈 강 전선군, 스탈린그라드 전선군이 모두 투입되었다. 총 병력은 110만 6,000명이었으며 각종 대포 1만 5,500문, 탱크와 장갑차 1,463대, 전투기 1,350대가 동원되었다. 소련이 이렇게 어마어마한 규모로 반격하자 독일군은 서쪽으로 후퇴할 수밖에 없었다. 11월 23일에 칼라치와 마이코프에 소련의 서남부 전선군과 스탈린그라드 전선군이 다시 집결했다. 이들은 힘을 합쳐 독일의 제6집단군과 제4기갑 집단군 일부를 포위했는데, 이때 포위된 독일군은 모두 22개 사단 병력 약 33만 명에 달했다.

히틀러는 스탈린그라드 지역에서 작전을 수행하던 제6집단군이 겹겹이 포위되었다는 소식을 듣고 매우 화를 냈다. 그리고 제6집단군 사령관 파울루스에게 어떻게 해서든지 포위망을 뚫으라는 전보를 보냈다. 1942년 12월 12일에 소련의 포위망을 뚫고 제6집단군을 구하려는 독일의 구출 작전, 바로 '겨울 폭풍 작전'이 시작되었다. 이 작전을 수행하도록 파견된 독일의 지원 부대는 포위망을 뚫기 위해 온갖 방법을 사용했다. 12월 19일에는 마침내 겹겹이 둘러싼 소련의 포위망을 뚫고 제6집단군과 불과 40킬로미터밖에 떨어지지 않은 곳까지 진격하기도 했다. 그런데 이때 소련군이 과감하게도 독일 지원군의 후방을 측면에서 가르려는 공격을 감행해 이들마저 포위하려고 했다. 독일의 지원군은 급한 대로 하는 수 없이 남쪽으로 후퇴했다. '겨울 폭풍 작전'이 실패하자 독일 총참모부는 파울루스에게 전보를 쳐서 "스스로 포위를 뚫고 나올 것"을 명령했다. 소련군은 29일까지 포위망을 굳건히 지켜 독일의 '겨울 폭풍 작전'을 완전히 무산시켰다. 한편, 포위된 제6집단군은 소련 공군이 제공권까지 확보한 탓에 비행기를 이용한 공중 보급마저 끊겨 정말 어찌해볼 도리가 없는 상황에 몰렸다. 게다가 추운 겨울 날씨에 얼어 죽거나 굶어 죽는 병사가 계속 발생했고 포위망까지 점점 좁혀져 그야말로 진퇴양난이었다.

▼ 파울루스는 1943년에 스탈린그라드 시내에서 생포되었고, 전쟁이 끝난 후 열린 뉘른베르크 전범 재판에서 11년형을 선고받았다. 그는 복역하던 중 1953년에 석방되었으나 얼마 후 1957년에 동독에서 세상을 떠났다.

1943년 1월 8일에 소련이 독일 제6집단군에 당장 항복하라는 최후 통첩을 보냈다. 그러나 파울루스는 히틀러의 명령에 따라 단호하게 거절했다. 이에 10일 새벽 소련군은 대규모 공세를 펼치고 6일 후에는 포위망을 반으로 좁혔다. 24일이 되자 파울루스는 더 버틸 수 없음을 직감했다. 그는 히틀러에게 아직 남아 있는 병사들의 생명이라도 구할 수 있도록 항복을 허락해달라고 전보를 쳤다. 그러나 히틀러는 매우 화를 내며 "항복을 허락하지 않는다! 진지를 사수하라! 최후의 병사, 마지막 총탄 하나가 남을 때까지!"라는 강경한 내용의 답신을 보냈다. 그러면서 파울루스를 원수로 진급시키고, 제6집단군의 장교 117명도 모두 계급을 한 단계씩 올려주었다. 히틀러는 파울루스에게 진급 소식을 알리는 전보를 보내면서 독일 역사에서 적에게 항복한 원수는 없다는 것을 강조했다. 이 말은 최후의 순간까지 절대 항복하지 말고 차라리 자살을 선택하라는 의미였다.

히틀러는 이 방법으로 병사들의 애국심을 불러일으키고 사기를 올리고자 했으나 효과는 전혀 없었다. 포위망은 점점 좁혀졌고, 1943년 1월 27일이 되자 제6집단군은 아무런 저항도 할 수 없었다. 2월 2일, 포위된 독일군 중 많은 병사가 사망했으며 9만 1,000명이 포로로 잡혔는데 그중에는 장군 24명도 있었다. 파울루스는 스탈린그라드 시내의 한 백화점 지하실에 숨어 있다가 생포되었다. 그는 히틀러가 바란 것처럼 자살을 선택하지는 않았다. 2월 3일, 히틀러는 스탈린그라드에서 진지를 잃었으며 수십만 명에 달하는 병사들이 사망했다고 발표하면서 이들을 위해 4일 동안 애도할 것을 선포했다. 그리고 파울루스를 가리켜 '역사에 빛날 군인'이었다고 추모했다.

스탈린그라드를 놓고 싸운 이 전투에서 독일의 사상자와 실종자는 모두 150만 명에 달했는데 이는 독소 전쟁에 참여한 병력의 4분의 1에 해당했다. 이후 소련군은 계속 반격해서 독일군을 국경 끝까지 밀어냈다. 소련이 스탈린그라드의 공방전에서 승리한 것은 독소 전쟁의 승패를 결정지었을 뿐만 아니라 제2차 세계대전 전체의 중요한 전환점 중 하나가 되었다.

미드웨이 해전

1942년 6월 초에 시작된 미드웨이 해전은 태평양 전쟁의 전환점이 되었다. 이 해전에서 일본은 항공모함 4척, 순양함 1척, 전투기 332대, 그리고 병사 2,000여 명을 잃었다. 이에 반해 미국의 손실은 항공모함 1척, 구축함 1척, 전투기 147대와 병사 307명뿐이었다.

결전의 시간

태평양을 장악하고 싶었던 일본은 미국과 결전을 벌이기로 확정하고, 1942년 5월 5일에 세18호 작전 지시를 내렸다. 6월 상순에 일본 해군과 육군이 합동으로 미드웨이 섬 및 알류샨 열도 서부의 전략적 요충지를 공격한다는 내용이었다. 이 밖에 미국의 태평양 함대를 무력화하는 것도 주요 계획이었다. 일본은 이 전투의 주요 공격 목표를 미드웨이 섬으로 결정했다. 태평양 중부에 떠 있는 이 섬에는 미국의 주력 공군 기지가 있었다. 이곳의 공군은 언제든지 일본 본토와 해상을 공격할 수 있었기 때문에 일본으로서는 이 기지의 존재가 줄곧 껄끄러울 수밖에 없었다. 알류샨 열도는 알래스카 반도 끝에 부채꼴로 무리 지어 있는 섬들을 가리킨다. 만약 미군이 알류샨 열도의 여러 섬 가운데 서쪽 끝에 있는 섬에서 공군 전투기를 출동시킨다면 역시 언제든지 일본 본토를 공격할 수 있었다.

일본 연합함대의 사령관 야마모토 이소로쿠는 승리를 위해 동원할 수 있는 모든 병력을 투입하기로 했다. 얼마 후 그의 휘하에 전함 11척, 항공모함 8척, 순양함 23척, 구축함 65척, 잠수함 21척을 포함한 해군 선박 200척, 그리고 해군용 전투기 약 700대가 소집되었다. 이소로쿠는 이 병력을 다음과 같이 여섯 함대로 나누었다. 이소로쿠가 직접 지휘하는 '제1전술함대'는 전함 7척, 경순양

▼ 미국의 항공모함 요크타운 호에서 이륙한 폭격기이다. 이런 폭격기는 일본의 항공모함 아카기 호, 가가 호, 소류 호, 히류 호를 모두 침몰시켜 미드웨이 해전에서 미국이 승리하는 데 큰 역할을 했다.

함 3척, 경항공모함 1척으로 구성되었다. 이소로쿠는 그중 전함 다이와 호에서 지휘했고, 이 함대의 공격 시작점은 미드웨이 섬에서 북서쪽으로 600해리 떨어진 곳이었다. 나구모 주이치가 지휘하는 '제1항공함대'에는 항공모함 아카기 호, 가가 호, 히류 호, 소류 호가 포함되었으며 폭격기 34대, 어뢰공격기 94대, 전투기 120대도 함께 배치되었다. '미드웨이 공격 함대'는 곤도 노부타케가 지휘를 맡았고, 전함 2척, 중순양함 8척, 경순양함 2척, 경항공모함 1척, 수송선 12척, 수상 비행기 2대로 구성되었으며 육군 병력 5,800명도 포함했다. '북쪽 공격 함대'의 사령관은 호소가야 모시로였는데, 알류샨 열도를 공격하는 것이 그들의 임무였다. 이 함대에는 항공모함 류조 호와 준요 호를 주력으로 하는 제2항공함대, 애투 섬과 키스카 섬 공격 부대가 모두 포함되었고 육군 병력 2,400명도 배치되었다. '우선 공격 함대'에는 잠수함 5척이 배치되었다. 이 잠수함들은 본격적인 작전이 시작되기 전에 하와이와 미드웨이 섬 사이의 해역에 흩어져 있다가 진주만에 있는 미국 전함이 미드웨이 섬 쪽으로 이동하지 못하도록 하는 임무를 맡았다. 마지막으로 '제24항공함대'는 어뢰 공격기와 전투기 각 72대를 남태평양의 각 섬에 분산 배치하여 대기하다가 필요할 때 다른 함대의 공격을 지원하기로 했다. 이렇게 나뉜 각 함대는 5월 24일부터 차례로 각자의 작전 지역을 향해 출발했다. 이때 일본은 미드웨이 섬 부근 해역에 있는 미국 해군의 규모가 그다지 크지 않을 것이라고 생각했다. 심지어 그들은 미국의 항공모함인 요크타운 호와 렉싱턴 호가 코럴 해전에서 침몰했다는 잘못된 정보를 믿고 작전을 준비했다. 이러한 잘못된 정보 탓에 태평양 중부에 미군이 거의 없을 것으로 판단한 일본은 미드웨이 섬을 차지하는 것은 식은 죽 먹기라고 생각했다.

침착한 대응

한편, 미국은 첩보 활동을 통해 일본이 미드웨이 해전을 계획한다는 사실을 이미 알고 있었다. 이에 태평양 함대의 사령관인 니미츠는 동원 가능한 모든 병력과 장비를 투입해 미드웨이 해역에서 일본을 막겠다고 다짐했다. 이를 위해 그는 직접 미드웨이 섬으로 가서 방어 시설 등을 시찰하고 필요한 병력과 장비를 확충했다. 미드웨이 섬을 방어하는 병력은 2,000여 명까지 늘어났으며, 해안에는 많은 고사포와 일반 대포가 배치되었다. 또 모래사장 곳곳에 많은 지뢰가 묻혔다. 1942년 6월 초에는 전투기도 이전의 24대에서 120대까지 늘어났다. 니미츠는 이 밖에도 미드웨이 섬에서 100해리, 150해리, 200해리 떨어진 해역에 잠수함 19척을 부채꼴로 배치했다. 그리고 제16특별함대와 제17특별함대를 비밀스럽게 미드웨이 섬 근처로 이동시켰는데 이 중에는 항공모함인 호넷 호, 엔터프라이즈 호, 요크타운 호도 있었다. 이 두 특별함대는 6월 2일에 미드웨이 섬의 북동쪽으로 약 300해리 떨어진 곳에 집합해 조용히 일본 연합함대를 기다렸다. 일본은 미국보다 전투력이 뛰어났을지는 모르나 정보력은 한참 뒤졌다. 이때까지도 일본은 미국이 '미드웨이 섬이 공격받은 후에나 반응할 것'이라는 전제하에 작전을 계획했다. 그들은 미국이 처음부터 거세게 반격할 것이라고는 생각도 하지 못했다.

6월 3일, 일본의 여섯 함대가 각각의 작전 지역에 도착했다. 그리고 전투가 시작된 후에 미군이 지원군을 보내면 이를 저지할 잠수함도 모두 바다 밑에 몰래 숨어들었다. 하지만 미군의 지원군은 이미 그곳을 지나 미드웨이 해역에 가 있는 상황이었다. 같은 날 오전, 미드웨이 섬에서 이륙한 미국의 초계기가 서쪽 600해리 지점에서 상륙 작전을 수행할 육군을 태운 일본의 수송선을 발견했다. 이에 미드웨이 섬에 대기 중이던 B-17 전투기 9대가 즉시 그곳으로 날아가 폭격하여 일본의 수송선과 순양함 각 한 척을 침몰시켰다. 이튿날인 6월 4일 새벽, 미국의 초계기는 미드웨이 섬 북서쪽으로 약 200해리 정도 떨어진 곳에서 일본의 제1항공함대를 발견했다. 이 정보가 전해지자 미드웨이 섬에 있던 미군은 긴급하게 전투태세에 돌입했다. 6시 45분, 일본 제1항공함대의 전투기, 폭격기, 그리고 포탄 대신 어뢰를 단 어뢰 폭격기가 각각 36대, 즉 총 108대가 항공모함에서 이륙했다. 이를 눈치 챈 미군도 즉각 전투기를 이륙시켜 대응했다. 약 30분에 걸쳐 벌어진 공중전에서 미국은 전투기 15대가 추락했고 일본의 손실은 겨우 6대에 불과했다. 이렇게 일본은 손실을 크게 보지 않은 제법 성공적인 전투를 벌였으나, 제1항공함대의 사령관 나구모 주이치는 미국의 빠른 대응에 놀랐다. 그리고 1차 폭격의 효과가 예상한 것만큼 크지 않아 적잖이 당황했다. 그래서 그는 다시 한번 폭격 작전을 해야겠다고 생각했다. 그러나 당시 일본 연합함대의 이륙 가능한 전투기는 대부분 어뢰를 달고 있었다. 어뢰는 바다 밑으로 떨어뜨려 선박을 공격하는 것이므로 공중전에서는 아무런 역할도 하지 못할 것이 뻔했다. 나구모 주이치는 이 점을 고려하여 전투기에서 어뢰를 모두 떼고 포탄으로 바꿔 장착하라고 명령했다. 바로 이때, 그러니까 일본군이 분주하게 어뢰 대신 포탄을 전투기에 달고 있을 때, 미군의 폭격기 부대가 미드웨이 섬에서 일본군 제1항공함대가 있는 곳까지 날아왔다. 나구모 주이치는 전혀 예상치 못한 미군의 출현에 식은땀이 흐를 정도로 놀랐지만, 다행히 대공포 등으로 적을 물리쳤다. 일본의 맞대응으로 미군의 폭격기는 대부분 격추되거나 심한 손상을 입고 돌아갔다.

▲ 니미츠
니미츠는 미국의 유명한 해군 장성이다. 5성 장군인 그는 해군 작전부대 부장을 맡았으며, 제2차 세계대전 때에는 미국 태평양 함대의 총사령관이 되었다. 미드웨이 해전, 레이테 만 해전 등 지금까지도 유명한 미국의 해군 전술 대부분이 그가 계획한 것이다.

바다 위 전쟁

　1942년 6월 4일 7시 45분, 일본군 정찰기가 미드웨이 섬에서 북쪽으로 240해리 떨어진 해역에서 미국의 전함들을 발견했다. 그러자 나구모 주이치는 전투기에 포탄을 장착하는 작업을 즉각 마무리하고 빨리 이륙해서 그 전함들을 공격하라고 명령했다. 30분 후, 정찰기가 새로운 정보를 보내왔다. 그 전함 중 적어도 하나 이상이 항공모함이며, 여기에서 이륙한 미국 폭격기가 제1항공함대 쪽으로 가고 있다는 내용이었다. 이때 아카기 호와 가가 호에 있던 어뢰 폭격기 대부분은 어뢰 대신 포탄을 달고 이륙한 상태였다. 나구모 주이치는 당시 상황이 매우 불리하다고 여기고 하늘에 있는 일본군 비행기에 모두 되돌아올 것을 명령했다. 미드웨이 섬에 두 번째 폭격을 하러 가던 폭격기 부대도 9시 18분까지 모두 돌아왔다. 잠시 후, 미국의 폭격기 부대가 일본군의 시야에 들어왔다. 그러나 그들은 작전 수행 능력이 매우 떨어지는 편이어서 일본군에 그다지 큰 타격을 주지는 못했고 오히려 35대나 격추되었다. 10시 24분에 나구모 주이치는 항공모함 위에 대기 중인 전투기와 폭격기에 다시 한 번 이륙할 것을 명령했다. 그 순간, 하늘의 구름 속에서 미국의 폭격기 50여 대가 갑자기 나타나 일본군 항공모함을 집중적으로 폭격하기 시작했다. 이때 일본의 항공모함 위에는 이제 곧 이륙하기 위해 연료를 가득 넣고 포탄까지 가득 실은 전투기가 빼곡하게 늘어서 있었다. 제1항공함대 중 사령관 나구모 주이치가 타고 있던 기함 아카기 호는 미군의 폭격에 연이어 두 번 명중된 후 급기야는 갑판에 폭발이 일어났다. 그리고 폭발 때문에 붙은 불이 갑판에 빠르게 번져 아카기 호는 금세 작전 능력을 완전히 상실했다. 나구모 주이치는 하는 수 없이 배를 포기하라고 명령했고, 일본군은 6월 5일 새벽에 스스로 어뢰를 발사해서 아카기 호를 침몰시켰다. 가가 호도 상황은 좋지 않았다. 연달아 포탄 네 발에 명중되었는데, 함장은 현장에서 즉사하고 남은 병사들은 우왕좌왕하다가 결국 배를 버리고 탈출했다. 소류 호도 포탄 세 발에 명중되어 갑판 곳곳에 불이 났다. 잠시 후 이 불이 연료 탱크와 탄약고로 번지면서 큰 폭발이 일어나 침몰했다. 하나 남은 히류 호는 가스로 공격을 피해 도망쳤지만, 잠시뿐이었다.

미국의 폭격기 부대는 매우 성공적으로 임무를 완수하고 각자의 항공모함으로 돌아갔고, 미군 특별함대는 계속해서 서쪽으로 진격했

▼ 요크타운 호의 침몰
1942년 6월 4일, 미드웨이 해전 중에 일본의 어뢰에 명중된 요크타운 호가 침몰하고 있다. 그러나 전체적으로 보았을 때 이 해전에서 손실이 큰 쪽은 일본이었다. 일본은 항공모함 4척을 잃었는데 그중 2척은 진주만 공습에도 참여했던 것이다.

다. 12시, 미국의 항공모함 요크타운 호의 정찰기가 북쪽으로 20해리 떨어진 지점에서 히류 호를 발견했다. 적에게 노출된 히류 호는 폭격기 18대와 전투기 6대를 띄워 요크타운 호를 공격하려고 했고, 이에 미군도 전투기를 이륙시켰다. 미군 전투기는 격렬하게 맞섰지만 요크타운 호가 일본군의 포탄 세 발을 맞는 것까지 막지는 못했다. 그래도 천만다행으로 요크타운 호는 폭격으로 손상을 입는 데 그치고 폭발이 일어나지 않아 곧 작전 능력을 회복할 수 있었다. 그러나 잠시 후 오후 2시 26분에 히류 호는 다시 어뢰 폭격기 10대와 전투기 6대를 이륙시켜 요크타운 호를 공격했다. 요크타운 호는 다시 어뢰 두 개에 명중되었는데 이번에는 안타깝게도 운이 따르지 않았다. 배 안으로 물이 들어오고 선체가 기울기 시작하자 사령관은 배를 버릴 것을 명령했다. 다음날, 요크타운 호는 완전히 침몰했다. 뜻하지 않게 요크타운 호를 잃은 미국은 당하고 있지만은 않았다. 미국의 항공모함 엔터프라이즈 호가 히류 호를 향해 폭격기 24대를 출격시켰다. 오후 5시, 잠시 요크타운 호 공격에 성공한 기쁨에 젖어 있던 히류 호는 미국 폭격기의 맹렬한 공격을 받았고 연달아 포탄 네 발에 명중된 후 크게 폭발해 다음날 새벽에 침몰했다.

엘 알라메인 전투

1942년 10월 23일 런던 시각으로 8시, 처칠은 카이로에서 중동군 총사령관 알렉산더가 보낸 전보를 받았다. 내용은 한 단어뿐이었지만, 처칠은 이를 보고 매우 놀라서 즉시 미국 대통령 루스벨트에게 같은 내용의 전보를 보냈다. 전보에 쓰인 한 단어의 그 암호는 영국이 북아프리카의 엘 알라메인에서 독일을 상대로 총공격을 시작했다는 것을 의미했다.

어려운 상황

1942년 6월 21일, 북아프리카에서 영국이 비교적 안전하다고 여기던 투브루크 요새마저 로멜이 이끄는 독일 북아프리카 기갑 군단의 공격을 받았다. 이후 북아프리카 전선에서 영국의 입지는 자꾸만 좁아졌다.

영국 제8집단군은 독일이 알렉산드리아를 넘어 전진하는 것을 막기 위해 엘 알라메인에 방어 시설을 세우기 시작했다. 엘 알라메인은 이집트 북부의 바다와 접하는 도시로 알렉산드리아 항구에서 약 100킬로미터 떨어져 있다. 또 남쪽으로 60킬로미터 정도 가면 이동이 쉽지 않은 카타라 저지低地가 있어 전략적으로 매우 중요한 지역이었다. 영국군은 엘 알라메인을 반드시 지키고자 이곳에서 남쪽의 카타라 저지까지 빠른 속도로 방어선을 구축했다.

얼마 후 엘 알라메인에서 영국 제8집단군과 독일 북아프리카 군단이 대규모 전투를 벌였다. 그 후 지루한 대치 상태가 시작되었고, 8월 15일에 영국군에는 본토에서 새로운 사령관 두 명이 부임해 왔다. 한 명은 영국의 중동군 총사령관으로 임명된 헤럴드 알렉산더, 다른 한 명은 제8집단군의 새로운 사령관 버나드 몽고메리였다. 몽고메리는 1887년에 영국의 한 귀족 집안에서 태어났다. 스물한 살의 젊은 나이에 군대에 들어간 후 줄곧 군인의 길을 걸었고, 제1차 세계대전 기간에 과감한 작전과 전술 수행 능력을 보이며 두각을 드러냈다. 이후 서유럽에서 히틀러가 전격전으로 주변국들을 침공하자 영국은 유럽으로 원정군으로 보냈다. 이때 영국 원정군의 제3사단 사령관이 바로 몽고메리였다. 그는 벨기에와 프랑스 북부에서 독일과 전투를 벌였는데, 전세가 불리해지자 프랑스의 됭케르크로 이동해서 영국으로 돌아왔다. 같은 해 8월, 제8집단군의 사령관이던 고트 (Gott)가 북아프리카에서 비행 정찰을 하던 중에 적군이 발사한 포탄에 맞아 사망했다. 그래서 몽고메리가 급하게 부임하게 된 것이다.

반격 준비

  새로운 사령관으로 임명된 후 몽고메리는 그동안의 전략을 대폭 수정했다. 그의 전략은 더 이상 독일군을 공격하지 않고 엘 알라메인의 방어를 견고히 한 후, 본국에서 지원 병력과 장비가 도착하기를 기다리는 것이었다. 1942년 8월 31일, 독일 북아프리카 기갑 군단의 사령관 로멜은 엘 알라메인에서 영국군을 공격하라고 명령했다. 그는 영국군을 몰아낸 후 단시간에 이 지역을 점령해서 하루빨리 이 지겨운 소모전을 끝내고 싶었다. 하지만 이때는 북아프리카 지역이 일 년 중에 가장 더울 때였고 영국 제8집단군의 저항에 부딪혀 독일군은 결국 큰 성과를 거두지 못했다. 9월 3일까지 병력과 장비에 엄청난 손실을 본 데다 별다른 성과도 거두지 못하자 로멜은 어쩔 수 없이 공격을 중단하고 방어 태세에 들어갔다. 게다가 오랜 기간 전장에 있었던 로멜은 비염이 심했고 간의 건강 상태가 매우 안 좋아져서 9월 말에 병가를 신청하고 오스트리아 빈 남부 지방으로 요양을 떠났다. 히틀러는 로멜의 자리에 슈투메(Stumme) 장군을 임명했다. 북아프리카에서 독일군의 상황은 자꾸만 나빠졌다. 특히 지중해를 통한 해상 운송이 원활하지 못했다. 9월 한 달 동안 북아프리카로 전쟁 장비를 운반하던 추축국 수송선 30퍼센트가 연합군의 공격을 받고 침몰했다. 이러한 상황은 10월이 되면서 더욱 심해져서 피해 선박이 전체의 40퍼센트에 이르렀다. 이로써 보급이 제대로 이루어지지 않은 탓에 독일 북아프리카 군단의 상황은 점점

▼ 엘 알라메인의 몽고메리
엘 알라메인 전투가 끝난 후 몽고메리는 명성이 매우 높아져서 '사막의 여우 로멜을 잡는 사냥꾼'이라는 별명을 얻었다. 이후 그는 백작 작위와 바스 훈장을 받았고 육군 원수가 되었다.

나빠졌다. 그들은 석유나 탄약이 부족했을 뿐만 아니라 심지어는 세 끼 식사를 하는 것조차 사치스럽게 여길 정도가 되었다.

반면에 엘 알라메인에 주둔하는 영국 제8집단군은 병력과 장비를 원활히 공급받았다. 영국 본토에서 제44, 제51사단이 엘 알라메인으로 파견되어 제8집단군의 병력은 23만 명까지 증가했다. 이것은 같은 지역에 주둔하는 독일군 병력의 세 배에 해당했다. 영국의 기갑부대는 7개 여단으로 늘어났고, 탱크는 약 1,200여 대를 보유했다. 그중 반 이상은 미국에서 지원받은 M3 그랜트 탱크 및 최신식 M4 셔먼 중탱크였다. 반면에 독일군이 보유한 탱크는 겨우 540대에 불과했고 대부분이 이탈리아에서 생산한 구식 경탱크였다. 양측의 공군 전투력도 매우 크게 벌어졌다. 영국은 북아프리카와 몰타 등지에서 군용기 약 1,200여 대를 동원할 수 있었지만, 독일은 동원할 수 있는 총 군용기가 350대에 불과했다. 이 밖에 영국은 전투가 벌어졌을 때 엘 알라메인 방어선에서 많은 포병도 투입할 수 있었다.

이때 영국과 미국은 함께 '횃불 작전'을 계획하고 있었다. 이것은 북아프리카 대륙 상륙 작전으로, 영국은 이 작전을 통해 북아프리카 대부분을 점령해서 유럽에서 벌어지는 전쟁 상황을 유리하게 바꾸고자 했다. 작전 계획에 따르면 1942년 11월 8일에 영국-미국 연합군 6개 사단이 수송선 650척에 나눠 타고 모로코, 알제, 그리고 알제리 서부의 오랑에 상륙할 예정이었다. 이들이 안전하게 상륙할 수 있도록 영국 제8집단군은 10월 23일에 미리 독일군에 대규모 공격을 하기로 했다. '민첩한 발'이라고 불린 이 작전 계획에 따라 제8집단군의 제30군이 엘 알라메인 북쪽의 연해 지역에서 주공격을 펼쳤다. 그들의 임무는 적이 만들어놓은 지뢰밭에 안전한 길을 내서 뒤에 따라오는 탱크 부대가 무사히 적의 진지로 진입하게 하는 것이었다. 이와 동시에 제13군이 엘 알라메인 남쪽에서 적을 유인하는 양동 작전을 펴기로 했다. 그들은 이곳에서 독일군의 측면 날개를 포위해 북쪽으로 지원하러 가지 못하도록 해야 했다.

승리

1942년 10월 23일 밤 9시 40분, 보름달이 뜨자 몽고메리는 '민첩한 발' 작전을 시작하라고 명령했다. 이에 따라 영국군은 우선 진지의 최전방에 1,000문에 가까운 대포를 모아놓고 적을 향해 발포하기

◀ 영국 제8집단군의 사령관 몽고메리(왼쪽 첫 번째)는 독일의 항복을 받아들였다. 엘 알라메인 전투는 북아프리카 전쟁의 전환점이 되었으며, 영국 총리 처칠은 이때의 상황을 회고하며 이렇게 말했다. "엘 알라메인 전투 이전에는 제대로 승리한 적이 없었는데, 이 전투 이후로 우리는 패배하지 않았다."

시작했다. 이는 북아프리카에서 전쟁이 벌어진 이후로 가장 큰 규모였다. 잠시 후, 독일군의 최전방 진지는 불바다가 되었다. 그러자 영국군은 포격을 끝내고 지면 공격을 시작했다. 다음날 어스름한 새벽, 제30군의 선두 부대가 먼저 적의 방어선 내부로 깊숙이 들어갔다. 그런데 뒤에 따라올 탱크 부대의 이동 경로를 확보하는 것은 계획한 것만큼 쉽지 않았다. 특히 미테이리야 능선에서는 더욱 그랬다. 게다가 독일의 기갑사단은 길이 완전히 막혀서 전진할 수 없었지만 계속해서 영국군에 완강하게 반격했다. 전체적으로 볼 때 제30군의 상황은 결코 낙관적이라고 할 수 없었다. 양동 작전을 벌이기로 한 제13군의 상황도 좋지 않았다. 그들은 독일 2개 기갑사단의 발을 묶기는 했지만, 정작 바로 앞에 있는 적의 방어선을 뚫을 방법은 찾지 못했다.

영국군의 갑작스러운 반격을 받은 독일군은 매우 당황했다. 설상가상으로 독일 북아프리카 군단의 사령관 슈투메는 영국이 공격을 시작하자마자 심장병으로 돌연사했다. 10월 24일 오후, 다급해진 히틀러는 빈 남부에서 요양 중이던 로멜을 급히 불러들였다. 그다음날인 25일 저녁에 로멜은 전용기를 타고 북아프리카로 돌아와 다시 북아프리카 군단의 지휘권을 넘겨받았다. 하지만 북아프리카에서 독일군의 상황은 이미 심각한 지경에 이르렀다. 방어선 모두 크게

▶ **연료가 부족해서 멈춰버린 독일군의 탱크**
1942년 10월 말부터 11월까지 영국 제8집단군과 독일 북아프리카 군단은 격렬한 전투를 벌였다. 이 전투에서 화력, 병력, 그리고 보급에서 모두 우위에 있었던 영국이 최종 승리를 거두었다.

약해진 상태여서 어느 한 곳이라도 뚫리면 모든 전선이 다 무너질 판이었다. 이에 로멜은 동원 가능한 모든 부대를 최전방 방어선에 집중시키고 군데군데 비어 있는 곳에 병력을 채워넣어 어떻게 해서든지 방어선을 지키려고 했다. 그러나 그는 독일의 패배가 머지않았다는 사실을 직감하고 있었다. 무엇보다 큰 문제는 바로 영국이 하늘을 장악했다는 점이었다. 영국은 마음만 먹으면 언제든지 독일 진영을 폭격할 수 있었다.

10월 26일에 양측은 계속해서 격렬하게 전투를 벌였고, 미테이리야 능선에서는 더욱 치열하게 싸웠다. 하늘에서도 양측의 전투기가 서로의 진지를 향해 대규모 폭격을 계속했다. 로멜은 남쪽에서 영국의 양동 작전에 휘말린 것을 알고 영국 제13군에 포위된 2개 기갑사단을 탈출시켜 북쪽으로 끌어올리려고 했다. 그러나 이 부대들은 포위망을 뚫고 북쪽으로 이동하려다가 도리어 영국의 대규모 폭격을 받아 전투력을 거의 잃었다. 이때 영국 제8집단군 사령관 몽고메리는 군대를 재배치하면서 대부분 병력을 미테이리야 지역에 집중시켰다. 그는 탱크가 독일 진지로 들어가려면 어떻게 해서든 이곳을 뚫어야 한다고 생각했다. 11월 2일부터 시작된 이 작전이 바로 '슈퍼 차지(super-charge) 작전' 이다.

11월 2일 새벽, 영국은 미테이리야에서 대포 300문으로 적을 향해 포격했다. 그리고 잠시 후 보병부대와 기갑부대로 구성된 선두 부대가 동시에 적의 진지를 향해 돌진했다. 이들은 탱크 공격용 무기를 이용한 독일의 거센 반격을 받았지만, 후속 부대를 위해 시간을 버는 임무를 훌륭하게 해냈다. 영국의 후속 부대는 제1기갑사단이었다. 그들은 미테이리야를 방어하는 독일군과 최후의 결전을 벌여 마침내 방어선을 뚫었고, 대기하던 영국군도 모두 이곳을 통해 독일의 진지로 진격했다. 그날 저녁, 패배를 직감한 로멜은 히틀러에게 영국군에 완전히 포위되기 전에 서쪽으로 65킬로미터 떨어진 푸카로 후퇴하는 것을 허락해달라고 전보를 보냈다. 다음날 히틀러는 로멜에게 '절대 한 걸음도 물러서지 말고 진지를 지킬 것!'이라고 답신을 보냈다. 그러나 버텨봤자 자신들을 기다리고 있는 것은 죽음뿐이라는 사실을 알고 있던 로멜은 결국 후퇴를 결정했다. 로멜은 군사 재판에 넘겨질 위험을 무릅쓰고 11월 4일 저녁부터 15일에 걸쳐 남아 있는 북아프리카 군단을 이끌고 후퇴하기 시작했다. 이미 병사 3만 5,000명, 탱크 60대밖에 남지 않은 독일군은 1,140여 킬로미터를 이동해서 벵가지 서쪽 지역까지 갔다. 이렇게 해서 영국은 엘 알라메인 전투에서 완벽하게 승리했고, 크게는 북아프리카 전쟁에서 확실하게 전쟁의 주도권을 잡았다.

카사블랑카 회담

1943년 1월 14일부터 24일까지 당시 미국 대통령 루스벨트와 영국 총리 처칠이 모로코의 카사블랑카에서 회담했다. 두 사람은 독일, 이탈리아, 일본에 대해 그해에 벌일 작전 계획을 의논하고 합의했으며, 추축국의 무조건 항복을 촉구했다.

정상들의 만남

▼ 탱크 위의 패튼

패튼은 북아프리카의 사막에서 군대를 지휘하며 작전을 수행했다. 기족 출신인 패튼은 제2차 세계대전에서 수많은 공을 세웠고, 말투가 매우 거칠었다고 알려졌다. 그의 탁월한 지휘 능력은 적들마저 감탄해 마지않았는데, 독일의 유명한 지휘관인 룬트슈테트, 로멜 같은 사람들도 패튼과 전투를 한 것이 영광이라고 말할 정도였다. 이 사진은 1942년에 촬영되었다.

1942년 가을, 영국의 총참모부가 세운 유럽 대륙 반격 작전은 다음과 같다. 우선 북아프리카에서 독일을 완벽하게 무찌른 다음 상대적으로 방어가 약한 시칠리아에 상륙해서 이탈리아를 제압한다. 그리고 다시 독일의 중심부까지 들어가 최종적으로 승리를 거둔다. 처칠은 이 작전 계획에 기본적으로 동의하고, 그 첫 단계로 북아프리카 대륙 상륙 작전인 '횃불 작전'을 실행했다. 이 작전은 계획대로 크게 성공해서 북아프리카에 남아 있는 독일군은 거의 전멸하다시피 했다. 계획대로라면 그다음 목표는 이탈리아였다. 그런데 이때 처칠은 머릿속에 새로운 계획을 구상하고 있었다. 그는 미국과 연합해 이탈리아가 아닌 프랑스 연안에서 대규모 상륙 작전을 감행하는 것이 좋겠다고 생각했다. 이렇게 계획을 바꾼 데는 두 가지 이유가 있었다. 첫 번째는 소련이 스탈린그라드 공방전에서 거의

승리하고 있었기 때문이다. 처칠은 소련이 모든 역량을 동원해서 독일과 전투 중인 상황에서 영국이 독일을 내버려두고 이탈리아와 전쟁을 벌인다면 스탈린의 반감을 살 수 있다고 생각했다. 그렇게 되어 스탈린과 사이가 나빠지면 유럽 대륙 전체에 영향이 미칠지 모르는 일이었다. 두 번째 이유는 미국의 상황이었다. 당시 미국은 과달카날 섬에서 일본과 치열하게 전투를 벌이고 있었다. 따라서 태평양의 상황이 더 악화한다면 미국은 영국에 주둔한 군대를 태평양으로 이동시킬 수 있다. 그러면 정작 영국이 독일과 전투를 벌일 때 미국의 지원을 전혀 받지 못할 것이다. 그래서 처칠은 그전에 미국과 연합해서 독일과 전투를 벌이고 싶었다.

처칠의 계획을 들은 미국 육군 참모총장 조지 마셜은 매우 흥분했다. 그도 줄곧 미국-영국 연합군이 영국 해협을 건너 프랑스 연안에 상륙해서 독일과 직접 전투를 벌여야 한다고 주장해왔기 때문이다.

마셜은 즉시 루스벨트 대통령에게 보고했고, 루스벨트도 긍정적인 반응을 보였다. 그리고 루스벨트는 이 계획에 성공하려면 소련과도 협력해야 한다고 생각하고 처칠과의 회담에 스탈린도 초청할 것을 제안했다. 그는 세 나라의 정상이 만나면 당장의 작전 계획뿐만 아니라 전쟁이 끝난 후의 문제까지 논의할 수 있으리라고 보았다. 1942년 12월 2일, 루스벨트는 스탈린에게 편지를 썼다. "내가 당신과의 회담을 간절히 바란다는 사실에 나 자신도 매우 놀랐습니다. 내가 생각하기에 1월 15일에서 20일 사이에 우리 셋이 북아프리카에서 비밀리에 만나는 것이 가장 좋을 것 같습니다." 처칠도 외교적 예의를 다해 스탈린에게 회담에 나와달라고 요청했다. 그러나 사실 뼛속 깊이 반공反共 사상이 배어 있는 그는 스탈린이 오든지 말든지 관심이 없었다. 더 정확하게 말하자면, 괜히 공산주의자들을 불렀다가 회담이 잘 이루어지지 못할까 봐 그들을 피하고 싶었다.

12월 6일에 스탈린이 답변을 보내왔다. 그는 지금 소련이 독일과 매우 긴박하게 전쟁 중이라는 이유를 들어 회담 요청을 정중히 거절했다. "매우 유감스럽게도 나는 소련을 떠날 수가 없군요. 지금은 우리 소련에 매우 중요한 시기이므로 나는 한시라도 이곳을 비울 수가 없을 것 같습니다." 대신 그는 한편으로 세 나라의 정상이 만나서 독일 문제에 대해 의견을 나누는 것은 매우 중요한 일이라는 데 동의했다. 그러니 미국과 영국이 회담 후 어떤 방식으로 독일을 공격할지 알려주었으면 좋겠다고 했다. 루스벨트와 처칠은 곧바로 회담 시각과 장소에 대해 세세하게 논의한 후, 1943년 1월 중순에 북아프리카 모로코의 카사블랑카에서 만나자고 약속했다.

반격 계획

1943년 1월 12일, 처칠이 먼저 카사블랑카에 도착했고 이틀 후에 루스벨트도 왔다. 이후 1월 24일까지 양측은 당시의 전쟁 상황과 앞으로의 계획에 대해 의견을 나누었다. 당시 그들이 나눈 이야기의 상세한 내용은 철저하게 비밀에 부쳐지다가 제2차 세계대전이 끝나고 7년 후인 1952년에야 외부에 공개되었다. 그 내용에 의하면 미국은 영국이 제안한 지중해 연안 공격 계획에 동의했고, 영국은 미국이 태평양, 동아시아 지역에서 진행하는 군사 작전을 지지했다. 회담 전에 프랑스 연안을 공격하겠다고 한 처칠의 계획은 루스벨트와의 토론 끝에 결국 이탈리아의 시칠리아에 상륙하는 작전으로 다시 변경된 것이다. 미국 육군 참모총장 마셜은 이 결정에 매우 실망했지만 받아들일 수밖에 없었다. 이 밖에 미국과 영국은 독일이 내세우는 기본 전략을 무너뜨려야 한다는 데 의견을 모았다. 그리고 되니츠의 '이리떼' 잠수함들이 미국과 영국의 수송선을 닥치는 대로 파괴하고 있으니 대서양에서 독일이 펼치는 무제한 잠수함 작전을 막는 것이 우선 할 일이라는 데 동의했다. 아울러 소련에 대해서도 의견을 나누었으며, 미국-영국 연합군이 전투를 벌일 때 가장 중요한 것은 장비와 식량의 보급로 확보라는 점에도 동의했다.

처칠과 루스벨트는 반격 작전을 크게 세 단계로 나누었다. 첫째는 지중해에서 영국과 미국의 선박이 안전하게 항해할 수 있도록 시칠리아에 상륙 작전을 펴는 것이다. 다음은 1943년 8월부터 9월 사이에 이번에는 프랑스 연안에 상륙해서 독일군을 대규모로 공격하는 것이며, 마지막으로는 영국-미국 연합 공군이 독일군에 대규모 폭격을 시도해서 독일의 전쟁 장비를 훼손하는 것이었다. 이 세 단계 작전을 효과적으로 수행하기 위해 두 나라는 미국의 아이젠하워를 연합군 최고사령관으로 임명하고 부사령관에는 영국의 알렉산더를 임명했다. 아이젠하워는 주로 육군의 작전을 주도하고, 지중해에서 해군과 공군을 움직이는 것은 주로 알렉산더가 맡아서 하기로 했다. 처칠이 연합군 최고지휘관에 미국인인 아이젠하워를 임명하는 데 동의한 이유는 두 가지였다. 하나는 미국이 지중해에 계속 관심을 쏟게 하려는 것이고, 다른 하나는 연합군에 참여한 프랑스인들이 영국인의 지시를 받는다는 기분이 들지 않도록 하기 위한 것이었다.

영국은 미국이 일본에 대해 세운 계획에 전적으로 찬성했고, 두 나라가 함께 일본에 대해 작전을 수행하는 것에 동의했다. 처칠과 루스벨트는 당시 솔로몬 제도와 뉴기니 연안에서 수행되고 있던 작전을 라바울과 티모르 섬까지 확대하기로 했다. 이 밖에도 연합군은 태평양 중부를 가로질러 트루크 제도와 괌을 각각 공격한 다음, 북태평양으로 이동해 알류샨 제도 중 일본이 점령한 섬 두 곳까지 진격하자고 합의했다. 또 미얀마에서는 중국과 연합해 세 나라가 함께 전투를 벌이기로 했다.

카사블랑카 회담에서 결정된 사항들이 관련 국가 모두를 만족시키지는 못했다. 그중 소련의 불만이 제일 컸다. 그들은 영국과 미국

일기 쓰는 소녀

1929년, 독일의 한 유대인 집안에서 안네 프랑크라는 여자 아이가 태어났다. 제2차 세계대전이 벌어지면서 나치의 유대인 박해가 더욱 심해지자 안네의 아버지는 1942년에 온 가족을 데리고 암스테르담 프린선흐라흐트 거리 263번지에 있는 밀실에 숨어들었다. 쥐처럼 어둠 속에서 생활하는 동안에도 안네는 분홍색 일기장에 계속 일기를 썼다. 1944년 8월 4일, 게슈타포가 밀실에 들이닥쳤고, 안네의 가족은 결국 아우슈비츠 수용소로 끌려갔다. 이후 그녀의 일기장은 그동안 안네의 가족을 위해 음식을 보내주던 마음씨 착한 사람들이 보관했다. 1945년 3월, 안네는 수용소에서 병들어 사망하고 베를린 병영의 구덩이에 묻혔다. 제2차 세계대전이 끝난 후 안네의 아버지는 친구에게서 딸의 일기장을 전해받은 후 그 내용을 정리해서 출판했다. 이 책이 바로 유명한 《안네의 일기》이다. 이 책은 지금까지 55만 개 언어로 번역되어 전 세계적으로 3,000만 권가량 출판되었다.

▲ 연설 중인 드골

프랑스의 가톨릭 집안에서 태어난 드골은 제1차 세계대전이 벌어졌을 때 페탱 원수의 참모로서 군사 전략과 이론을 깊이 연구했다. 그러나 페탱이 나치 독일에 굴복하고 비시 정부의 수반이 되자 크게 실망했다. 당시까지만 해도 프랑스 정계에 전혀 알려지지 않았던 드골은 가장 먼저 민족의 해방을 부르짖으며 '자유 프랑스'라는 구호를 외치기 시작했다.

이 최대한 빨리 프랑스 연안 상륙 작전을 벌여서 독일군과 전투를 벌이길 바랐다. 그러면 독일의 주의가 분산되어 독소 전쟁에서 소련이 유리해질 수 있다고 생각했기 때문이다. 그런데 회담 결과 프랑스 연안 상륙 작전은 8월이나 9월에 하는 것으로 결정된 것에 대해 매우 불만스러워했다. 이는 적어도 앞으로 8개월은 더 혼자 힘으로 독일과 전투를 치러야 한다는 의미였기 때문이다. 얼마 후 튀니지에서 벌인 전투가 교착 상태에 빠지자 스탈린은 영국과 미국이 다른 데 속셈이 있는 것은 아닌지 의심하기까지 했다.

무조건 항복

카사블랑카 회담에서 결정된 사항 중에 중요한 것이 하나 더 있다. 바로 추축국의 항복 조건이었다. 루스벨트는 회담이 시작되기 전부터 추축국에 '무조건 항복'을 촉구해야 한다고 생각하고 있었다. 그러나 루스벨트의 의견을 들은 처칠은 이에 동의하지 않았다. 처칠은 독일과 일본에 대해서는 이 항복 조건을 촉구하는 데 동의하지만, 이것을 이탈리아에 적용하는 데는 문제가 있다고 말했다. 그런데 회담이 끝난 후 열린 기자 간담회에서 루스벨트가 느닷없이 모든 추축국에 '무조건 항복'을 촉구한다고 말해 버렸다. 처칠은 루스벨트가 자신의 동의도 얻지 않고 섣불리 이런 말을 한 것에 매우 당혹스러운 표정을 감추지 못했지만 별다른 말을 하지는 않았다. 그런데 루스벨트는 왜 이렇게 예의에 어긋나는 행동을 했을까? 루스벨트의 이런 행동에는 매우 여러 가지 의도가 숨겨져 있었다. 우선 그는 자신의 발언이 추축국에 큰 위협이 되길 바랐다. 또 당시 미국 내에 일고 있던 미국이 추축국과 모종의 거래를 했을 것이라는 소문을 잠재우고 동시에 반反나치 운동이 더욱 거세지기를 바랐다. 마지막으로 그는 이 발언을 통해 미국은 끝까지 연합국의 편에 설 것이며 절대 단독으로 추축국과 평화 조약 같은 것을 맺지 않겠다는 메시지를 소련에 전하고 싶었다.

이 밖에 프랑스 문제도 매우 중요하게 다루어졌다. 처칠과 루스벨트는 각자가 지지하는 프랑스 정부의 지도자를 회담에 초청했다. 이를 통해 프랑스의 지도자들이 싸움을 멈추고 단결하기를 바란 것이다. 처칠이 초대한 드골은 영국의 지원을 받던 '자유 프랑스'의 지도자였다. 그리고 루스벨트가 초청한 앙리 지로는 독일이 프랑스를 침공했을 때 미국 특공대가 프랑스 남부 지역에서 구출한 정치인이었다. 미국은 줄곧 그를 지지하면서 나중에 전쟁이 끝나면 그가 프랑스의 지도자가 되기를 바랐다. 드골과 지로는 카사블랑카에서 만나서 이야기를 나누었지만, 서로 간의 견해 차이와 감정의 깊은 골은 쉽게 메워지지 않았다. 1943년 1월 24일, 드골과 지로는 처칠과 루스벨트 앞에서 '억지 악수'를 나누고 함께 '프랑스 민족 해방 위원회'를 조직하기로 했지만 이후에도 두 사람 사이의 진정한 협력은 이루어지지 않았다.

카사블랑카 회담에서 결정된 사항은 시칠리아 상륙 작전처럼 실행된 것도 있지만 그렇지 않은 것도 있었다. 하지만 전체적으로 보면 회담은 매우 성공적이었다. 이 회담을 통해 영국과 미국은 협력을 강화했고 공동으로 추축국을 공격하는 작전 계획의 기틀을 세웠다.

쿠르스크 전투

쿠르스크에서 독일이 참패하자 한 기자가 소련의 육군 부사령관 게오르기 주코프에게 독일이 패배한 원인을 물었다. 그러자 주코프는 이렇게 대답했다. "독일군은 전술적으로 아무런 문제가 없었습니다. 그들의 문제는 오로지 히틀러를 지도자로 삼았다는 것이죠. 그것이 바로 그들의 가장 큰 실수입니다."

돌출부를 공격하라

스탈린그라드를 끝까지 지켜낸 소련은 여세를 몰아 1943년 2월 15일에 우크라이나 제2의 도시인 하리코프를 되찾았다. 이후 소련의 남부에 주둔하던 독일군은 사기가 크게 떨어졌고, 추축국 사이에서 독일의 영향력도 크게 약화되었다. 여러 가지 불리한 상황이 계속되자 히틀러는 큰 타격을 입은 B집단군을 해체하고 새롭게 남부 집단군을 편성했다. 지휘 능력이 뛰어난 만슈타인이 남부 집단군의 첫 사령관으로 임명되었다. 2월 19일에 만슈타인은 남부 집단군을

▼ 동료와 작전을 분석 중인 만슈타인

만슈타인은 '낫질 작전'을 계획해서 히틀러의 총애를 한 몸에 받았다. 그러나 나중에 스탈린그라드 공방전, 쿠르스크 전투에서 연이어 패하면서 히틀러와 사이가 나빠졌고 원수의 직위도 박탈당했다.

이끌고 도네츠 강과 드네프르 강 사이에서 반격을 시작했고 한 달 후에 하리코프를 다시 점령했다. 독일의 반격에 당한 소련군은 쿠르스크 남쪽의 오보얀 일대까지 후퇴한 후 쿠르스크를 중심으로 하는 돌출된 방어선을 형성했다. 돌출부의 북쪽에는 독일의 중앙 집단군이 오룔 지역을 장악하고 있었고, 남쪽에는 독일의 남부 집단군이 벨고로트 지역을 장악하고 있었다. 다시 말해 돌출부의 한가운데에 자리 잡은 소련의 중앙 전선군과 보로네시 전선군은 마치 남북으로 독일군에 끼어 있는 것과 마찬가지였다.

히틀러는 독소 전쟁에서 점점 기울어 가는 전세를 뒤집고 동시에 파시스트 집단의 내부 분열을 방지하기 위해 대규모 공격을 계획했다. 그는 이 공격으로 독소 전쟁의 주도권을 되찾아오려고 했다. 독일의 총참모부는 이를 위해

쿠르스크 방어선의 돌출부를 매우 잘 활용해야 한다고 생각하고 남쪽, 북쪽 양방향으로 이곳을 공격하기로 했다. 우선 이곳에 주둔한 소련군을 격퇴한 후 다시 서남부 전선군의 후방을 공격해서 큰 승리를 거둔다는 것이 그들의 계획이었다. 독일은 이 전투를 수행할 부대로 중앙 집단군과 남부 집단군을 선택했다. 이 두 집단군은 50개 사단과 많은 독립 부대로 구성되었으며, 총 병력이 90여만 명이고 각종 대포가 약 1만 문, 탱크 등 장갑 차량이 약 2,700대, 비행기 2,050대를 보유하고 있었다. 이번 전투에서 꼭 이겨야 했던 독일은 당시 독소 전쟁에 투입된 전체 기갑사단의 70퍼센트, 군용기의 65퍼센트 이상을 배치했다. 이 밖에 독일은 새로 개발한 탱크인 '타이거 I'과 '판터'를 비롯한 다양한 신식 무기를 투입했다.

소련군은 원래 서남쪽으로 반격하려던 계획이었다. 그런데 독일군이 쿠르스크 방어선의 돌출부에서 무언가를 계획 중이라는 정보를 듣고는 잠시 기다리며 방어에 주력하기로 했다. 방어를 잘해내서 독일군의 전투력을 저하시킨 후 틈을 노려 반격할 계획이었다. 소련은 이를 위해 쿠르스크 지역에 병력 133만 6,000명을 집결시켰고, 탱크 3,600대, 대포 2만 문, 군용기 3,130대를 투입했다. 또 진지를 굳건히 지키기 위해 거의 완벽에 가까운 참호를 건설하고 많은 방어 시설물을 세웠다. 가장 바깥의 방어선에서 진영 중심까지의 거리는 300킬로미터나 되었다.

1943년 7월 4일 저녁, 소련 근위대 제6집단군의 정찰부대가 독일 보병 한 명을 생포하여 그로부터 독일이 다음날 새벽에 공격을 시작한다는 정보를 얻었다. 이에 쿠르스크를 지휘하던 주코프와 바실렙스키는 먼저 선수를 쳐서 적을 제압하고자 했다. 7월 5일 새벽 1시, 소련군은 대규모 폭격을 시작했다. 전혀 예상치 못한 소련의 공격에 독일은 계획한 작전을 시작해보지도 못하고 수정해야 했다. 그들은 결국 공격 개시 시간을 세 시간이나 늦췄다. 새벽 5시경, 북쪽에 있던 중앙 집단군이 오룔에서 출발해 남쪽으로 진격했고, 남쪽에 있던 남부 집단군은 벨고로트에서 북쪽으로 전진했다. 이날 독일군은 탱크와 장갑차 약 500대를 투입해서 소련군 진지 안으로 수십 킬로미터나 들어갔다. 이때까지의 상황을 보면 독일의 공격은 성공한 것 같았다. 그러나 7월 6일 소련의 중앙 집단군이 반격을 시작했고, 동시에 공군도 독일군이 더 이상 전진하지 못하도록 하늘에서 지원 사격을 계속했다. 독일군은 7월 11일까지 수많은 사상자를 내고도 소련군 진지 안으로 10~12킬로미터 정도밖에 들어가지 못했다.

치열한 교전

1943년 7월 11일, 양측이 지루하게 대치하는 상황이 되자 만슈타인은 독일의 최정예 기갑부대를 동원해서 새롭게 반격하기로 했다. 다음날 독일의 기갑부대는 프로호로프카 지역에서 소련 근위대 제5기갑 집단군,

▲ 소련군 제62집단군 병사들이 37밀리미터의 탱크 공격용 대포로 적을 공격하고 있다. 병사들이 등에 메고 있는 것은 모신 나강 보총으로, 이것은 20세기에 벌어진 거의 모든 전쟁에서 등장한다.

제5집단군 일부와 맞닥뜨렸다. 쌍방은 모두 1,500대에 달하는 탱크를 동원해서 제2차 세계대전 중 가장 규모가 큰 탱크전을 벌였다. 이날 소련군은 탱크 약 850대를 동원했고 독일은 약 650대를 동원했다. 양측은 15제곱킬로미터의 좁은 땅에서 서로 엉키고 부딪혀 가며 싸우는 '탱크 육탄전'을 벌였다. 독일의 탱크 중 가장 앞서 나간 것은 타이거 I이었다. 그러나 이 탱크는 속도가 시속 20킬로미터도 채 되지 않았기 때문에 뒤에 대기하던 탱크들까지 서로 뒤엉켜 나아가질 못했다. 반면에 소련의 탱크 T-34는 매우 민첩해서 적진을 과감하게 가로지르는 전술을 시도했다. 이런 탱크들은 속도를 충분히 올려서 나아간 후 독일의 기갑 집단군과 매우 가까운 거리에서 교전을 벌였다. 유럽 대륙에서 동에 번쩍, 서에 번쩍하던 독일의 기갑부대는 좁은 지역에서 이동력이 떨어지는 한계를 드러냈다. 잠시 후 위풍당당한 소련의 기갑부대가 공격에 투입되었다. 이 전투에서 독일은 탱크를 거의 400대나 잃었다. 병사 1만여 명이 사망했으며, 적들에게 공포의 대상이던 독일의 기갑부대는 쓰디쓴 패배를 맛보아야만 했다. 이후 독소 전쟁에 투입된 독일군은 거의 모든 전선에서 공격보다는 방어에 집중하는 작전을 선택했다. 나중에 프로호로프카 남쪽 지역에서 소규모로 공격한 것을 제외하고는 한동안 먼저 공격을 하지 않았다.

같은 날 소련 서부 전선군의 제11집단군과 브랸스크 전선군이 오룔을 방어하던 독일 제2기갑 집단군과 제9집단군에 반격을 시작했

다. 7월 15일, 소련 중앙 전선군이 오룔 지역의 독일군을 향해 돌격하자 다급해진 독일은 이동 가능한 모든 병력을 오룔로 보냈다. 그러나 소련이 공세를 멈추지 않고 예비부대까지 동원해서 저항하자 독일군은 별 수 없이 7월 16일부터 후퇴를 시작했다. 8월 5일, 브랸스크 전선군은 서부 전선군, 중앙 전선군과 함께 독일이 2년이나 점거하고 있던 오룔 지역을 되찾았다. 같은 날 남쪽에서도 벨고로트를 되찾았다는 소식이 들려왔다. 스탈린은 이 승리를 매우 기뻐하며 경축 행사를 하라고 명령했다. 그날 밤 0시에 모스크바에서는 대포 120문이 축포 열두 발을 쏘아 승리를 자축했는데, 이것은 전쟁이 시작된 후 처음 있는 경축 행사였다.

8월 11일, 소련의 보로네시 전선군은 아흐티르카, 보롬랴, 코텔바까지 진격했다. 제1기갑 집단군은 하리코프와 폴타바를 잇는 철로를 차단한 후, 서쪽에서부터 하리코프까지 공격해 들어갔다. 하리코프는 아직 독일이 장악한 지역이었다. 같은 날 초원 전선군도 하리코프 바깥쪽 방어선 가까이에 도착했다. 하리코프가 위험해지자 독일 총참모부는 즉각 도네츠 분지에 있던 예비부대를 하리코프 방어 작전에 투입해서 보고두호프의 남쪽 지역 및 아흐티르카에서 반격했다. 그러나 독일은 사기가 오를 대로 오른 소련의 강한 공세를 막아 내지 못했다. 8월 22일 오후에 사방이 막힌 독일군은 하리코프에서 물러나기 시작했고, 다음날 낮에는 소련군이 하리코프 시내에 들어왔다. 이렇게 쿠르스크 전투는 소련의 큰 승리로 끝났다. 소련은 우크라이나 전체를 되찾고 드네프르 강까지 진격해 전쟁의 전체적인 전개에서 유리한 상황을 만들었다. 반면에 독일은 이 전투에서 7개 기갑사단을 포함하는 30개 사단의 병력 총 50여만 명, 그리고 탱크와 장갑차 약 1,500대를 완전히 잃었다. 그뿐만 아니라 독소 전쟁의 주도권을 놓쳤고 더 이상 새로운 공격을 할 여력도 없었다. 쿠르스크 전투에서 거둔 소련의 큰 승리는 영국-미국 연합군의 시칠리아 상륙 작전을 매우 유리하게 만들었다.

영토 회복

쿠르스크 전투에서 크게 승리한 후에도 소련군은 기세를 늦추지 않고 모든 전선에서 공격을 계속했다. 1943년 9월에 소련군은 노보로시스크와 타만 반도를 되찾았고, 코카서스 지역에서 독일군을 내

독일군 탱크 타이거 I

1942년에 독일은 새로운 탱크인 '타이거 I'을 개발했다. 이 탱크는 당시의 가장 무거운 탱크보다도 20톤이나 무거웠는데, 이는 대부분이 탱크를 둘러싼 철판의 무게였다. 타이거 I 정면의 철판은 두께가 102밀리미터나 되기 때문에 1.5킬로미터 거리에서 미국의 75밀리미터 탱크포와 소련의 76밀리미터 대포가 포탄을 쏘아도 끄떡없었다. 실제로 서부 전선에서 타이거 I 한 대가 적의 포탄 227발을 연이어 맞은 적이 있다. 그러나 이 탱크는 스스로 40여 킬로미터나 움직여서 야전 정비 공장으로 갔다. 이 탱크는 공격력도 매우 뛰어났다. 연합군 탱크는 3킬로미터나 떨어진 거리에서도 타이거 I에 장착된 88밀리미터 탱크포의 치명적인 일격을 버텨내기 어려웠다. 타이거 I은 모든 부품이 매우 견고했고, 탱크에 사용된 모든 철판은 매우 정확하게 맞물려 있었다. 그러나 타이거 I 한 대를 만드는 데는 여러 달이 걸렸기 때문에 생산된 것은 1,500대도 채 되지 않는다.

쫓았으며, 소련의 중요한 공업 지역인 도네츠 분지도 되찾았다. 이 밖에 크림 반도를 불법으로 점거한 독일군을 포위하고, 9월 25일에는 스몰렌스크를 되찾았다. 10월 25일에 드네프로페트로프스크를 장악한 후 드네프르 강 하구까지 전진했으며 11월 6일에는 우크라이나의 키예프에서 독일군을 몰아냈다.

독일은 1943년 한 해에만 장교와 병사 총 400여만 명을 투입했으나 그중 약 180만 명이 사망했다. 소련은 그해에 중부에서 500여 킬로미터, 남부에서 1,300여 킬로미터를 전진해 거의 100만 제곱킬로미터에 달하는 영토를 되찾았다. 또한 1943년에 이르러 소련은 비로소 국방력을 완전히 회복했다. 그해에 78개 사단이 신설되었고, 군용기 3만 5,000대와 탱크와 장갑차 2만 4,000대가 제작되었다. 이는 이후의 전쟁에서 소련이 승리할 수 있는 견실한 기초가 되었다.

▼ 타이거 I
1944년 7월에 한 미군 병사가 독일군이 버리고 간 타이거 I 을 살펴보고 있다. 그 바로 전에 끝난 전투에서 이 탱크는 포탄을 47발이나 맞고도 미국의 M4 탱크 17대를 파괴했다.

시칠리아 상륙 작전

1943년 1월에 열린 카사블랑카 회담에서 영국과 미국은 북아프리카 전쟁을 마무리한 후 지중해에서 상륙 작전을 펼치기로 했다. 그들이 결정한 상륙 지점은 시칠리아 섬으로, 계획이 성공한다면 지중해에서 연합국 선박의 안전을 확보할 수 있었다. 또 이탈리아의 무솔리니 정부를 강하게 압박해서 내부 분열을 일으킬 가능성도 있었다.

▼ 패튼 장군

패튼은 미국 육군의 4성 장군이다. 제2차 세계대전에서 수많은 공적을 세웠으며, 미국 대통령 루스벨트는 그를 '우리 시대 최고의 전쟁 영웅'이라고 치켜세웠다.

시칠리아를 향해

이탈리아 남부에 있는 시칠리아 섬은 지중해에서 가장 큰 섬이다. 전체 면적이 2만 5,400제곱킬로미터이며, 동서로 300킬로미터 길이이고 남북으로는 폭이 가장 넓은 곳이 약 200킬로미터 정도 되었다. 전체적으로 삼각형을 이루고 산과 구릉이 많은 지형이다. 섬의 북서쪽 귀퉁이에는 팔레르모 항이 있으며, 남동쪽 귀퉁이에는 시라쿠사 항이 있다. 동북쪽 귀퉁이에는 메시나 항이 있는데, 이곳은 아주 좁은 메시나 해협을 사이에 두고 이탈리아 본토의 칼라브리아와 마주 본다.

1943년 초여름, 영국-미국 연합군은 북아프리카 대륙의 각 항구에 군대를 집결한 후 시칠리아 상륙 작전인 '허스키 작전'을 준비했다. 주공격 부대인 제15집단군은 영국의 제8집단군과 미국의 제7집단군으로 구성되었고, 총 13개 사단과 독립 여단 3개가 포함되었다. 전체 병력은 47만 8,000명이고 군용기 4,000여 대, 전함과 보조 선박이 약 3,200여 대나 되었다. 총사령관은 북아프리카에서 연합군을 지휘했던 알렉산더가 맡았으며, 영국 제8집단군은 몽고메리가, 미국의 제7집단군은 패튼이 각각 지휘를 맡았다. 영국 제8집단군은 시칠리아 섬 동남쪽의 시라쿠사에서 파키노 끝까지 가서 상륙한 다음 메시나로 진격하기로 했다. 미국 제7집단군이 맡은 임무는 시칠리아 섬 서남쪽의 젤라에서 리카타 끝단까지 이동해 상륙하는 것이었다. 전체적으로 보았을 때 이 두 집단군은 서로 마주 보는 방향으로 공격하며, 이런 방법으로 시칠리아 섬에 주둔하는 독일군을 반으로 나눠

211

▲ 시칠리아 섬에 상륙하는 영국군

1943년 7월 9일에 '허스키 작전'이 시작되었다. 8월 16일에 상륙 작전이 끝나면서 영국-미국 연합군은 시칠리아 섬을 완전히 점령했다. 이때부터 연합군 선박은 지중해를 항해하는데 아무런 위협을 받지 않게 되었다. 이 사진은 1943년 7월에 촬영된 것이다.

버리고자 했다. 그런 후 메시나 항을 점령해서 이탈리아 본토로 진입하는 것이 영국-미국 연합군의 계획이었다. 영국-미국 연합군이 이렇게 작전을 세우는 동안 독일도 낌새를 알아차리고 시칠리아 섬의 방어를 더욱 강화했다. 당시 이 섬에 주둔하던 독일군은 총 12개 사단 병력 약 26만 명이었는데 전투력은 다소 떨어지는 편이었다.

미국 제7집단군을 이끈 패튼은 매우 유명한 장군이었다. 1885년에 태어난 그는 스물네 살에 웨스트포인트 사관학교를 졸업한 후 기마병 부대에 들어갔다. 제1차 세계대전 기간에는 탱크병 훈련 학교의 교관을 맡았고, 나중에 직접 기갑부대를 이끌고 유럽에서 작전을 펼치기도 했다. 1930년 말에 패튼은 사관학교로 돌아가서 탱크를 이용한 작전 모델과 방식에 대해 깊이 있게 연구했다. 이후 1940년 11월에 실행된 '횃불 작전'에서 2개 사단을 지휘해 모로코에 상륙했고, 다음해 3월에는 제2군의 지휘관, 얼마 후에는 제7집단군 사령관으로 잇달아 임명되었다. 시칠리아 상륙 작전은 영국과 미국 연합군이 처음으로 벌인 대규모 작전이었다. 그래서 겉으로 드러내지는 않았지만 내심은 서로 먼저 메시나를 장악하고 싶어했다. 특히 영국 제8집단군 사령관인 몽고메리는 이전에 북아프리카 전쟁에서 다소 독단적으로 작전을 펼치던 패튼이 마음에 들지 않았기 때문에 반드시 자신이 먼저 메시나를 점령하고 싶었다.

▲ 1943년 7월에 영국군이 시칠리아 섬에 상륙했다. 병사들은 머리에 무기를 이고 허리까지 잠기는 바다를 걸어서 건넜다.

기발한 작전

연합군은 상륙 작전을 준비하는 동시에 '다진 고기 작전'을 계획했다. 1943년 4월 30일 이른 새벽, 영국의 첩보기관 제5국에 속한 스파이 소탕 조직 XX 위원회에서 정보원을 파견했다. 그는 비행기를 타고 스페인의 카디스 만을 지나면서 육지에 시체 한 구를 떨어뜨렸다. 이 시체는 '마틴 소령'이라는 이름표가 달린 영국 장교 제복을 입고 있었고, 제복 안에 영국-미국 연합군의 비밀문서가 있었다. 이 문서에는 연합군이 시칠리아 섬에서는 위장 공격을 하고 진짜 상륙 작전은 사르데냐 섬과 펠로폰네소스 반도에서 벌일 것이라는 내용이 적혀 있었다. 이것은 독일에 혼란을 주기 위한 XX 위원회의 미끼였다. XX 위원회는 독일이 '마틴 소령'을 발견해서 영국-미국 연합군의 상륙 작전에 대해 착각하기를 바랐는데, 그들의 바람대로 '마틴 소령'은 맡은 바 임무를 충실히 해 냈다. 독일은 이 가짜 비밀문서의 내용에 근거해 연합군이 사르데냐 섬과 펠로폰네소스 반도에 상륙할 것이라고 생각했다. 5월 12일에 독일 총참모부는 이 두 곳의 방어를 철저히 하라고 명령하고, 시칠리아 섬은 사실상 내버려두다시피 했다.

6월 11일, 영국-미국 연합군은 시칠리아 섬과 북아프리카 사이에 있는 판텔레리아 섬에 우선 상륙했다. 그들은 그곳에서 이탈리아 병사 1만 1,000명을 포로로 잡았고, 이후 거의 한 달에 걸쳐 폭격기

4,000여 대로 시칠리아 섬의 공항과 각종 시설을 폭격했다. 군용기 1,400대를 거의 모두 사르데냐 섬과 이탈리아 중부에 배치한 독일 공군은 제대로 반격해보지도 못했다. 7월 1일에 이르러 영국-미국 연합군은 시칠리아 섬과 이탈리아 남부의 제공권을 완전히 장악했다. 그리고 4일 후 연합군 병사들을 태운 수송선 수십 척이 북아프리카의 오랑, 알제리 등 항구 여섯 곳에서 차례로 출발했다. 7월 9일에 이 수송선들은 영국의 항공모함과 전함의 호위를 받으며 우선 몰타 섬의 집결지에 모였다. 그런데 이때 날씨가 매우 좋지 않았다. 강한 바람과 거센 파도 탓에 연합군의 상륙 작전은 조금 지체되었지만, 당시 시칠리아 섬을 방어하는 독일군이 거의 없다시피 했기 때문에 연합군은 마침내 시칠리아 섬에 상륙힐 수 있었다.

내부의 경쟁

7월 10일 새벽 2시 40분, 미국 공군 제82사단과 영국 공군 제1사단의 병사 5,400명이 수송기와 활공기 366대에 나눠 타고 튀니지에서 시칠리아 섬을 향해 날아갔다. 30분 후 이들은 시칠리아 섬에 착륙했고, 빠른 속도로 섬의 모든 중요한 목표물을 장악했다. 이어서 새벽 3시 45분에 패튼과 몽고메리가 지휘하는 영국-미국 연합군 16만 명이 전함과 수송선 3,200척에 나눠 타고서 섬의 서남쪽과 동남쪽에 동시에 상륙했다. 이때 해안의 진지를 방어하던 이탈리아군은 우왕좌왕하며 별다른 반격을 하지 못했다. 약 10시간에 걸친 전투 끝에 몽고메리와 패튼의 부대는 모두 별 탈 없이 각자의 목표 지점에 상륙했다.

연합군이 상륙한 첫날 정신없이 공격당하기만 했던 이탈리아군은 다음날부터 반격을 시작했다. 섬의 서쪽에 있던 독일의 제15기갑사단도 영국 제8집단군이 북쪽의 오거스타로 이동하는 것을 저지하기 위해 동쪽으로 이동했다. 괴링이 지휘하는 독일의 기갑사단과 이탈리아의 차량화 보병사단 2개도 패튼의 제7집단군을 향해 반격을 시작했다. 독일은 지면 반격을 돕기 위해 비록 적은 수이기는 하지만 전투기 481대까지 모두 출동시켰다. 양측의 전투는 매우 치열하게 진행되었다. 독일의 탱크부대가 미국 제7집단군의 진지에서 2킬로미터도 안 되는 거리까지 다가가자, 패튼은 즉시 직접 앞으로 나가 군대를 지휘해서 독일군을 저지했다. 그리고 이 기세를 몰아 젤라 지역까지 공격하여 점령했다. 한편, 영국 제8집단군도 독일의 반격을 막아내고 내친김에 시라쿠사까지 공격했다.

반격이 실패하자 히틀러는 섬 안에 있던 독일군에게 온 힘을 다해서 시간을 끌라고 명령했다. 그리고 칼라브리아에 주둔하는 독일군 제29기갑사단과 프랑스에 있던 제1공수사단에 즉시 시칠리아로 이동할 것을 명령했다. 또 괴링의 기갑사단과 공군 제1공수부대를 동부의 카타니아로 이동시키고, 제29기갑사단은 에트나 화산 서남쪽에 배치했다.

7월 13일, 영국 제8집단군의 제13군은 카타니아를 거세게 공격하기 시작했다. 지면 공격과 동시에 영국 제1공수부대의 병사 1,900명이 카타니아에 공중 낙하했다. 그러나 괴링이 지휘하는 기갑

▲ 미국은 시칠리아 섬 상륙 작전에서 독일과 이탈리아 병사 13만 2,000명을 포로로 잡았다.

사단과 독일 공군 제1공수부대는 독일의 최정예 부대였다. 그들은 영국의 공격을 훌륭히 막아내고 카타니아에서 메시나까지의 해안 도로를 완벽하게 장악했다. 그러자 카타니아를 점령하고 그곳에서 메시나로 나아갈 작정이던 몽고메리는 매우 당황했다. 그는 바로 계획을 수정해서 제30군에 에트나 화산을 끼고 서쪽으로 이동하라고 지시했다. 이렇게 하면 내키지는 않지만 미국 제7집단군의 지원을 받아 메시나로 갈 수 있을 것이라는 생각에서였다. 그러나 제30군은 새로운 경로에서도 독일의 반격을 받아 발이 묶였다. 이러지도 저러지도 못하는 상황이 된 몽고메리와 달리 패튼은 승승장구하고 있었다. 그는 제7집단군의 보병을 두 개로 나누었다. 그중 하나는 브래들리 장군이 인솔하는 제2군으로 삼아 시칠리아 섬 중부에서 영국의 작전을 지원하도록 했다. 다른 하나는 키스(Keyes) 장군이 이끄는 임시 편성 부대로 이들은 시칠리아의 행정기관 소재지인 팔레르모까지 밀고 들어가기로 했다. 7월 22일, 미국은 큰 힘을 들이지 않고 팔레르모를 장악했고 이탈리아 병사 5만 3,000명을 포로로 잡았다. 하지만 곧이어 벌어진 트로이나(Troina) 전투에서는 독일의 전

투력을 너무 얕잡아 본 탓에 7일 동안 공격한 후에야 이 지역을 장악할 수 있었다. 8월 5일, 미국군의 지원을 받은 영국 제8집단군은 마침내 카타니아를 점령하고 동쪽 해안 도로를 따라 메시나를 향해 진격했다. 그러나 독일군은 후퇴하는 중에도 그냥 물러나지 않고 도로에 지뢰 수십만 개를 묻어서 영국군에 큰 피해를 주었다. 8월 10일까지 독일군 4만여 명과 이탈리아군 7만여 명이 거의 일주일에 걸쳐 밤마다 메시나 항에서 철수했다. 마치 예전에 연합군이 됭케르크에서 철수한 것처럼 말이다. 8월 17일 오전 6시 30분에 미국의 선두 부대가 메시나에 도착했고, 네 시간 후에 패튼이 차량화 보병부대를 이끌고 이곳으로 들어왔다. 패튼이 도착한 후 얼마 지나지 않아 영국군도 메시나로 왔다. 영국의 선두 부대를 이끌고 온 장교 한 명은 패튼에게 악수를 청하며 이렇게 말했다. "정말 멋진 경쟁이었습니다. 승리를 축하합니다." 잠시 후, 섬에 남아 있던 독일군이 모든 저항을 멈추겠다고 선언하면서 연합군의 시칠리아 상륙 작전은 마침내 승리로 끝났다. 이 작전에서 연합군은 사상자가 2만 2,811명 발생했는데, 그중 사망자가 5,532명, 부상자가 1만 4,410명, 실종된 병사가 2,869명이었다. 독일과 이탈리아는 사상자가 3만 3,000명 발생했고, 병사 13만 2,000명이 포로로 잡혔으며, 탱크 260대, 대포 500문, 비행기 1,700대를 잃었다.

카이로 회담과 테헤란 회담

중국 국민당 정부는 '카이로 선언'에 따라 1945년 10월 25일부터 타이완과 평후 섬에 정식으로 주권을 행사하기 시작했다. 대만의 행정장관 겸 경비 사령관인 천이는 타이베이에서 일본 제10전선군의 사령관 안도 리키치의 항복을 받아냈다. 이로써 50년에 걸친 일본제국주의의 횡포는 마침내 막을 내렸고, 타이완은 중국의 품으로 돌아왔다.

카이로 회담

1943년 가을, 중국의 항일 전쟁은 벌써 6년째에 접어들었다. 일본은 드넓은 중국에서 전쟁을 치르는 데 많은 병력을 투입했지만, 중국 국민당과 공산당의 거센 반격을 받으면서 성과도 없이 시간만 흘렀다. 그러다 보니 일본은 태평양과 중국 둘 중 어느 한 쪽에 병력을 집중할 수 없는 애매한 상황이 되었다. 이에 영국과 미국은 중국 국민당을 지원해주면 일본이 중국에 집중할

▼ 카이로 회담 기간 중의 처칠과 쑹메이링

것이므로 태평양에서의 전쟁 상황이 자신들에게 유리해질 것이라고 생각했다. 그래서 처칠과 루스벨트는 최대한 빨리 국민당 정부의 주석 장제스와 회담하기로 했다. 마침 그들은 11월 28일에 이란의 테헤란에서 스탈린과 만나기로 미리 약속해둔 상태였다. 그래서 루스벨트는 처칠에게 테헤란 회담 전에 이집트 카이로에서 장제스와 먼저 회담하는 것이 어떻겠느냐고 제안했다. 처칠이 흔쾌히 동의하여 영국, 미국, 중국의 회담이 결정되었다. 루스벨트는 스탈린에게도 카이로 회담에 참석할 것을 제안했지만 스탈린은 정중히 거절했다. 스탈린은 괜히 장제스를 만나서 일본의 심기를 건드리고 싶지 않았다. 일본이 화가 나서 상대적으로 방어가 약한 시베리아를 공격할 것을 우려해서였다.

1943년 11월 22일에 카이로에 도착한 처칠, 루스벨트, 장제스는 다음 날 루스벨트가 묵는 별장에 모였다. 연합군의 동남아시아 최고사령관인 마운트배튼이 당시 계획하고 있던 군사 작전을 설명하면서 회담이 시작되었다. 마운트배튼의 발언이 끝나자 처칠이 발언했다. 그는 이탈리아가 완전히 항복해서 병력에 여유가 생기면 영국 해군을 인도양에 배치해서 일본에 대항하도록 하겠다고 말했다. 장제스는 중국군이 미얀마 북부에서 일본에 반격할 테니 영국-

▲ 앞줄 왼쪽부터 장제스, 루스벨트, 처칠이다. 카이로에서 만난 세 사람은 공동으로 일본을 공격하기로 합의했으며, 전쟁이 끝난 후의 아시아 태평양 지역에 대해서도 많은 구상을 했다. 이것은 1943년 11월에 카이로 회담 기간 중 촬영한 기념사진이다.

미국 연합군이 방글라데시 만에서 일본을 공격하는 동시 작전을 벌이는 것이 어떻겠냐고 제안했다. 루스벨트는 장제스의 제안에 매우 흥미를 보이며 동의했다. 그는 이 작전으로 일본의 동남아시아 기지를 완전히 박살낼 수 있다고 생각했지만, 처칠은 시큰둥했다. 당시는 영국-미국 연합군이 막 시칠리아 상륙 작전을 마치고 이탈리아를 완전히 항복시키기 위해 마무리 전쟁을 하던 중이었다. 그래서 처칠은 이런 상황에 지구 반대편에서 또 대규모 전쟁을 벌이는 것을 탐탁지 않게 생각했다. 일이 잘못되면 유럽에 주둔하고 있는 영국-미국 연합군의 전투력을 약화시킬 수도 있기 때문이다. 결국, 이 문제에 관해서는 카이로 회담이 끝날 때까지 어떠한 결론도 나지 않았다. 나중에 테헤란 회의가 끝난 후 처칠이 한참을 설득한 끝에야 루스벨트는 방글라데시 만에서 일본을 공격하는 것을 포기했다. 처칠은 루스벨트에게서 주요 병력을 유럽에서 다른 지역으로 옮기지 않겠다는 약속을 받아냈다.

카이로 회담에서 세 나라의 지도자는 일본에 공동으로 반격하는 것과 일본이 점령했던 중국 영토의 귀속 문제, 그리고 전쟁이 끝난 후 일본을 어떻게 처리할 것인가에 대해 많은 합의를 이루어냈다. 그들은 이 내용을 담은 '카이로 선언'의 초안을 신중히 작성하고, 수차례 토론을 거쳐 최종 원고를 완성했다. 그러나 그중 몇 가지 사항은 스탈린의 의견을 들어야 했기 때문에 발표는 테헤란 회담이 끝

난 후로 미뤘다. 얼마 후 스탈린이
모든 내용에 동의하여 영국, 미국,
중국 정부는 1943년 12월 1일에
각각 런던, 워싱턴, 충칭에서
동시에 '카이로 선언'을 발
표했다. 그 내용은 다음과
같다. "세 나라의 연합은
전쟁을 벌이려는 것이 아니
며 일본의 침략 행위를 징벌
하는 데 그 목적이 있다.
영국, 미국, 중국은 결코 자

▲ 1943년 11월 29일, 테헤란 회담
기간 중 세 지도자가 테헤란의
소련 대사관 앞에서 기념사진을
촬영했다. 왼쪽부터 스탈린, 루
스벨트, 처칠이다.

국의 이익을 위해서, 혹은 영토를 확장하기 위해서 전쟁하는 것이
아니다. 세 나라는 일본이 1914년부터 전쟁을 통해 점령한 모든 지
역에서 일본군을 몰아내고자 한다. 일본은 빼앗은 중국의 영토, 예
를 들어 동북 지역, 타이완, 펑후 열도 등을 원래의 주인인 중국에
돌려주어야 한다." 이로써 '카이로 선언'은 전 세계에 타이완을 중
국의 영토로 선언했으며, 일본이 타이완을 침략한 것은 비합법적이
라고 규정한 첫 번째 문건이 되었다.

이 세 명의 지도자 외에도 장제스의 부인인 쑹메이링이 회담 기간
내내 많은 사람의 주목을 받았다. 우아함과 유창한 영어 실력을 겸
비한 그녀는 남편 옆에서 회담장의 분위기를 부드럽게 하는 데 큰
역할을 했다. 특히 사람을 평가하는 데 언제나 박하던 처칠조차 쑹
메이링과 만난 후 그녀를 '매우 뛰어나고 우아하며 풍부한 매력이
있는 여성'이라고 말했다. 그는 예전에 두 사람이 동시에 미국에 있
을 때 왜 만나지 못했는지 아쉬울 뿐이라고 말하기까지 했다.

새로운 희망

루스벨트와 처칠은 카이로 회담을 마무리한 후 곧바로 테헤란으로
가서 스탈린과의 회담을 준비했다. 사실 두 사람은 스탈린이 카이로
로 와서 회담하기를 바랐지만 스탈린은 이를 거절했다. 그는 자신이
직접 붉은 군대의 작전을 지휘할 수 있도록 테헤란에서 회담해야 한
다며 이란에는 세 나라의 군대가 모두 주둔하고 있으므로 안전 문제
도 걱정할 것이 없다고 말했다. 그러나 사실 당시 테헤란은 국제적인

스파이들의 주 활동 무대였다. 그래서 세 나라의 지도자는 안전상의 이유로 각각 이란에 주재하는 자국 대사관에 따로 묵어야 했다.

1943년 11월 28일에 작전명 '유레카', 즉 테헤란 회담이 정식으로 시작되었다. 이 회담에는 처칠, 루스벨트, 스탈린 외에도 세 나라의 최고사령관 자격으로 홉킨스, 이든, 몰로토프가 참석했다. 회담 기간에 소련은 이미 독일에 대규모 반격 작전을 성공적으로 벌이는 중이었다. 영국-미국 연합군은 북아프리카에서 승리를 거둔 후 시칠리아 섬 상륙 작전에 성공했고, 이제 이탈리아 남부에서 마무리 전투를 펼치고 있었다. 미국도 태평양에서 매우 순조롭게 작전을 벌이고 있었다. 그래서 세 지도자는 회담 기간 내내 매우 여유롭게 큰 논쟁 없이 이야기를 나눌 수 있었다. 처칠과 루스벨트는 당시 계획 중이던 유럽 대륙 반격 작전을 설명하고 스탈린에게 의견을 구했다. 루스벨트는 프랑스를 통해 독일을 공격하는 것이 가장 효과적이라고 끊임없이 강조했다. 이탈리아는 독일과 상대적으로 떨어져 있어 독일 본토에 위협이 되기 어렵다고 생각했기 때문이었다. 그러나 처칠은 생각이 달랐다. 그는 독일의 방어력이 약한 지중해 지역, 즉 발칸 반도에서 독일 공격을 시작해야 한다고 주장했다. 이때 루스벨트는 처칠의 속셈을 정확히 파악했다. 나중에 그는 자신의 친구들에게 이렇게 말했다. "처칠이 발칸 반도 쪽에서 공격하자고 주장했을 때 거기 있던 사람들은 모두 그게 무슨 뜻인지 알아차렸지. 그는 중부 유럽을 공격해서 소련이 오스트리아와 루마니아로 들어가는 길을 차단하고 싶었던 거야. 어쩌면 소련군이 헝가리에 들어가는 것조차 싫었을지도 몰라. 내가 그의 마음을 알아차렸듯이 스탈린도 처칠의 생각을 정확히 눈치챘을 거야." 루스벨트는 영국과 소련의 보이지 않는 견제 속에서 결국 스탈린의 편에 섰다. 처칠은 영국 해협을 건너 프랑스를 통해서 곧바로 독일의 베를린으로 들어가는 계획에 동의할 수밖에 없었다. 그들은 열띤 토론을 거쳐 1944년 5월에 프랑스 상륙 작전, 즉 '오버로드 작전'을 진행하기로 최종적으로 결정을 내렸다.

테헤란 회담의 또 다른 중요한 논제는 전쟁이 끝난 후 독일을 어떻게 처리할지에 관한 것이었다. 루스벨트는 독일을 다섯 개 지역으로 분할한 후, 킬 운하 지역과 루르-자르 지역을 세 나라가 공동으로 관리하자고 제안했다. 처칠은 독일을 분할하는 데는 찬성했지만, 동프로이센을 제외한 독일 남부는 오스트리아와 헝가리 등이 조직한 '도나우 연방'에 넣어야 한다고 주장했다. 스탈린은 독일을 명목 상으로만이 아니라 실질적으로 완전히 분할해서 절대 다시 합칠 기회를 주어서는 안 된다고 말했다. 이 밖에도 세 사람은 폴란드의 국경 문제에 관해서도 열띤 토론을 벌였다.

미래의 국제 조직을 세우는 문제도 매우 중요하게 다루어졌다. 루스벨트는 이 국제 조직이 다음의 세 가지 요건을 만족해야 한다고 말했다. 첫째, 가입국의 범위가 전 세계를 아울러야 한다. 둘째, 영국, 미국, 소련, 중국을 중심으로 조직된 집행 위원회가 있어야 한다. 셋째, 앞서 말한 네 나라가 세계의 경찰 같은 역할을 해야 한다. 처칠과 스탈린은 원래 각 지역을 기반으로 하는 국제 조직을 떠올렸지만, 나중에 루스벨트의 의견에 동의했다. 세 사람은 소련이 일본을 공격하는 것에 대해서도 논의했다. 이때 스탈린은 소련이 사할린 섬 전체, 쿠릴 열도를 차지해야 하며, 극동 지역의 부동항이 필요하다는 의견을 넌지시 내비쳤다. 이에 루스벨트는 중국의 다롄을 국제 자유항으로 삼으면 어떻겠냐고 말했다. 그러자 스탈린은 유럽에서 전쟁이 마무리되는 대로 즉시 일본을 공격하겠다고 약속했다.

▼ 1943년 11월 31일 저녁, 처칠은 테헤란 회담 기간에 예순아홉 번째 생일을 맞이했다. 이날 그는 이란 주재 영국 대사관에서 생일 파티를 열고 루스벨트와 스탈린을 초대했다.

테헤란 회담의 결과

1943년 12월 1일에 영국, 미국, 소련의 정부는 각각 공식적으로 회담 결과를 발표했다. 그 내용은 다음과 같다. 첫째, 영국, 미국, 소련의 지도자들이 테헤란에서 회담하여 공동으로 추축국에 대항할 것을 합의했으며 독일을 공격할 세부적인 작전을 계획했다. 둘째, 세 나라는 전쟁이 끝난 후에도 공동으로 세계 평화를 위해 노력할 것이며, 이에 대해 매우 큰 책임감을 느낀다. 셋째, 전쟁이 끝난 후 전 세계의 크고 작은 나라와 적극적으로 연합하겠다. 넷째, 자유와 평화의 날은 반드시 올 것이다.

영국, 미국, 소련은 테헤란 회담을 통해 유럽에서 군사 합동 작전을 벌일 것을 선포했다. 이후 최종 승리를 위한 연합국의 발걸음은 더욱 빨라졌다.

노르망디 상륙 작전

처칠, 루스벨트, 스탈린은 1943년 말에 열린 테헤란 회담에서 1944년 5월에 프랑스의 대서양 연안에서 대규모 상륙 작전, 작전명 '오버로드 작전'을 진행하기로 결의했다. 유럽에 새로운 전장을 열기로 한 것이다. 연합국은 이 작전에 총 병력 300만 명가량을 투입했으며, 작전을 지휘할 총사령관에는 아이젠하워가 임명되었다.

새로운 전장

상륙 지점은 노르망디로 일찌감치 결정되었으나, 처음에 1944년 5월로 정했던 공격 시기는 더 많은 병력을 투입하기 위해 6월 초로 미뤄졌다. 연합국은 이 대규모 전투를 위해 288만 명에 달하는 병력을 집결했다. 그중 육군은 23개 보병사단, 10개 기갑사단, 3개 비행사단으로 구성된 총 36개 사단 병력 153만 명이었다. 해군은 병사들을 태울 수송선 4,126척, 전함 13척, 순양함 47척, 구축함 134척, 이 밖에 급히 동원한 민용 수송선 5,000여 척을 준비했다. 공군은 폭격기 5,800대, 전투기 4,900대, 수송기와 활공기 3,000대로 구성된 각종 군용기 총 1만 3,700대를 동원했다.

연합국의 계획은 다음과 같았다. 우선 노르망디 전선의 오른쪽 날개 부분에 미국의 2개 공수 부대를 투입한다. 이들은 독일이 셰르부르에서 병력을 증원할 수 없도록 길을 차단하고, 나중에 온 상륙 부대와 연합해 유타 해변을 장악한다. 전선의 왼쪽 날개에는 영국의 1개 공수 부대를 투입해 먼저 캉 운하의 전략적 요지를 점령하게 한다. 그 후 최정예 병사들로 구성된 선발 부대가 해안 다섯 곳에 나뉘어 상륙한 다음 각각 진지를 세운다. 진지가 견고하게 세워지면 나머지 상륙 부대가 해안에 상륙한다. 이때 전체 상륙 지점은 오른쪽 끝은 셰르부르, 왼쪽 끝은 캉 운하와 생로랑으로 기다란 줄처럼 쭉 이어지게 한다. 상륙 부대가 계속 도착하면서 캉, 이지니쉬르메르, 카랑탕 등지를 모두 공격하고, 나아가 파리까지 진격한다. 연합군은 진짜 상륙 지점을 숨기기 위해 다양한 위장 전략을 폈다. 예를 들어 영국 동남부 지역에 위장 부대와 선박을 집결한 후 스파이를 통해 가짜 정보를 흘리는 식이었다. 연합국은 독일이 믿지 않을까 봐 패튼을 위장 부대에 파견해서 상륙 작전을 발표하는 연극을 빌이게 하기까지 했다. 이 위장 전략은 실제로 매우 효과가 있어서 독일 총참모부는 서부 전선에 있던 병력 대부분을 칼레에 배치하며 노르망디에서는 경계를 늦추는 실수를 저질렀다.

대서양 방어선

당시 독일군은 동부 전선에 179개 사단 병력을 배치했는데 이는 독일군 총 병력의 약 65퍼센트였다. 서부 전선인 프랑스, 벨기에, 네덜란드에는 33개 해군사단, 15개 보병사단, 8개 기갑사단, 2개 낙하산사단으로 구성된 총 58개 사단 병력 74만 명만 배치되었다. 이들은 다시 두 집단군으로 나뉘었다. 그중 하나는 총 39개 사단으로 구성된 B집단군으로 프랑스 북부에 주둔했으며 지휘관은 북아프리카에서 돌아온 로멜이었다. 다른 하나는 G집단군으로 19개 사단으로 구성되었으며 블라스코비츠(Blaskowitz)의 지휘를 받으며 프랑스 루아르 강 서쪽에 주둔했다. 이 밖에 서부 전선에는 히틀러가 직접 지휘하는 2개 예비부대와 기갑사단이 있었다.

▼ 아이젠하워가 연합군 장성들과 작전을 논의하고 있다. 연합군 총사령관으로 임명된 아이젠하워는 1944년 1월 중순에 런던에 도착하자마자 연합군 총사령부를 조직하고 세부적인 작전 계획을 세우기 시작했다.

▲ **유타 해변 상륙**

유타 해변에 상륙한 미군 제4보병사단은 매우 순조롭게 진격했다. 그들이 상륙한 곳에는 독일군이 거의 없어서 세 시간에 걸친 전투 중 사상자는 겨우 197명뿐이었다. 이는 연합국이 예상한 사상자의 10분의 1에 불과했다.

히틀러는 2년 전인 1942년 7월 20일에 영국에서 출발한 연합군이 유럽에 상륙하지 못하도록 노르웨이 북부에서 스페인의 해안까지 방어선을 쌓으라고 명령한 적이 있었다. 방어 지점이 1만 5,000개나 되는 이 방어선이 바로 유명한 '대서양 방어선'이다. 히틀러는 원래 1943년 5월 1일 전에 완공하라고 명령했으나, 이 방어선은 1944년 5월까지도 완공되지 못했다. 오히려 B집단군의 사령관으로 임명된 로멜은 해안 지역에 자신만의 방어 시설을 구축하는 데 힘썼다. 그는 깊은 바다에 수뢰를 매설하고, 얕은 바다에는 연합국 병사들이 '로멜 기둥'이라고 부른 나무 기둥을 비스듬하게 박아 놓았다. 모래 사장에는 톱니 모양의 날카로운 방어 시설물을 설치했고, 적의 탱크가 빠질 수 있도록 함정을 팠으며, 그 사이사이에 지뢰를 대량 파묻었다. 또 바닷가를 굽어볼 수 있는 높은 지점에 대포를 숨겨놓고 적이 도착하면 언제든지 발포할 수 있도록 준비해놓았다. 이 밖에 바닷가 뒤쪽의 탁 트인 땅에는 적의 비행기가 착륙하지 못하도록 나무 기둥을 촘촘히 박아놓았다. 실제로, 로멜의 방어 시설들은 연합군이 상륙 작전을 펼 때 많은 지장을 주었다.

바다를 건넌 반격

  1944년 6월 1일에 연합군의 상륙 부대가 영국 남부의 항구 열다섯 곳에 집결했다. 그들은 원래 6월 5일에 작전을 개시하려 했으나, 날씨가 너무 좋지 않아서 24시간 연기되었다. 6월 5일 자정, 연합군의 폭격기가 프랑스 해안에 있는 독일군 진지에 대대적인 공중 포격을 시작했다. 이와 동시에 공수 부대가 상륙 지점에서 10~15킬로미터 떨어진 곳에 착륙했는데, 이 작전은 독일의 주의를 분산시켜서 상륙 지점의 방어 능력을 저하시키는 데 큰 역할을 했다. 6월 6일 0시 16분에 영국군 제6공수사단이 계획대로 상륙 지점의 왼쪽 날개에 낙하했고, 페가수스 다리를 장악해 독일의 기갑부대가 해안 쪽으로 이동할 수 없게 했다. 그러나 오른쪽 날개에 착륙하기로 한 미국의 제82공수사단과 제101공수사단은 운이 좋지 않았다. 그들의 수송기와 활공기는 항로에서 벗어나 예정된 지역에 낙하하지 못했다. 그래서 병사들은 착륙한 후에 한데 모이지 못해 작전을 제대로 펼 수 없었다.

  5시 30분에 연합군의 해군 함대가 포격을 시작했고, 한 시간 후에 드디어 바닷가 다섯 곳에서 동시에 상륙 작전이 시작되었다. 다섯 곳 가운데 스워드 해변은 야트막한 모래 절벽 아래에 있으며 총 길이가 약 3킬로미터 정도였다. 상륙 지점 중에 가장 동쪽인 이곳은 오른 강과 아주 가까우며, 남쪽으로 15킬로미터만 가면 프랑스 북부의 해운 중심지인 캉에 도착할 수 있었다. 스워드 해변에는 영국 제3보병사단과 제27기갑여단이 상륙했다. 이들은 해변을 장악하고 빠른 속도로 독일의 방어 진지를 향해 돌격한 후, 미리 도착해 있던 공수 부대와 합류했다. 나중에 온 독일 제21기갑사단이 거세게 반격했지만 영국군은 이를 잘 막아내고 작전 수행에 완벽하게 성공했다. 이날 스워드 해변에 상륙한 영국군 병사 2만 9,000명 중 사상자는 630명에 불과했다.

  다른 상륙 지점인 주노 해변은 총 너비가 약 10킬로미터였고 정면에 모래 언덕이 있었다. 독일군은 이 모래 언덕 뒤에 숨어서 거세게 반격했다. 주노 해변에 상륙한 부대는 캐나다 제3보병사단과 제2기갑여단이었다. 그중 선두 상륙 부대는 독일이 묻어놓은 수뢰와 방어물에 큰 피해를 입었다. 3분의 1에 해당하는 선박이 모두 파손되었고, 가까스로 상륙한 병사들도 모래 언덕 가까이 갔을 때 독일의 포격을 받아 절반이 넘는 병사가 죽거나 다쳤다. 하지만 나중에 도착한 상륙 부대는 주노 해변을 완전히 장악하고 곧이어 내륙 쪽으로 진격했다. 주노 해변에 상륙한 캐나다 병사는 모두 2만 1,400명인데 이 중 사상자는 약 1,200명에 불과했다.

골드 해변은 상륙 지점 다섯 곳 중 가운데로 베생과 베르쉬르메르의 사이이며, 해변의 경사도가 비교적 완만했다. 그래서 이곳에 배정된 영국 제50보병사단과 제8기갑여단은 비교적 쉽게 해변에 상륙할 수 있었다. 독일은 이전에 배치해놓은 155밀리미터 중포 4문으로 연합군의 상륙을 거세게 방해했다. 그러나 영국은 함대의 대포를 쏘아 독일의 중포를 모두 파괴하고 안전하게 상륙에 성공했다. 이른 저녁까지 이곳에는 영국군 2만 5,000명이 상륙했으며, 사상자는 413명뿐이었다.

▼ 1944년 6월 6일, 연합군은 노르망디에 성공적으로 상륙했다. 이 사진은 미군의 각종 선박과 트럭이 싣고 온 병사와 무기를 오마하 해변에 내려놓는 모습이다.

오마하 해변은 전투력이 매우 뛰어난 독일 제352보병사단이 배치되어 상륙 지점 중에 방어가 가장 튼튼한 곳이었다. 이 해변은 카랑탕의 동쪽에 있으며 모래사장의 너비가 10킬로미터에 달했다. 독일 제352보병사단은 30미터 높이의 가파른 벼랑 위에 진을 치고 있다가 미국 제1보병사단과 제29보병사단의 선두 부대가 해변에 가까이 다가오자 맹렬하게 포격했다. 이 과정에서 미국의 수륙 전차 29대 중 27대가 파괴되었다. 미군 병사 일부가 가까스로 해변으로 올라오자 독일군은 더욱 격렬하게 포격했다. 이에 선두 부대의 절반이 넘는 병사들이 죽거나 다쳤고, 해변 근처의 바닷물은 피로 붉게 물들었다. 그러다가 정오가 되어 미군 함대에서 대포로 지원 사격을 하면서 미군은 간신히 방어선을 뚫고 상륙해 진지를 구축할 수 있었다. 그날 상륙한 미군 병사 3만 4,000명 중 사상자는 2,400명이었다.

　마지막 상륙 지점인 유타 해변은 카랑탕의 서쪽에 있는 야트막한 모래 언덕이었다. 이곳에 상륙하기로 한 미국 제4보병사단은 원래 계획했던 곳보다 동쪽으로 2킬로미터 정도 벗어난 곳에 상륙했다. 그러나 운 좋게도 이곳에는 독일군이 그리 많지 않았다. 그들은 세 시간 동안 해변을 가로질러 이동한 후 원래 계획한 곳에 진지를 세우고 미리 도착해 있던 공수 부대와 합류했다. 유타 해변은 노르망디 상륙 작전이 펼쳐진 해변 다섯 곳 가운데 사상자 수가 가장 적었던 곳으로 상륙한 미군 병사 총 2만 3,000명 중 사상자는 197명에 불과했다.

　1944년 6월 6일에 연합군이 노르망디 상륙 작전을 벌이는 동안 독일군은 단 한 번도 제대로 반격하지 못했다. 재미있는 것은 이날 B집단군 사령관인 로멜이 베를린에서 아내의 생일파티를 열고 있었다는 점이다. 6월 12일에 상륙 지점 다섯 곳에는 대규모의 연합군이 끊임없이 수송선을 타고 들어왔다. 6월 21일, 미군이 셰르부르를 공격해서 점령해 연합군이 들어올 수 있는 새로운 경로가 하나 더 열렸다. 연합군은 7월 24일까지 노르망디 상륙 작전을 성공적으로 마무리했다. 그들은 이 작전을 통해 프랑스 해안에 너비 150킬로미터, 가장 바깥에서 중심부까지의 거리가 13~35킬로미터에 이르는 거대한 진지를 구축했다. 이것은 독일 본토를 공격하기 위한 전초 기지였고, 이후 독일을 격퇴하기 위한 연합군의 진격은 더욱 빨라졌다.

아르덴 공세

1944년 12월 12일 저녁, 독일 서부 전선의 사령관들이 프랑크푸르트 근처
에 있는 히틀러의 별장 '독수리 요새'로 긴급하게 소집되었다. 그곳에서
히틀러가 앞으로 4일 안에 서부 전선의 아르덴 지역에서 대규모 공격을 하
겠다고 선언하자 그들은 패배를 직감했다.

위험한 계획

연합군이 노르망디 상륙 작전에 성공한 후, 서부 전선의 독일군은
3개월 만에 49개 사단으로 줄어들었다. 그나마 남아 있는 사단의 병
력도 원래의 절반 정도밖에 되지 않았다. 독일이 라인 강에 세워 놓
은 방어선이 연합군의 진격을 어느 정도 막아주었지만, 독일의 고위
장성들조차 방어선이 뚫리는 것은 시간문제라고 생각했다. 그들은
남아 있는 병력이라도 라인 강 동쪽으로 이동시켜 방어를 튼튼히 하
면서 반격할 틈을 노려야 한다고 생각했다. 그러나 정작 히틀러는
이런 상황에서도 새로운 작전을 구상했다. 그는 독일 병력을 아르덴

▶ 1944년 말, 히틀러가 장성들과
작전을 계획하고 있다. 중간에
앉은 사람이 히틀러이고, 그의
오른쪽이 괴링, 왼쪽에서 설명
하는 사람이 총참모장 구데리안
이다.

에 집결해 대규모로 연합군에 반격할 계획을 세우고 있었다. 아르덴은 독일, 벨기에, 룩셈부르크 세 나라가 접한 곳으로, 미국 제1집단군과 제3집단군이 이곳에 집결해 있었다. 그들은 전투력이 매우 뛰어났지만 병력은 그다지 많지 않았기 때문에 히틀러는 승산이 있다고 판단했다. 그의 생각으로는 만약 독일군이 연합군의 아르덴 방어선을 뚫는다면, 리에와 나무르 사이에서 뫼즈 강을 건너 연합군의 주요 보급 항구인 안트베르펜을 탈취할 수 있을 것이었다. 또 연합군을 반으로 나눠서 미국 제1집단군과 영국 제21집단군이 서로 오가는 도로까지 차단할 수 있을지도 모른다. 그렇게 된다면 독일은 극적인 승리를 거두어 '제2의 됭케르크 철수'를 만들어낼 수도 있을 것이었다. 히틀러는 이렇게 서부 전선을 안정시킨 다음, 동부 전선에서 다시 소련과의 전쟁에 주력하면 되겠다고 생각했다.

1944년 9월 말, 히틀러가 이 야심만만한 계획을 알리자 대부분 장성이 반대했다. 물론 독일은 1940년에 아르덴 지역에서 프랑스의 방어선을 성공적으로 뚫은 적이 있기는 했다. 하지만 장성들은 지금은 그때와 상황이 많이 다르고 더욱이 독일의 병력이 매우 줄어들었기 때문에 히틀러의 계획은 절대 성공할 수 없다고 생각했다. 가장 큰 문제는 공군의 전투력이 크게 약화된 것이었다. 이와 반대로 연합군은 예전에 독일이 연이어 승리를 거둘 때보다 훨씬 강해졌으며, 훌륭한 장비도 많이 보유했다. 장성들이 여러 가지 이유를 들며 계획을 반대했지만, 독단적인 히틀러는 반대 의견을 모두 무시하고 세부적인 작전 계획을 세우라고 명령했다. 결국 11월 말이나 12월 초에 '가을 안개 작전', 즉 아르덴 공격을 시작하기로 결정되었다. 11월 3일에 히틀러의 특사인 요들이 '가을 안개 작전' 명령서를 들고 서부 전선의 B집단군 사령부로 왔다. 그는 서부 전선의 총사령관인 룬트슈테트와 B집단군의 사령관 모델(Walter Model)에게 작전 명령서를 건넸다. 히틀러는 이 작전 계획의 모든 세부 사항, 심지어 폭격 시간까지도 직접 결정했다. 그는 이 서류에 "계획은 절대 수정할 수 없다."라고 경고의 말까지 남겼다.

당시 서부 전선에 주둔하는 독일 병력이 매우 부족했기 때문에 히틀러는 온갖 수단을 이용해서 동원 가능한 모든 병력과 장비를 모으기 시작했다. 이를 위해 대부분 후방 예비 부대를 작전 부대로, 해군과 공군 병사들을 보병으로 각각 전환했다. 이 밖에 '근위대'를 조

▶ 1944년 12월, 아르덴 공세 중에 독일 탱크가 눈 속에서 전진하고 있다.

직해서 열다섯 살에서 예순 살 사이의 남성을 모두 강제로 징병했으며, 이들은 2개월도 훈련받지 못한 채로 전쟁터에 투입되었다. 히틀러는 또 동부 전선에 있던 예비 부대까지 아르덴으로 이동시켰다. 이는 적어도 1945년 초까지는 동부 전선에서 독일이 작전을 벌일 수 없는 것을 의미했기에 이 정보를 입수한 소련군은 매우 기뻐하며 공격을 준비했다. 당시 동부 전선을 책임지던 독일의 구데리안이 이 조치에 불만을 나타내자 히틀러는 여러 사람 앞에서 크게 화를 내며 말했다. "지금 나를 가르치려는 것이오? 당신의 가르침 따위는 필요 없소! 나는 전쟁터에서 5년 동안 육군을 지휘했고, 나의 실전 경험은 총참모부의 누구와도 비교할 수 없소. 나는 클라우제비츠와 몰트케를 연구했고 슐리펜의 문건을 모두 읽은 사람이오! 그 누구도 나에게 이래라저래라 할 수 없소!" 그러나 구데리안은 이에 주눅 들지 않고 소련이 동부 전선에서 대규모 병력을 준비해 공격을 준비하고 있다고 받아쳤다. 그러자 히틀러는 화가 머리끝까지 나서 더욱 큰 소리로 말했다. "소련의 허세를 믿는단 말이오? 그런 말도 안 되는 소리를 대체 누가 하는 것이오?" 장성들은 대부분 히틀러의 작전이 실패할 것이라고 생각했지만, 누구도 감히 나서서 그를 만류하려고 하지 않았다. 그들은 결국 작전은 실행될 것이니 자신들은 최대한 노력해서 손실을 줄이는 수밖에 없다고 생각했다.

최후의 반격

짧은 시간 동안 히틀러는 20개 사단 약 25만 병력을 끌어모았다. 그리고 아르덴 공세의 총사령관으로 모델을 임명했다. 작전 지역의 오른쪽 날개는 디트리히가 이끄는 제6기갑 집단군이 맡았다. 이 집단군은 4개 기갑사단과 5개 보병사단으로 구성되었고, 탱크 640대를 보유했다. 작전 대형의 중앙은 제5기갑 집단군이 맡기로 했다. 만토이펠(Manteuffel)이 이끄는 이 부대는 3개 기갑사단과 4개 보병사단, 그리고 탱크 320대를 포함했다. 왼쪽 날개를 맡은 부대는 5개 보병사단으로 구성된 제7집단군이었다. 브란덴베르거가 지휘하는 이 부대는 중앙에서 공격하는 제5기갑 집단군의 측면을 보호하는 임무를 맡았다. 이 밖에 괴링은 군용기 3,000대를 지휘해서 공중에서 지원하기로 했는데, 어찌 된 일인지 실제로 투입된 군용기는 800대에 불과했다. 독일군과 115킬로미터 떨어진 곳에서 대치하는 연합군은 미국 제1집단군에 속한 5개 사단이었는데 총 병력이 8만 3,000명이었다. 그들은 탱크 242대, 탱크 공격용 대포 182문, 일반 대포 394문을 보유했다. 전체적인 병력으로만 보자면 독일군이 조금 우세한 편이었다.

히틀러는 본격적인 공격을 시작하기 전에, 특수 부대에 연합군 방어선의 후방으로 침투하라고 명령했다. 그들의 임무는 적의 각종 전쟁 장비를 파괴하고, 소규모로 습격해서 적을 교란하는 것이었다. 이 작전은 '그리핀'으로 명명되었다. 히틀러는 '그리핀 작전'의 특별 사령관에 슈코르체니(Skorzeny)를 임명했다. 독일의 국민적 영웅으로 추앙받던 슈코르체니는 1930년에 나치에 가입했고, 이후 독일 공군에 들어가 복무하면서 과감하고 적극적으로 작전을 수행했다. 상부의 눈에 띈 그는 1943년 4월에 독일 중앙보안국 제6부에 발탁되어 특수 작전 수행을 맡게 되었다. 그해 9월, 그는 특수 작전 부대를 이끌고 가택 연금되어 있던 무솔리니를 탈출시켜 명성이 높아졌다. 그리고 1944년 10월에는 또 한 번 특수 부대를 이끌고 헝가리의 호르티를 납치했다. 해군 장군인 호르티는 헝가리의 섭정을 맡고 있었는데, 독일 몰래 소련과 정전 협정을 맺으려고 했다. 그러나 슈코르체니에게 납치되어 협정은 실패했고 헝가리는 계속 추축국에 남아 있을 수밖에 없었다. 슈코르체니의 뛰어난 기지와 작전 수행 실력은

'그리핀 작전'에서도 빛났다. 그는 영어를 할 줄 아는 병사 2,000여 명을 선발해서 소규모 분대로 나누었다. 그리고 이들에게 미군 군복을 입히고 미국의 지프 차에 태웠다. 이 병사들은 과감하게 적의 방어선 후방으로 침투해 곳곳에서 미군을 습격하고, 전화선을 절단했으며, 길의 표지판을 바꿔 달거나 가짜 지뢰 경고문을 세우기도 했다. 이들의 침투는 미군의 후방에 일대 혼란을 일으켰다. 결국, 미군은 자신들 속에 들어와 있는 독일 병사를 색출하기 위해 사방에 바리케이드를 치고서 출입하는 차량과 병사들을 검문했다. 그러다가 조금이라도 의심스러운 낌새가 보이면 무조건 끌고 가서 다음 단계의 검문을 받게 했다. 이런 상황에서 수십만 명에 달하는 미군 병사들은 서로 의심하며 상대방에게 무엇이든 꼬치꼬치 따져 묻기 시작했다. 미군의 내부 분위기는 순식간에 뒤숭숭해졌다. 이렇게 '그리핀 작전'을 성공적으로 수행한 후 슈코르체니는 두 번째 행동을 시작했다. 그는 제150기갑여단의 병사 전원에게 미국 탱크병의 제복을 입히고, 전선의 북쪽 날개로 가서 뫼즈 강의 다리를 점령하라고 명령했다. 이 과감한 계획은 나중에 미국이 알아차려서 무산되었지만, 만약 성공했다면 미군에 엄청난 혼란을 주었을 것이다.

바스토뉴 혈전

1944년 12월 16일 새벽 5시 30분, 독일은 정식으로 아르덴 공세를 시작했다. 그날은 거센 비바람이 불었기 때문에 미군은 공중에서 제대로 반격할 수 없었다. 독일이 공격하리라고는 상상도 못한 미군은 대포 공격을 받고도 한동안 대응하지 못했다. 세 갈래로 나뉘어 공격해오는 독일군은 매우 빠른 속도로 전진했는데, 중앙을 맡은 제5기갑 집단군의 속도가 가장 빨랐다. 다음날 저녁, 미국 제106사단의 잔여 병력 7,000여 명이 독일에 항복했다. 이날 미국은 유럽에서 치른 전투 중 가장 큰 손실을 입었다. 12월 18일에 독일은 승리의 기세를 몰아 바스토뉴로 계속 진격해서 뫼즈 강의 요지까지 장악했다. 연합군은 그제야 이것이 통상적인 교란 작전이 아니라 대규모 반격이라는 사실을 눈치챘다. 이에 아이젠하워는 급히 최정예 부대를 아르덴으로 보내 전선의 빈틈을 메우게 했다. 그중 제101공수사단은 곧장 바스토뉴로 가서 독일군을 막아보려고 했다. 12월 20일, 병력이 어느 정도 보충되자 미군은 독일의 공격을 조금씩 막아내기 시작했다. 그러나 중앙에서 공격하는 독일군이 이미 약 100킬로미터 너비로 미국의 방어선을 장악했고, 심지어 이 방어선을 뚫고 30~50킬로미터 정도 진격한 부대도 있었다. 전체적으로 볼 때 미군은 독일에 완전히 포위된 것이나 다름없었다. 12월 22일, 독일은 포위된 미국 제101공수사단에 항복을 권하는 서신을 보냈다. 그러나 제101공수사단의 사단장 대리인 매콜리프(McAuliffe)가 쓴 답장에는 단 한 단어, '미쳤군!'이라고 적혀 있을 뿐이었다.

매콜리프의 말은 허세가 아니었다. 이후 이틀 동안 독일은 여전히 바스토뉴를 완전하게 장악하지 못했다. 오히려 교통의 요지를 다시 미국에 빼앗겨서 보급을 받지 못하는 상황에 놓였고, 결과적으로 한 걸음도 전진할 수가 없었다. 독일의 공세를 훌륭하게 막아낸 미국 제101공수사단은 나중에 '우수 부대상'을 받았는데, 이는 제2차 세계대전 기간에 미국이 사단에 내린 유일한 상이었다. 12월 24일에 날씨가 좋아지자 미군은 대규모의 군용기를 동원해서 독일군 후방

▼ 1944년 12월 17일, 독일군이 조심스럽게 이동하고 있다. 길 위에 타버린 것은 대포를 맞아 파손된 미군의 트럭과 대포이다.

의 보급 부대를 공습했다. 이와 동시에 패튼이 지휘하는 미국 제3집단군도 바스토뉴로 와서 독일군과 격렬한 전투를 치렀다. 12월 26일 새벽, 미국 제4기갑사단이 독일의 포위망을 뚫었다. 독일은 상황이 불리해지자 바스토뉴에 더 많은 병력을 투입했고, 전투는 더욱 치열해졌다.

1945년 1월 1일, 독일 공군은 폭격기와 전투기 1,000여 대를 출동시켜 비행장에 있던 연합군의 군용기 260대를 모두 파괴했다. 그 후 독일군은 모처럼 거둔 승리에 고무되어 기세를 몰아 바스토뉴에서 다시 한 번 공격을 감행했다. 하지만 이번에도 바스토뉴 중심부를 장악하는 데는 실패했다. 1월 3일에 연합국이 모든 전선에서 반격을 시작하여 양측은 이후 5일 동안이나 전투를 계속했다. 독일은 어떻게 해서든지 바스토뉴를 차지하려 했으나, 전투가 끝난 후에도 이곳을 점령한 쪽은 여전히 미국이었다. 1월 8일이 되자 히틀러는 결국 후퇴 명령을 내렸다. 이 전투를 치르며 병력과 장비를 모두 잃은 독일군은 동쪽을 향해 철수했다. 얼마 후인 1월 12일에 동부 전선에서 소련이 대규모 공격을 시작했다. 이에 다급해진 히틀러는 이번에는 서부 전선의 잔여 병력을 동부 전선으로 이동시키려 했다. 하지만 미군은 그들을 놓아주지 않고 전속력으로 뒤쫓았다. 1월 28일, 독일의 서부 전선은 이제 거의 무너질 상황에 놓였다. 이 전투에서 독일군은 사상자가 약 12만 명 발생했고 탱크 600대, 군용기 1,600대, 차량 약 6,000대를 잃는 피해를 입었다. 미국도 물론 손실이 적지 않았다. 사상자와 실종자가 약 7만 7,000명이었고, 수많은 탱크와 탱크 공격용 대포를 잃었다. 그러나 다른 점이 있다면, 미국은 손실을 금방 보충한 한편 독일은 그러지 못했다는 것이다. 이후 독일은 서부 전선에서 다시는 반격할 수 없었다.

얄타 회담

1945년 2월, 소련의 크림 반도에서 얄타 회담이 시작되었다. 이 회담에서 영국, 미국, 소련은 독일에 대한 공동 작전을 조율하고, 전쟁이 끝난 후 독일과 폴란드의 국경을 어떻게 정할지도 논의했다. 또 소련이 일본 공격에 참여하는 문제와 국제연합 건립에 관한 문제 등에서 매우 중요한 합의를 보았다. 인류의 역사는 이날부터 새로운 한 페이지를 열었다.

얄타에 모이다

1945년 1월 말에도 제2차 세계대전은 계속되었다. 히틀러의 군대는 헝가리, 이탈리아 북부의 몇 군데에서만 저항하고 있었고, 연합군은 독일이 점령했던 대부분 지역에서 독일군을 내쫓은 상태였다. 영국-미국 연합군은 이미 독일 국경에 도착해서 라인 강을 넘어 베를린으로 진격할 준비를 하고 있었다. 소련군도 벌써 베를린에서 겨우 60킬로미터 떨어진 곳까지 내려왔다. 독일의 패배는 기정사실이었다. 이제 연합국의 관심은 '전쟁이 끝난 후 유럽 및 세계를 어떻게 새롭게 조직하는가'였다. 영국, 미국, 소련은 세 나라가 함께 일본을 공격하는 방법, 전쟁 후 독일의 처분, 그리고 이후 평화를 유지하는 법 등에 대해 논의할 필요를 느꼈다. 특히 소련은 폴란드 국경 문제에서 영국, 미국과 상당히 의견이 달랐기 때문에 회담은 더더욱 필요했다.

▼ **얄타 회담의 세 사람**
시가를 입에 문 처칠(왼쪽)과 웃음 띤 얼굴의 루스벨트(가운데)가 즐겁게 이야기를 나누고 있다. 스탈린(오른쪽)도 재미있다는 듯이 그들의 대화를 듣고 있지만, 사실 그는 두 사람이 하는 영어를 전혀 알아듣지 못했다. 이 사진은 마치 세 나라의 미묘한 관계를 보여주는 듯하다.

루스벨트는 1944년 7월 중순에 스탈린에게 다시 한 번 회담하는 것이 어떻겠냐고 제안했다. 같은 해 10월에 처칠은 직접 모스크바로 가서 당시의 전쟁 상황 및 발칸 반도의 문제에 대해 스탈린과 토의했다. 이 회담에서 스탈린은 알맞은 시간에 세 나라의

▲ **루스벨트**(가운데)와 **스탈린**(왼쪽)
얄타 회담이 열린 8일 동안 세 지도자는 많은 나라의 운명을 결정했다. 그러나 그들이 함께 구상한 세계는 얼마 후 미국과 소련 사이의 힘겨루기로 변했고, 곧 냉전 시대가 시작되었다.

지도자가 다시 모여 회담하는 것에 기본적으로 동의했다. 하지만 그는 이번에도 소련에서 너무 멀리 떠나지는 않겠다고 말했다. 이후 몇 차례 협상을 거친 끝에 세 나라는 1945년 2월 4일부터 11일까지 소련의 얄타에서 회담하기로 했다. 이 회담의 작전명은 '아르고'였다.

1945년 2월 2일 이른 아침, 루스벨트는 중순양함 퀸시 호를 타고 대서양을 건너 몰타에 와서 처칠과 만났다. 다음날 영국과 미국 대표단 일행 700여 명은 수송기 25대에 나눠 타고 얄타로 떠났다. 수송기가 얄타 부근의 공항에 도착하자 미리 나와 있던 소련의 외무인민위원 몰로토프가 대표단을 맞이했다. 그는 루스벨트를 러시아의 마지막 황제 니콜라이 2세의 여름 별장인 리바디아 별장으로 안내했다. 처칠과 스탈린은 몸이 불편한 루스벨트를 위해 대부분 회담을 이곳에서 했다.

최후의 담판

총 8일 동안 전체 회담, 세 지도자의 개인적 만남, 참모장이나 외교장관들의 회담, 그리고 수많은 오찬과 만찬이 모두 순조롭게 진행되었다. 세 나라의 대표부는 격렬하지만 서로 감정을 상하지 않는 선에서 열심히 토론했다. 이런 좋은 분위기 속에서 루스벨트는 말실수를 해 스탈린을 화나게 할 뻔했다. 그가 스탈린에게 자신이 처칠과 통화할 때 스탈린을 '표범'이라고 부른다는 이야기를 한 것이었다. 스탈린은 그 말을 듣자마자 얼굴이 굳어졌지만, 이때 미국 외교장관이 화제를 돌린 덕분에 다행히 분위기가 다시 좋아졌다.

처칠, 루스벨트, 스탈린은 독일로부터 항복을 받아내는 방법과 전쟁 후 독일을 처분하는 문제에 대해 본격적으로 토론을 시작했다. 열띤 토론 끝에 세 나라는 소련이 독일 동부를 점령하고, 미국이 서남부, 영국이 서북부를 각각 점령하기로 했다. 그리고 독일의 수도 베를린은 소련이 도시의 동북쪽, 영국과 미국이 서남쪽을 함께 관리하는 것으로 합의했다. 이 밖에 처칠의 건의에 따라 프랑스가 독일의 한 지역을 점령하게 해서 드골 정부를 연합국에 참여시키기로 했다. 또 전쟁이 끝난 후에 반드시 독일군을 무장 해제시키고, 모든 군사 시설을 폐쇄한다는 데 합의했다. 아울러 나치를 해산시키고 전범에 대해 엄격한 재판을 진행하기로 했다. 그리고 전쟁 배상금 문제에 관해 스탈린은 반드시 실물로 받아내야 하며 '전쟁의 승리에 어느 나라가 더 공헌했는지',

▲ 얄타 회담 기간 중 처칠과 루스벨트가 논쟁을 벌이고 있다. 긴장된 회담이 계속 이어져서인지 두 사람 모두 매우 피곤해 보인다.

'전쟁에서 어느 나라의 손실이 더 큰지'를 따져서 배상금을 나누어야 한다고 주장했다. 그러면서 독일에 전쟁 배상금으로 200억 달러를 요구해야 하며, 그중 절반을 소련이 가져가야 한다고 말했다. 이에 처칠은 제1차 세계대전 때의 일을 상기시켰다. 그는 독일이 감당하지도 못할 무리한 배상금을 요구하는 것보다는 전쟁이 끝났을 때 독일의 실제 배상 능력에 근거해서 다시 이야기를 나누어야 할 것이라고 말했다. 또 루스벨트는 독일이 탈취해간 미국의 재산을 되돌려받는 것 외에 어떠한 배상금도 요구하지 않을 것이라고 했다. 이 문제는 결국 회담이 끝날 때까지도 정확히 결정되지 않았다. 그들은 모스크바에 '독일 전쟁 배상 위원회'를 세우고 나중에 이를 통해 배상금 액수와 그 분배 방식을 연구하기로 했다.

얄타 회담에서 폴란드 문제는 큰 논쟁거리였다. 폴란드의 국경을 확정하는 문제에 관해 세 나라는 격렬하게 토론했다. 각자 자신의 이익에 따라 의견을 내세우다가, 결국 폴란드 동부 지역은 '커즌 라인'에 근거하여 결정짓기로 했다. 커즌 라인은 1920년에 영국 외무장관 커즌이 제안한 러시아와 폴란드의 정전 협정 선이었다. 그리고 동부를 제외한 나머지 지역에 관해서는 이후 세워질 폴란드 정부의 의견을 듣고 다시 결정하기로 했다. 미래의 폴란드 정부 구성에 관해 소련은 다시 한 번 영국, 미국과 논쟁했다. 당시 소련이 지지하는 폴란드 임시 정부는 이미 전국적인 범위로 권력을 행사하고 있었다.

그런데 이 밖에 전쟁이 일어나면서 영국 런던으로 피신한 폴란드 정부도 여전히 존재했다. 그들은 서로 자신들을 중심으로 새로운 정부가 세워져야 한다고 여겼고, 이들을 지원해온 영국 정부도 같은 생각이었다. 하지만 폴란드는 결국 소련에 의해 해방되는 것이었으므로 이 문제에 관해 소련의 입김이 더 큰 것은 영국도 어쩔 수 없었다. 대신 스탈린은 폴란드 임시 정부가 국내외의 민주 인사들을 차별 없이 받아들여 정부를 세우도록 하겠다고 말해 처칠을 안심시켰다.

루스벨트는 얄타 회담에서 꼭 달성해야 하는 목표가 있었다. 바로 소련을 태평양 전쟁에 끌어들이는 것이다. 당시 미국은 태평양에서 일본과 치열하게 싸우느라 국력을 크게 소모하고 있었다. 미국 군사 정보국이 예측한 바로는 미국은 독일이 항복한 후에도 18개월은 지나야 일본을 완전히 무찌를 수 있었다. 태평양 전선의 미국 육군 총사령관 맥아더는 얄타 회담 둘째 날에야 겨우 필리핀의 수도 마닐라로 진격했고, 미국의 마지막 희망인 원자폭탄은 완성되려면 아직 5개월을 기다려야 했다. 만약 소련이 앞으로도 계속 태평양 전쟁에서 중립을 지킨다면 일본은 중국 동북부에 주둔하는 관동군까지 태평양에 배치해서 미국을 공격할 것이 뻔했다. 그렇게 된다면 앞으로 얼마나 많은 미국인이 다치거나 목숨을 잃을지 가늠하기도 어려웠다. 스탈린에게 태평양 전쟁에 참여해달라고 끈질기게 요구하던 루스벨트는 마지막 카드로 중국 일부 지역의 이권을 제안했다. 미국은 우선 전쟁이 끝난 후에도 외몽고가 분리 독립 상태를 유지하는 것을 지지하겠다고 약속했는데, 이는 사실상 소련의 외몽고 지배 체제를 유지하도록 지지한다는 의미였다. 또 루스벨트는 다롄 항을 국제 자유항으로 삼고 소련이 뤼순을 해군 기지로 사용할 것을 제안했다. 그리고 중국과 소련이 남만주 철도를 공동으로 관리, 경영하는 것을 약속했다. 스탈린은 이렇게 매력적인 제안을 거절하지 못하고, 독일이 항복해서 유럽 전쟁이 끝나면 2~3개월 안에 태평양 전쟁에 참여하겠다고 약속했다. 사실 루스벨트의 제안은 중국과 아무런 의견 조율도 하지 않은 상태에서 나온 발언이었다. 루스벨트는 얄타 회담이 끝난 후에야 장제스에게 연락해서 이 일에 대해 설명하고 조건을 받아들일 것을 설득했다.

국제연합의 탄생

 얄타 회담에 참여한 세 지도자는 국제적인 조직을 세워 앞으로 일어날 수 있는 국제 논쟁을 해결하기로 했다. '국제연합(UN)'의 개념은 1944년 8월에 미국 워싱턴 교외의 덤바턴오크스에서 열린 영국, 미국, 소련 세 나라의 회담에서 처음 언급되었다. 이때 세 나라는 국제연합이 총회, 안전보장이사회, 경제사회이사회, 신탁통치이사회, 국제사법재판소로 구성되는 데 합의했다. 또 이 조직의 역할을 '국가와 국가 사이의 분쟁을 협조하고 처리'하는 것으로 규정했다. 이후에 열린 얄타 회담에서 세 나라는 덤바턴오크스 회담에서 결정짓지 못한 세부 사항을 논의했다. 그중에는 안전보장이사회의 상임 이사국을 선정하는 문제, 회원국을 받아들이는 문제, 회원국의 권리를 정지하고 회복하는 문제, 그리고 의장 선출 문제 등이 포함되었다. 안전보장이사회의 상임 이사국은 토론을 거친 끝에 영국, 미국, 소련, 중국, 프랑스로 결정되었다. 이후 1945년 6월 26일에 50개 국가의 대표가 얄타 회담에서 작성된 '국제연합 헌장'에 서명했고, 같은 해 10월 24일부터 '국제연합 헌장'의 효력이 발생했다. 이후 폴란드가 헌장에 서명함으로써 국제연합은 최초 가입국 51개로 시작하게 되었다. 이후 1946년 1월 10일에 런던에 51개 국가의 대표들이 모여 '제1차 국제연합 회의'를 열면서 국제연합은 정식 업무를 시작했다. 이후 국제연합은 60여 년에 걸쳐 세계의 평화와 발전을 위해 수많은 공헌을 했다. 국제연합의 건립은 얄타 회담의 가장 큰 성과로 꼽을 수 있다.

 1945년 2월 12일에 세 나라의 지도자가 '영국, 미국, 소련의 얄타 회담 합의서'에 서명하면서 얄타 회담은 막을 내렸다. 이날부터 인류 역사의 새로운 한 페이지가 시작되었다.

▼ 1945년 4월 25일부터 6월 26일까지 미국의 샌프란시스코에서 '국제기구에 관한 연합국 회의'가 열렸다.

오키나와 결전

1945년 6월 말, 격렬했던 오키나와 전투가 끝났다. 섬을 지키던 일본군 10만 명 중에 운 좋게 살아남은 사람은 7,000명에 불과했고, 민간인 사망자도 10만 명을 훌쩍 넘었다. 3개월 동안 고된 전쟁을 벌인 미국도 손실이 매우 컸다. 미국은 사망자만 1만 2,000명에 달했고 부상자도 3만 6,000명이나 되었다. 또 비행기 763대와 해군 선박 30척을 잃었으며, 이 밖에도 각종 선박이 368척이나 파손되는 손실을 입었다. 일본은 이 전쟁에서 패한 후 태평양의 모든 전선이 붕괴했다.

오키나와 공격

필리핀을 미국에 빼앗긴 일본은 해군 병력이 거의 바닥나고 있었다. 그나마 남은 병력도 태평양의 작은 섬들에 각각 흩어져 있어서 제대로 된 작전을 수행할 수 없었다. 태평양에서 일본의 상황은 이미 감당이 되지 않을 만큼 나빠졌다. 그러나 미국은 공격을 늦추지 않았다. 그들은 일본이 방어하는 거의 모든 섬을 공격했고, 그중에 이오 섬이 가장 큰 목표물이었다. 이오 섬은 도쿄와 사이판 섬에서 각각 1,200킬로미터 정도 떨어진 곳에 있고 일본의 태평양 방어선에서 가장 중요한 거점 중 하나였다. 일본은 이 조그마한 섬에 병력 약 2만 3,000명을 배치했으며, 산악 지역에 많은 방어 건축물을 세우고, 길이가 18킬로미터나 되는 땅굴을 파기도 했다. 미국은 태평양 전쟁에서 승리하려면 반드시 이오 섬을 점령해야 한다고 생각하고 1944년 6월

▼ 미국 제28군의 병사 6명이 이오 섬의 가장 높은 지점에 성조기를 꽂고 있다. 이 사진은 많은 미국인의 감동과 애국심을 불러일으켰고, 1946년에 퓰리처상을 받았다. 하지만 안타깝게도 사진 속 병사 중 세 명은 촬영한 날로부터 며칠 후 사망했다. 이오 섬 전투는 태평양 전쟁에서 가장 치열했던 전투 중 하나였다. 1945년 2월 23일, 연합통신이 찍은 사진이다.

부터 이곳을 공격하기 시작했다. 1945년 2월 19일 8시, 미국 해군의 지상 부대 2개 사단 병력 3만여 명이 이오 섬 동남쪽에 상륙했다. 일본군의 거센 반격을 받은 이들은 3월 16일에야 비로소 이 섬을 완전히 점령할 수 있었다. 한 달 가까이 벌어진 이 전투에서 섬을 방어하던 일본군은 거의 모두 사망했고, 미군도 사망 6,812명, 부상 1만 9,189명이라는 큰 손실을 입었다.

　미군이 이오 섬을 점령한 후 일본의 태평양 방어선은 거의 무너졌다. 미국의 다음 목표는 오키나와 섬이었다. 이곳은 류큐 제도에서 가장 큰 섬으로 남북 길이가 약 108킬로미터이고 폭은 제일 넓은 곳이 약 30킬로미터, 제일 좁은 곳은 겨우 4킬로미터였다. 총 면적은 약 1,120제곱킬로미터였으며 섬의 북쪽은 높이가 300~500미터인 산이 많아서 군대를 집결하거나 이동하는 데 불편했다. 반대로 남쪽은 탁 트인 구릉으로, 동서 방향으로 낮은 산맥이 가로질러 진지를 쌓은 후 방어하기에 좋았다. 일본 남부의 규슈에서 시작해서 아마미 제도, 류큐 제도를 거쳐 타이완까지 연결하면 섬으로 된 초승달 모양의 방어선이 완성된다. 이 중에서 류큐 제도에 속하는 오키나와 섬은 일본 동쪽 해상 교통선의 요지로 마치 병풍처럼 일본 본토를 지키는 역할을 했다. 또 이 섬은 앞서 말한 초승달 모양 방어선에서 가장 중심에 자리해 전략적으로 매우 중요했다. 그래서 일본인들은 이 섬을 '일본으로 들어가는 문'이라고 부르기도 했다. 1945년 초에 미군은 오키나와 섬 공격 작전인 '얼음산 작전'을 시작했다. 미국은 이 작전의 지휘를 해군 제5함대 사령관인 스프루언스에게 맡기고, 태평양 전쟁에 동원된 육군과 해군 병력 대부분을 투입했다. 그중 제10집단군의 병력 총 17만 명이 오키나와 섬에 상륙할 예정이었으며, 해군 제52함대와 제58함대를 비롯한 함대 6개가 이들을 엄호하는 임무를 맡았다. 이 밖에 각종 해군 선박 총 1,000여 척이 투입되었고, 공중에서는 군용기 2,500대가 작전을 지원하기로 했다.

최후의 결전

　1944년 가을, 오키나와 섬의 사령관 우시지마는 일본의 총참모부 격인 대본영의 지시에 따라 오키나와 방어 작전을 계획했다. 그의 목표는 섬의 중부와 남부 지역에 미군이 상륙하지 못하도록 하는 것, 그리고 이후로도 섬 주변 바다에 미군이 얼씬하지 못하게 하는

▲ 1945년 5월 4일, 류큐 제도에서 미군이 고사포로 불붙은 일본 전투기를 계속 사격하고 있다. 이 전투기는 미국의 항공모함 상거먼 호에 가미카제 공격을 시도하려 했다.

것이었다. 1945년 1월 20일, 일본 천황은 '육·해군 작전 강요'를 확정했다. 천황은 여기에서 "적이 내부 방어선을 뚫고 들어오면 이에 상응하는 병력을 동원해 전투를 벌인다. 적의 함대, 비행기, 병사 등 모든 역량을 무너뜨리고 적이 진지를 구축하는 것을 저지해 그들의 사기를 꺾어야 한다. 어떠한 방법을 사용해서라도 적이 일본 땅에 상륙하는 것을 저지하라."라고 명령했다. 3월 20일에 일본의 대본영은 '하늘 작전'을 확정하고, 즉시 특공기와 폭격기를 사용해서 미국의 함대를 공격했다. 대본영은 오키나와 섬을 '일본 본토를 방어하기 위한, 그리고 결전을 벌일 가장 중요한 지점'이라고 규정했다. 그런데 오키나와 섬에 있던 일본의 1개 보병사단이 타이완으로 옮겨가서 사령관 우시지마는 어쩔 수 없이 그 '결전'의 방식을 바꾸어야 했다. 병력이 조금 부족했던 그들은 적이 상륙하지 못하도록 거세게 반격하는 것을 포기하고, 진지를 중심으로 방어선을 굳게 지키는 전략으로 전환했다. 다시 말해, 우선 미군을 상륙하게 하고 나중에 해군과 공군의 지원을 받지 못하게 한 다음 포위해서 격퇴한다는 계획이었다. 이 계획에 따라 섬에 주둔하는 일본군 병력 80퍼센트가 남쪽에 배치되어 구릉을 중심으로 진지를 견고하게 쌓고 장기간 방어할 준비를 시작했다. 미국이 상륙할 것으로 보이는 지점에는 오히려 아주 적은 수의 병력만 배치했다. 또 일본은 대포를 배치하고, 많은 참호와 땅굴을 팠으며, 대포 발포 지점, 바위 굴, 두꺼운 철근 콘크리트로 만든 보루인 토치카 등을 세심하게 배치해서 매우 견고한 방어 진지를 만들었다. 또 이 방어 진지 주위에 따로 바깥쪽 방어 시설까지 각각 세워두었다. 우시지마는 적에게 대포의 위치가 발각되지 않도록 의도적으로 대포 몇 발을 불발시키는 계획도 세웠다. 그때까지 오키나와 섬에 있는 일본군은 총 10만 명으로, 그중 6만 7,000명이 일본 육군 정예병이고 나머지는 해군 지상 부대와 오키나와 섬의 지역 부대였다.

1945년 4월 1일 새벽, 오키나와 섬 주변에 모여든 미군은 해군 선박에 장착된 대포로 섬을 향해 맹렬하게 포탄을 쏟아 부었다. 대포 공격이 끝나고 잠시 후, 미국 제10집단군이 섬의 서해안에 상륙을 시도했다. 그러나 일본군은 계획대로 박격포 등을 이용한 '시늉'에 가까운 반격만 했다. 그날 하루 동안 미군 약 6만 명이 상륙했고, 오키나와 섬 해안에는 너비 14킬로미터, 바깥에서 중심까지 길이가 5킬로미터인 미군 진지가 세워졌다. 이 밖에 미국의 선두 상륙 부대는 매우 순조롭게 섬 양쪽의 비행장까지 장악했다. 이후 며칠 동안 미군은 오키나와 북부 지역을 공격하면서 한 발씩 앞으로 나아갔다.

가미카제 공격

오키나와 섬을 놓칠 수 없었던 일본은 포탄이 장착된 비행기를 몰고 적군의 함대로 돌진해 폭파시키는 자살 공격, 즉 '가미카제 공격'을 고려하기 시작했다. 그들은 이렇게 해서라도 오키나와 섬 주변에 몰려 온 거대한 미군 함대를 무너뜨리고 싶었다. 미군은 필리핀 전투에서 이미 일본의 가미카제 공격을 경험한 적이 있기 때문에 항공모함 주변에 공중 포격용 대포를 실은 선박을 배치하고, 주변의 작은 섬들에도 고사포를 배치했다. 하지만 미군은 일본군이 설마 또 그렇게 무모한 공격을 할 것이라고는 여기지 않았다. 그러나 그들의 예상은 빗나갔다. 1945년 3월 31일, 일본 가미카제 특공대의 특공기가 미국의 순양함 인디애나폴리스 호에 첫 번째 가미카제 공격을 시작했다. 4월 5일까지 미국은 총 39척에 달하는 해군 선박을 잃었는데 대부분이 가미카제 공격에 당한 것이었다. 이후로도 일본은 이 광기 어린 공격을 계속했다. 4월 6일 아침, 일본의 정찰기 한 대가 오키나와 섬 동쪽 해역에서 미국 해군 제58특별편대의 함대를 발견했다. 이 소식이 알려지자 규슈의 공군 기지에서 가미카제 특공기 355대가 이륙했다. 이 특공기들은 매우 빠른 속도로 미국 함대를 향해 돌진하려고 했으나, 레이더로 일본의 특공기를 감지한 미국 제58특별편대가

▲ 미국의 항공모함 호넷 호에서 병사들이 긴장된 얼굴로 하늘을 바라보고 있다. 그들은 구름 속에 일본 가미카제 특공대의 전투기가 숨어 있음을 알고 두려움에 떨었다.

즉시 전투기를 띄워 공격을 저지했다. 잠시 후 대부분 가미카제 특
공기가 격추되었고, 미국의 피해는 다행히 구축함 1척, 탱크 수송선
1척, 탄약 수송선 2척이 침몰하는 데 그쳤다. 이 밖에 해군 선박 22척
도 파손되어 전투에서 제외되었다. 그날 이후 일본은 가미카제 공격
을 아홉 차례나 더 시도해서 미국을 곤혹스럽게 했다. 일본군은 이
공격에서 사용한 포탄을 '사쿠라' 라고 불렀다.

　태평양 전쟁에서 패배가 명확해질수록 일본은 마치 발악하듯이 또
다른 새로운 특공 작전을 사용했다. 일본군은 전함 야마토 호, 경순
양함 야하기 호 및 구축함 8척에 정확하게 오키나와 섬까지 갈 수 있
는 연료 2,500톤을 채웠다. 세토 항에서 출발한 이 함대의 임무는 미
국 전함 가까이 접근한 후, 스스로 폭발해서 적들과 함께 침몰하는
것이었다. 미국의 잠수함이 이 '자살 공격용' 함대를 발견하자마자
미국 태평양 함대 총사령부는 즉시 정찰기를 보냈다. 4월 7일 8시에
정찰기가 일본 함대의 위치를 정확히 파악하고 총사령부에 알렸고,

▼ 1945년 4월 초부터 5월 말까지
미군이 한 발씩 앞으로 나아가
자 일본군은 오키나와 섬의 동
굴, 석굴, 참호 등에 숨어 죽을
각오로 저항했다. 5월 30일, 미
국의 상륙 부대가 일본군이 숨
어 있는 동굴을 발견했다. 그들
은 동굴 안으로 수류탄 하나를
던진 후, 놀란 일본 병사들이 뛰
어나오면 총을 쏘기 시작했다.

두 시간 후 미국의 폭격기가 날아가서 일본 함대를 공격했다. 12시, 미국의 공중 포격을 받은 야마토 호와 야하기 호, 그리고 구축함 4척이 모두 침몰했고 나머지 선박은 일본으로 되돌아갔다.

4월 18일, 미군은 오키나와 북쪽을 완전히 점령한 후 남쪽을 향해 전진했다. 숨어 있던 일본군은 이때부터 완강하게 저항했고, 양측은 지구전에 돌입했다. 5월 1일, 미군은 한 달 동안 오키나와 섬에서 고된 전투를 벌인 병사들을 후방에 배치하고 새로운 병사들을 투입했다. 이어서 다시 한 달 동안 전투를 치른 후 미군은 오키나와 섬의 남쪽을 거의 장악했다. 이 무렵 섬을 방어하던 일본군의 절반이 사망했고 일본은 이미 붕괴 직전에 놓여 있었다. 일본군은 다시 한 번 가미카제 공격을 시도했지만, 이번에는 미군의 촘촘한 공중 방어망에 막혀 아무런 효과도 보지 못했다. 6월 21일, 미군은 오키나와 섬을 완전히 점령했다고 선포했다. 하지만 여전히 조금씩 남아 있는 일본군과의 소규모 전투는 6월 말까지 계속되었다. 오키나와 섬을 점령하는 데 성공한 미국은 이제 일본 본토 상륙 작전을 계획하기 시작했다.

베를린 공방전

1945년 5월 7일, 텔레비전에서 독일이 무조건 항복했다는 뉴스가 흘러나왔다. 그리고 이튿날인 5월 8일에 베를린 교외의 칼스호르스트에 있는 소련군 사령부에 영국, 미국, 소련, 프랑스의 4개국 대표단이 모였다. 그들은 독일이 무조건 항복을 선언하는 것과 독일 국방군 최고사령관인 카이텔 등 독일 장군 세 명이 항복 문서 위에 서명하는 모습을 지켜보았다. 이날 나치 독일은 정식으로 항복을 선포했고, 동시에 유럽에서의 제2차 세계대전이 끝났다.

최후의 일격

　1945년 4월 중순, 독일군은 동부와 서부 양쪽 전선에서 최후의 저항을 하고 있었다. 동부 전선의 소련군은 독일의 수도 베를린과 겨우 60킬로미터 떨어진 곳까지 진격했다. 서부 전선의 영국-미국 연합군도 베를린에서 100킬로미터 떨어진 곳에 이르렀다. 패망의 날이 다가온 나치 독일은 소련과 전쟁하는 동시에 영국, 미국과 비밀리에 접촉해서 이 두 나라에만 항복을 시도하기도 했다. 연합군의 베를린 공격이 가까워지자 독일 총참모부는 베를린 부근에 비스와 집단군과 중앙 집단군을 배치했다. 이 부대들은 48개 사단, 9개 차

▼ 1945년 4월 10일, 미국 제7군 병사들이 독일의 뷔르츠부르크를 향해 진격했다. 병사들은 독일군의 진지 안에서 274밀리미터 기차포를 발견했다. 미군 병사 22명이 거대한 대포관 위로 올라가 포즈를 취했다.

량화 보병사단과 6개 기갑사단 총 100만 명으로 구성되었다. 또 각종 대포 1만 400문을 보유했으며 탱크와 장갑차 1,500대, 군용기 3,300대를 포함했다. 총참모부는 이 밖에도 시민 약 20만 명을 동원해서 약 200여 개 국민 돌격대를 조직한 후 곳곳에 배치했다. 그리고 베를린 외곽의 오데르나이세 강 지역에는 가장 바깥 방어선에서 중앙까지의 거리가 20~40 킬로미터에 이르는 방어 진지를 세웠다. 또 시내 곳곳에 수많은 요새를 세웠으며, 각 주택의 거리 쪽으로 난 창문은 저격수들의 사격 지점으로 만들었다. 이로써 베를린 전체는 하나의 거대한 진지가 되었다.

▲ 1945년 4월, 미군 정찰 부대의 병사가 독일 엘베 강에서 소련군 선두 부대의 병사와 악수하고 있다. 이렇게 동부와 서부 양쪽 전선의 병사들이 만난 것은 나치 독일이 완전히 반으로 나뉘었음을 의미했다.

　소련 총참모부는 독일의 무조건 항복을 이끌어내기 위해 드디어 베를린 공격을 결정했다. 이 공격에는 소련의 최정예 부대인 러시아 제1전선군과 제2전선군, 우크라이나 제1전선군이 투입되었다. 또 이제 소련의 도움을 받아 해방된 폴란드의 군대도 투입되었다. 폴란드의 해군 함대와 드네프르 강의 함대, 공군 제18집단군, 국토방위군 및 육군 제1집단군, 제2집단군이 모두 동원되었다. 소련은 병력 총 250만 명을 동원했고, 각종 대포 4만 2,000문, 탱크와 장갑차 6,250대, 군용기 7,500대를 배치했다. 소련의 작전은 이 병력을 셋으로 나누어 각기 다른 방향에서 베를린을 공격하는 것이었다. 그중 주코프가 지휘하는 벨로루시 제1전선군은 오데르 강의 양쪽에서 독일군을 물리치고 동쪽에서 베를린을 공격하는 임무를 맡았다. 또 코네프(Konev)가 지휘하는 우크라이나 제1전선군은 나이세 강 동남쪽으로 진격해서 수데텐까지 간 후, 남쪽에서 베를린을 공격하기로 했다. 로코소프스키(Rokossovsky)가 지휘하는 벨로루시 제2전선군은 오데르 강 하류로 이동한 다음 북쪽에서 베를린을 공격할 예정이었다. 소련군 총참모부는 되도록 영국-미국 연합군보다 먼저 베를린으로 진격하고자 했기 때문에 각 부대에 최대한 빨리 이동해서 12~15일 안에 전투를 끝내라고 명령했다.

치열한 공방전

1945년 4월 16일 새벽 5시, 주코프 원수는 벨로루시 제1전선군에 베를린을 공격하라고 명령했다. 그들은 우선 전방의 독일군 진지에 약 20분에 걸쳐 대포를 쏘고 동시에 폭격기를 이용해 포탄도 떨어뜨렸다. 이어서 소련군은 전방에 배치된 고공 탐조등 140여 대를 동시에 환하게 밝혀서 맞은편에 있는 독일 병사들이 눈이 부셔 앞을 제대로 볼 수 없게 했다. 그런 후 보병 부대와 탱크가 독일군을 향해 맹렬히 돌격해서 빠른 속도로 독일의 제1방어선을 무너뜨렸다. 이때 우크라이나 제1전선군도 나이세 강을 넘어서 매우 순조롭게 독일 제1방어진지를 뚫고 있었다.

벨로루시 제1전선군의 선두 부대가 제2방어선을 향해 밀고 들어가자 독일군은 더욱 심하게 저항했다. 그들은 이미 전투력을 상실했지만 익숙한 지형과 참호와 낙하산을 이용해 소련군을 저지하려 했다. 이에 주코프가 2개 기갑 집단군을 더 투입했지만, 전투는 뜻대로 되지 않았다. 4월 17일 새벽에 대포를 이용해서 다시 한 번 포격한 후에야 어느 정도 성과를 거둘 수 있었다. 잠시 후 소련의 탱크 수천 대가 독일군 진지로 돌격했다. 독일군은 하루를 버텼지만 더 이상 저항하지 못하고 베를린 시내로 후퇴하기 시작했다. 한편, 우크라이나의 제1전선군은 나이세 강의 방어진지를 완전히 뚫었으며 다음 날 벨로루시 제2전선군도 오데르 강을 건넜다. 이로써 소련군은 동쪽, 남쪽, 북쪽의 세 개 방향에서 베를린을 포위한 셈이 되었다.

4월 20일 새벽, 벨로루시 제1전선군의 제3집단군이 베를린 교외를 공격했다. 같은 날 오후 1시 50분에 이 부대가 베를린 시내에 첫 번째 포격을 하면서 베를린 공방전이 시작되었다. 이날 히틀러는 마지막 고위급 회의를 열고 소련의 공격에 어떻게 저항할지 논의했다. 이 회의가 끝나자마자 괴링과 힘러는 베를린을 탈출해서 독일 남부로 도망갔다. 다음날 소련 제3전선군, 기갑 제2집단군과 제47집단군이 베를린 교외로 투입되어 이곳의 독일군과 격렬한 교전을 벌였다. 4월 22일, 히틀러는 끝까지 베를린에 남아 있었다. 도망친 괴링이 히틀러에게 자신이 총리를 계승하게 해달라고 전보를 보내자, 히틀러는 오히려 괴링을 모든 직책에서 파면했다. 4월 24일에 벨로루시 제1전선군의 좌측 날개 부대와 우크라이나 제1전선군이 베를린 동남쪽에서 합동 작전을 벌여 독일 제9집단군을 포위했다. 4월 25일,

벨로루시 제1전선군은 베를린 북쪽으로 우회해서 베를린 서쪽으로 이동해 우크라이나 제1전선군, 제4기갑 집단군과 합류했다. 그러자 베를린은 동서남북 모든 방향에서 포위되었고 외부와 완전히 단절되었다.

베를린 공방전의 마지막 전투는 4월 26일에 시작되었다. 이날 소련군은 폭격기 수천 대와 대포 수백 문을 동원해 베를린 시내를 공격했고 얼마 후 소련의 탱크부대가 베를린 시내로 진격했다. 베를린 시내의 모든 거리, 모든 건물, 심지어 지하도와 배수관에서도 소련군과 독일군의 교전이 벌어졌다.

4월 28일, 소련 제3집단군과 제8집단군은 정부기관, 국회의사당, 총참모부 등 나치 독일의 중요 기관이 모여 있는 베를린의 중심까지 진격했다. 이날 오후, 제8집단군은 독일군의 통신 지휘 본부를 장악하여 베를린 시내에 있는 군대와 외부의 통신을 완전히 차단했다. 밤이 되자 소련 제3집단군의 보병 제79군이 국회의사당을 공격하면서 국회의사당의 모든 복도와 사무실은 치열한 전투가 벌어지는 전쟁터가 되었다. 국회의사당을 방어하는 독일군이 완강히 저항하는 바람에 이날 소련군에는 많은 사상자가 발생했다.

마지막 날

1945년 4월 29일 새벽 1시, 히틀러는 소련군의 포성이 점점 가까워지는 것을 들으면서 애인인 에바 브라운과 결혼식을 올렸다. 히틀러는 유서를 구술하면서 자신이 사망하면 독일 총리와 군대의 최고 통수권자 자리는 북부 최고사령관인 되니츠에게 계승된다고 말했다. 이날, 이탈리아의 무솔리니가 살해당한 후 시체가 거리에서 질질 끌려 다녔다는 소식이 전해졌다. 히틀러는 자신에게도 시간이 얼마 남지 않았음을 깨닫고 자살을 결심했다. 다음날, 점심을 먹은 그는 곁에 있던 사람들과 악수한 후 작별 인사를 했다. 그리고 오후 3시에 히틀러는 권총으로 자살했고, 잠시 후 아내인 에바 브라운도 독약을 먹고 자살했다. 그날 밤 9시 50분에 마침내 국회의사당을 점령한 소련군은 포탄을 맞아 너덜거리는 국회의사당 지붕 꼭대기에 승리의 붉은 깃발을 꽂았다. 잠시 후, 독일 정부는 방송을 통해 전쟁을 멈추고 협상하자고 제안했다.

5월 1일 새벽 3시 55분, 나치 독일의 마지막 육군 참모총장으로

▲ 소련의 붉은 군대 병사들이 독일 국회의사당의 가장 높은 곳에 소련 국기를 꽂고 있다.

임명된 크레브스(Krebs)가 백기를 흔들며 독일 정부기관 건물 지하에서 걸어 나왔다. 그는 소련 제8집단군에 히틀러의 사망 소식을 전하고 베를린 공격을 이제 그만 멈춰 달라고 요구했다. 그리고 독일이 새로운 정부를 구성한 후에 다시 협상하자고 말했다. 그의 제안은 즉시 모스크바로 전해졌지만, 스탈린은 "독일은 무조건 항복하라! 우리는 독일과 어떠한 협상도 하지 않는다. 크레브스뿐만 아니라 그 어떤 파시스트와도 협상하지 않는다."라고 전보를 보냈다. 9시 45분, 주코프는 독일에 "무조건 항복하지 않으면 10시 40분에 최후의 공격을 시작해서 남아 있는 독일인을 모두 몰살하겠다."라고 최후통첩을 보냈다.

소련의 강한 군사적 압박을 받은 독일은 무조건 항복을 선언할 수밖에 없었다. 5월 2일 7시, 베를린 방위 사령부의 포병대장 바이틀링(Weidling)이 추이코프의 진지로 가서 항복 문서에 서명했다. 오후 3시가 되자 독일군은 모든 저항을 멈추었고, 소련군은 마침내 독일의 심장인 베를린을 완전히 점령했다. 소련은 이 전투에서 독일의 80개 보병사단, 23개 기갑사단과 차량화 보병사단을 물리쳤다. 또 독일군 38만 명을 포로로 잡았으며, 탱크와 장갑차 1,500여 대를 수거했다. 그러나 소련의 손실도 만만치 않았다. 소련군의 사상자는 무려 30만 4,000명에 달했고, 탱크와 장갑차 2,156대, 대포 1,220여 문, 비행기 527대를 잃었다.

포츠담 선언

트루먼은 자신의 회고록에서 포츠담 회담에 관해 이렇게 언급했다. "나는 여러 가지 이유로 포츠담에 갔다. 그중에서 가장 중요한 것은 유럽 전쟁이 끝나면 일본을 공격하기로 한 소련의 약속을 확인하는 것이었다. 이것은 당시 우리에게 가장 중요한 일이었다."

최후의 적

나치 독일이 항복한 후, 이제 영국과 미국이 상대해야 할 적은 일본뿐이었다. 당시 영국군은 미얀마에서, 미군은 오키나와 섬에서 각각 일본군과 치열한 전투를 벌이고 있었다. 국력을 낭비할 뿐인 전쟁이 계속되자 영국과 미국은 소련이 얄타 회담에서 약속한 대로 어서 태평양 전쟁에 참전해주기를 바랐다. 소련이 참전하기만 한다면 일본의 무조건 항복을 받아내는 것은 시간문제였다.

미국의 새로운 대통령 트루먼은 1945년 5월 23일에 홉킨스를 대통령 특사로 임명한 후 소련으로 파견했다. 홉킨스는 스탈린을 만나서 영국, 미국, 소련의 세 나라 정상회담을 다시 한 번 열자는 트루먼의 제안을 전했다. 이에 스탈린은 6월 1일에 트루먼에게 전보를 쳐서 정상회담 개최에 동의한다고 알리면서 회담 장소로는 소련이 점령한 베를린 서쪽 교외의 포츠담이 좋겠다고 제안했다. 얼마 후 회담 장소는 포츠담에 있는 옛 독일 황태자의 궁전 체칠리엔호프 궁, 회담 날짜는 7월 15일로 확정되었다. 이 회담의 작전명은 '종착지'였다. 포츠담 회담 기간은 마침 영국 의회의 총선거 기간이었다. 처칠은 선거 결과가 어찌 될지 모르니 노동당 당수인 애틀리에게 회담에 함께 가자고 요청했다. 나중에 처칠의 보수당은 총선거에서 제1당을 유지하는 데 실패했고 이 결과에 따라 회담 기간 도중에 영국 총리가 애틀리로 바뀌었다. 처칠의 배려로 이미 회담에 참여해 진행 상황을 파악하고 있었던 애틀리는 처칠의 뒤를 이어 큰 무리 없이 회담에 참여해 많은 외교 정책을 결정했다. 이렇게 영국은 처칠의 관대함과 선견지명 덕분에 일반적으로 정권 교체 시기에 발생하기 마련인 혼란 없이 대외 정책을 추진할 수 있었다.

일본 공격

 1945년 7월 15일, 트루먼과 처칠이 베를린으로 왔다. 두 사람은 회담을 시작하기 전에 도시를 둘러보았는데, 멀쩡한 건물이 하나도 없을 정도로 폐허가 된 상태였다. 그들은 다시 한 번 전쟁의 처참함과 그것이 불러오는 비극을 떠올리며 평화에 대한 의지를 다졌다. 7월 17일 낮, 전 세계를 깜짝 놀라게 할 만한 소식이 베를린에 전해졌다. 바로 미국 뉴멕시코 주의 앨라모고도 사막에서 원자폭탄 시험 폭발이 성공했다는 것이었다. 이제 트루먼은 원자폭탄이 있으므로 소련이 일본을 공격하지 않겠다고 하더라도 크게 걱정할 것이 없었다.

그는 원자폭탄만으로도 일본의 무조건 항복을 이끌어낼 수 있다고 생각했고, 이로써 회담에서 주도권을 쥐었다. 처칠도 트루먼의 생각에 동의했다. 두 사람은 회담 기간 중 적절한 때에 스탈린에게 미국이 엄청난 위력의 새로운 폭탄을 개발했으며, 이것으로 일본에 결정적인 타격을 줄 수 있다고 말하기로 했다. 그러나 처칠과 트루먼의 예상과 달리 스탈린은 이 소식에 대해 아무런 반응을 보이지 않았다. 심지어 시험 폭발을 하면서 왜 주변국에 알리지 않았느냐고 화를 내지도 않았다. 스탈린은 짐짓 아무렇지도 않은 듯 행동했지만, 사실 그의 속셈은 다른 데 있었다. 그는 회담이 끝나자마자 즉시 소련의 정보기관에 연락해서 짧은 시간 안에 이 새로운 폭탄에 관한 상세한 자료를 모두 수집하라고 명령했다. 그리고 이때부터 소련도 핵무기 개발에 박차를 가했다. 그 결과, 소련은 1949년에 원자폭탄 시험 폭발에 성공했고 4년 후에는 세계 최초로 수소폭탄 실험까지 성공했다.

 포츠담 회담은 정상회의, 외교장관

▼ 유럽의 승리의 날인 1945년 5월 8일, 런던 화이트홀 광장에 사람들이 모여들었다. 런던 시민들은 이제 전쟁이 끝나고 마침내 평화가 온 것을 기뻐하며 즐거워했다.

회의, 그리고 전체회의로 구성되었는데 그 중 전체회의는 모두 13차례 넘게 열렸다. 제 1차 전체회의는 7월 17일 오후 5시에 스탈린의 발의發議로 시작되었으며 의장국은 미국이었다. 이후 세 나라의 대표부는 전쟁이 끝난 후 독일의 정치와 경제, 전쟁 배상금 및 이탈리아, 루마니아, 불가리아, 헝가리, 핀란드의 처분 문제에 대해서도 열띤 토론을 벌였다. 이 밖에 흑해 해협, 폴란드 서부의 국경, 쾨니히스베르크 지역의 할당 같은 매우 민감한 문제에 관해서도 격렬한 논쟁과 수많은 협상이 진행되었다. 원자폭탄의 개발 성공 덕분에 영국과 미국은 이제 일본을 공격하는 데 소련을 참여시키는 것이 반드시 필요하다고 생각하지 않았다. 그러나 소련이 참전한다면 일본으로부터 무조건 항복을 받아내는 시기를 조금 당길 수 있는 것은 확실했다. 전쟁이 하루라도 빨리 끝난다

▲ 회의장으로 들어가는 중에 스탈린이 처칠에게 안부를 묻고 있다. 처칠은 회담 기간에 치러진 영국 의회 총선거에서 실패해 영국 총리의 자리에서 물러나야 했다.

면 그만큼 수백 명, 아니 수천 명의 사상자를 줄일 수 있을지도 모르는 일이었다. 그래서 트루먼은 말로는 끝까지 소련의 도움이 꼭 필요한 것은 아니라고 했지만, 여전히 소련이 참전해서 태평양 지역에서 군사적 부담을 줄일 수 있기를 바랐다. 처칠과 트루먼은 하루빨리 태평양 전쟁을 끝내고 싶은 마음뿐이었다.

7월 26일에 처칠, 트루먼, 스탈린은 일본에 대한 공격 방식과 전쟁이 끝난 후 일본을 어떻게 처리할지에 관한 내용에 합의하고 '포츠담 선언'에 서명했다. 그런데 당시는 소련이 아직 일본에 정식으로 선전포고하지 않은 때여서 이 선언을 발표할 때는 소련을 언급하지 않았다. '포츠담 선언'은 모두 13개 조항이며, 그중에 일본에 대한 내용은 다음과 같다. 첫째, 일본의 주권 행사는 혼슈, 홋카이도, 규슈, 시코쿠 및 별도로 지정한 작은 섬으로 제한한다. 둘째, 전쟁이 끝난 후 일본군은 무장 해제해야 한다. 또 전범은 엄격히 처벌될 것이며 앞으로 일본은 화학 공업을 발전시킬 수 없다. 셋째, 연합군은 위의 내용을 실현하고 일본에 평화 정부가 세워지면 일본을 떠난다.

연합국은 이상의 내용과 함께 즉각 무조건 항복하지 않으면 "짧은 시간 안에 완전한 파멸을 겪게 될 것이다."라고 일본에 경고했다. '포츠담 선언'은 사실상 반反파시스트 연합이 일본에 보내는 최후통첩이었다.

7월 27일에 '포츠담 선언'의 내용이 전해지자 일본 군국주의 정부는 즉각 긴급 내각회의를 열고 토론을 시작했다. 격렬한 논쟁 끝에 그들은 소련의 태도가 명확하게 밝혀지기 전에는 아무런 반응도 보이지 말자고 결정했다. 그리고 '포츠담 선언'의 내용을 주요 신문에 내는 것은 허락했지만, 그중 '국민의 전투 의지를 꺾을 수 있는 내용'은 모두 삭제하도록 했다. 7월 28일 이른 아침, 일본 주요 일간지에 '포츠담 선언'의 요약문이 발표되었다. 이를 본 일본 국민은 이제 그만 전쟁이 끝나기를 바랐지만, 군대의 압박을 받던 임시 수상 스즈키 간타로는 국민의 기대를 저버리고 말았다. 그는 다음과 같이 연설했다. "나는 이것이 그저 '카이로 선언'의 복사판에 불과하다고 생각한다. 우리 일본 정부는 '포츠담 선언'에 그 어떤 중요한 가치도 두지 않는다. 우리는 '포츠담 선언'을 무시할 것이며, 끝까지 전투를 벌여 적을 무찌를 것이다." 미국은 일본의 발표 내용을 듣고 즉시 일본 본토에 투하할 원자폭탄을 준비하기 시작했다.

포츠담 선언

포츠담 회담이 반 정도 진행된 7월 25일에 처칠이 영국 의회의 총선거 결과를 확인하기 위해 잠시 영국으로 귀국한 탓에 회담은 이틀 동안 중단되었다. 7월 28일, 의회 총선거에서 애틀리가 이끄는 노동당이 처칠의 보수당을 꺾고 제1당이 되었다. 이제 영국 대표로 포츠담 회담에 참석할 사람은 새로운 영국 총리가 된 애틀리였다. 8월 2일에 스탈린, 애틀리와 트루먼은 각각 정부를 대표해서 '소련, 영국, 미국의 베를린(포츠담) 회담 의정서'와 '베를린(포츠담) 선언'이라는 두 가지 문건에 서명했다. 주요 내용은 다음과 같다. 첫째, 영국과 미국, 소련, 중국, 프랑스 다섯 나라의 '외교장관 회의'를 개최한다. 이 회의는 독일, 이탈리아, 루마니아, 불가리아, 헝가리, 핀란드 등과 평화 협정을 맺기 위한 준비 작업을 담당한다. 둘째, 연합국은 독일의 정치 및 경제 원칙을 정하고, 독일군을 완벽하게 무장 해제시킨다. 아울러 독일 내의 모든 군수 공장을 파괴하고, 군국주의와 나치즘을 뿌리 뽑는다. 그리고 민주주의를 기초로 하는 새로운 정치 체제를 확립한다. 셋째, 소련은 독일 점령지의 자본과 독일이 예전 점령지에서 가져온 공업 설비의 25퍼센트 및 독일의 국외 자본을 몰수해 배상금으로 한다. 영국과 미국은 배상금으로 독일의 서부를 점령하고, 독일의 국외 자본을 몰수한다. 넷째, 독일의 전함과 상선은 영국, 미국, 소련이 나눠 가진다.

▲ 포츠담 회담 중 영국, 미국, 소련 세 나라의 지도자가 사진을 찍었다. 앞 줄 왼쪽부터 애틀리, 트루먼, 스탈린이다. 뒷줄의 왼쪽 두 번째부터 영국의 외교장관 베빈, 미국의 국무장관 번스와 소련의 외무인민위원 몰로토프이다.

다섯째, 독일의 쾨니히스베르크는 소련에 양도된다. 여섯째, 영국과 미국은 폴란드 민족단결 임시 정부와 외교 관계를 맺을 것이며 폴란드 서쪽 국경은 오데르나이세 강이 된다. 일곱째, 이탈리아, 불가리아, 헝가리, 루마니아, 핀란드 등의 나라는 평화 조약에 서명한 후에 국제연합에 가입할 수 있다. 여덟째, 흑해 해협에 관한 '몽트뢰 조약'을 수정한다. 아홉째, 국제 군사법정을 세우고 전범을 재판한다. 이를 위해 9월 1일 이전에 1차 전범 명단을 발표한다.

'포츠담 선언'은 제2차 세계대전 후에 독일과 유럽 문제를 어떻게 해결할지에 관한 기초를 세웠으며 영국과 미국, 소련이 전쟁이 끝난 후에도 계속 협력하기로 했다. 이와 동시에 세 나라는 감출 수 없는 의견 차이를 드러내고 서로 그것을 확인했다. 특히 트루먼은 전임 대통령인 루스벨트와 달리 공산주의 국가인 소련을 미더워하지 않았다. 전쟁이 끝난 후 그들 간의 불신은 더욱 심해졌고, 얼마 후 미국과 소련은 결국 '냉전'에 들어가 50년에 가까운 시간 동안 대립했다.

전쟁의 끝

'포츠담 선언'이 발표된 다음날인 1945년 7월 27일, 일본 정부는 이 선언을 '무시'할 것이며 끝까지 연합군과 싸우겠다고 발표했다. 이에 트루먼은 즉시 일본에 원자폭탄을 투하할 것을 명령했다. 그는 "천황과 그의 군사 고문들을 설득할 유일한 방법은 우리가 그들을 파괴할 능력이 있다는 사실을 보여주는 것뿐이기 때문"이라고 말했다.

개발 경쟁

원자폭탄은 핵분열의 연쇄 반응을 빠른 속도로 일으켜서 이때 발생하는 엄청난 열에너지를 순간적으로 방출시키는 폭탄이다. TNT 같은 일반 화학 폭탄이 방출하는 에너지는 그저 화합물의 분해 반응에서 나오는 것으로 이 과정에서 탄소, 수소, 산소, 질소 등의 원자핵에는 아무런 변화가 없다. 그러나 원자폭탄은 폭발할 때 원자핵이 모두 새로운 형태로 변화한다.

원자폭탄이 폭발할 때 방출하는 에너지는 화학 폭탄만 넣은 무기보다 그 위력이 훨씬 크다. 1킬로그램의 우라늄이 모두 분열하면서 방출하는 에너지는 약 8×1013줄(Joule)로 TNT 폭탄이 방출하는 에너지인 4.19×106줄보다 약 2,000만 배나 크다. 원자폭탄의 폭발 위력은 일반적으로 사용하는 TNT 폭탄이 폭발할 때 방출하는 에너지량으로 표시하는데, 이것을 'TNT당량當量'이라고 한다. 원자폭탄은 폭발할 때 엄청난 열에너지뿐만 아니라 강한 충격파, 핵 방사광, 핵 전자펄스 등을 발생시킨다. 트루먼의 말처럼 당시 일본을 파괴할 수 있는 가장 유일한 무기는 원자폭탄뿐이었다.

원자폭탄 제조는 원자핵물리학의 연구에서 시작되었다. 원자핵물리학의 기초를 세운 사람은 영국의 과학자 러더퍼드이다. 그는 19세기 말에

▼ 티베츠와 그의 동료들이 B-29 폭격기 앞에서 포즈를 취했다. 그들은 히로시마에 원자폭탄을 투하하라는 명령을 받았을 때 이미 죽을 결심을 했다고 한다. 히로시마로 떠나는 날 티베츠와 동료들은 만약 포로로 잡히면 삼킬 독약을 몸에 지니고 있었다.

서 20세기 초까지 원자핵물리학과 관련된 논문을 여러 편 썼지만, 다른 과학자들은 그의 연구가 훗날 엄청난 살상력을 갖춘 무기 제조의 기초가 되리라고는 전혀 생각하지 못했다. 1920~1930년대가 되면서 이탈리아의 페르미, 오스트리아의 마이트너, 프랑스의 퀴리 부부, 영국의 채드윅 같은 학자들이 원자핵물리학을 응용 실험의 수준까지 끌어 올렸다. 그러다가 1939년 초에 드디어 독일의 과학자 오토 한과 슈트라스만이 우라늄 원자핵 분열에 관한 획기적인 논문을 썼다. 이때부터 각국의 과학자들은 이전 학자들의 연구 결과를 토대로 원자핵 분열이 연쇄적으로 일어나는 조건을 본격적으로 연구하기 시작했다. 그들의 목표는 모두 인류의 생활을 더욱 윤택하게 만들 수 있는 고효율의 에너지원을 개발하는 것이었다. 그러나 아이러니하게도 이 연구는 인류를 대량으로 살상하는 무기를 먼저 만들었다. 이 연구의 군사적인 중요성을 가장 먼저 알아본 나치 독일은 1939년에 '원자폭탄 연구 및 제조 기구'를 세웠다. 작전 암호명은 'U 프로젝트'였다.

맨해튼 프로젝트

1939년 9월 1일, 독일이 폴란드를 침공하면서 제2차 세계대전이 시작되었다. 그로부터 얼마 지나지 않아 덴마크의 과학자 보어와 휠러가 원자핵 분열의 과정을 이론적으로 밝히고, 가장 큰 반응을 일으키는 원자가 '우라늄-235'라는 점을 증명했다. 그러나 이들의 획기적인 발견은 그만 파시스트의 대포 소리에 묻히고 말았다. 나치 독일이 유럽 전체로 전쟁을 확대하자, 유럽의 1세대 핵물리학자들은 하나 둘씩 미국으로 이주하기 시작했다. 당시 독일은 핵물리학 분야에서 가장 앞서 있었으나, 학자들 대부분이 미국으로 가버려서 연구 속도가 급속히

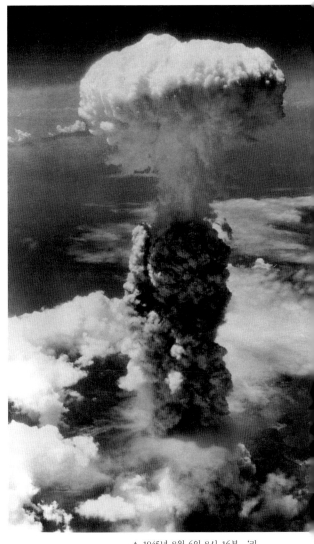

▲ 1945년 8월 6일 8시 16분, '리틀 보이'는 지면에서 약 600미터 떨어진 상공에서 폭발했다. 1,000분의 1초 만에 히로시마에는 온도가 수천만 도에 이르는 거대한 불기둥이 생겼고, 그 바람에 하늘을 날던 새들까지 모두 죽었다. 곧이어 엄청난 크기의 연기 기둥이 하늘 높이 피어오르더니 커다란 버섯 모양이 되었다.

느려졌다. 독일은 미국이 유럽에서 건너간 학자들의 연구를 지원해서 먼저 원자폭탄을 만들까 봐 걱정스러웠지만 달리 방법이 없었다. 1939년 10월, 실라르드를 비롯한 핵물리학자 몇 명이 저명한 물리학자인 아인슈타인에게 편지를 보냈다. 그들은 편지에서 미국 대통령 루스벨트에게 원자폭탄 개발의 중요성과 미국이 독일보다 먼저 원자폭탄을 만들어야 하는 이유를 알려달라고 부탁했다. 아인슈타인은 즉시 루스벨트에게 편지를 써서 독일의 핵물리학 연구가 어떻게 진행되고 있는지 항상 확인해야 하며, 반드시 그들보다 먼저 원자폭탄을 개발해야 한다고 알렸다. 그러자 루스벨트는 아인슈타인의 요청을 받아들여 즉각 원자폭탄에 관한 전문 기구를 건립했다. 1941년 12월 6일, 루스벨트는 원자폭탄 제조 계획을 비준하고 이를 작전 암호명 '맨해튼 프로젝트'라 불렀다. 그러나 초기에 이 프로젝트에 투입된 경비는 겨우 6,000만 달러에 불과했다. 아이러니하게도 '맨해튼 프로젝트'가 실시된 첫날은 일본의 연합함대가 진주만을 공습한 날이었다. 이날 미국은 엄청난 피해를 입었지만, 같은 날 시작한 '맨해튼 프로젝트'가 몇 년 후 일본 본토에 투하할 원자폭탄을 만들어낸 것이다. 1942년 6월, 미국은 많은 인력과 경비를 투입해서 원자폭탄 제조에 박차를 가했다. 미국 육군은 테네시 주의 오크리지, 워싱턴 주의 핸퍼드, 뉴멕시코 주의 로스앨러모스 등지에 비밀리에 원자폭탄 연구 및 실험 기지를 세웠다. 그중 오크리지 기지는 전력과 화력 생산을 담당했고, 핸퍼드 기지는 플루토늄 생산을 맡았으며, 로스앨러모스 기지에서는 폭탄 개발 및 설계가 진행되었다. '맨해튼 프로젝트'의 총책임자는 그로브스 육군 준장이었으며, 원자폭탄의 설계와 제조 과정은 이론물리학자인 오펜하이머가 지휘했다. '맨해튼 프로젝트'는 철저하게 비밀에 부쳐졌고, 국회의원, 심지어 당시 부통령이던 트루먼도 이에 대해 전혀 알지 못했다. 1943년부터 1945년 7월까지 미국은 이 프로젝트에 과학자와 기술자 10만 명을 투입하고 25억 달러가 넘는 경비를 들였다.

▼ 승리의 키스

1945년 8월 15일, 뉴욕 거리 곳곳에 제2차 세계대전의 승리를 축하하는 사람들이 모였다. 사람들은 환호하면서 거리로 뛰어나왔고 흥분해서 소리를 지르기도 했다. 기쁨에 들뜬 한 수병이 타임 스퀘어 광장에서 처음 만난 간호사에게 키스하는 순간이 사진사 앨프리드 아이젠스타트의 카메라에 포착되었다. 이 사진은 미국의 〈라이프(LIFE)〉지에 실리면서 매우 유명해졌다.

이렇게 미국이 원자폭탄의 제조에 열을 올리는 한편 독일은 연구에 전혀 진척이 없었다. 서유럽을 점령한 후 이미 전쟁에 승리했다고 판단한 히틀러가 원자폭탄의 필요성을 느끼지 못했기 때문이다. 나중에 상황이 나빠지자 히틀러는 다시 원자폭탄 제조를 시도했지만, 그때는 이미 연구에 투입할 과학자나 경비가 턱없이 부족했다. 그래서 독일은 결국 원자폭탄 제조 경쟁에서 미국에 뒤졌다. 1943년 2월 27일 깊은 밤, 노르웨이 저항 조직의 한 조직원이 노르웨이의 베모르크 중수重水 공장에 비밀리에 잠입했다. 이곳은 나치 독일이 유일하게 중수를 생산하는 공장이었는데, 그는 이 공장에 있던 1.5톤이나 되는 중수 및 일부 설비를 폭파했다. 중수는 보통의 물보다 분자량이 더 큰 물로, 원자폭탄을 제조하는 데 반드시 필요한 물질이다. 이 중수 공장 폭파 사건은 독일이 원자폭탄 제조 경쟁에서 뒤지는 또 하나의 원인이 되었다. 1944년 2월, 연합국의 폭격기가 베모르크 공장에서 생산된 중수를 가득 싣고 가던 독일의 수송선 1척을 격침했다. 이 일로 독일의 원자폭탄 제조 계획은 완전히 실패로 돌아갔다.

피어오르는 버섯구름

1945년 7월 16일 새벽 5시 30분, 미국의 뉴멕시코 주의 앨라모고도 사막에서 첫 번째 원자폭탄 시험 폭발이 성공했다. 현장에서 실험을 지휘하던 그로브스 준장은 피어오르는 거대한 버섯구름을 바라보면서 "전쟁이 곧 끝나겠군. 이런 폭탄은 한두 개만 떨어뜨려도 일본 전체를 파괴하겠는걸."이라고 중얼거렸다. 그때까지 미국이 만들어낸 원자폭탄은 두 개뿐이었지만, 그것만으로도 일본의 주요 도시를 완전히 파괴할 수 있었다. 원자폭탄이 준비되자 육군 장관 스팀슨은 투하할 도시를 선정하기 시작했다. 여러 도시 중 일본의 군수 산업이 집중된 정도를 따져서 최종적으로 니가타, 히로시마, 고쿠라, 나가사키, 교토로 좁혀졌다. 트루먼은 이 다섯 도시를 두고 고민하다가 스팀슨, 마셜 등 고위 장성들과 함께 최종적으로 히로시마를 선정했다. 7월 27일부터 8월 1일까지 미국의 군용기가 일본 각 도시의 상공에 나타나 '포츠담 선언'이 쓰인 종이 300만 장과 전단지 150만 장을 뿌렸다. 전단지에는 곧 연합국의 맹렬한 포격이 있을 것이라는 경고가 쓰여 있었다.

▲ 미주리 호의 항복 문서 조인식
마이크 뒤에 서 있는 사람은 태평양 지역 육군 총사령관 맥아더 장군이다. 그 밖에도 연합국의 여러 장성이 일본의 육군 참모총장 우메즈 요시지로가 항복 문서에 서명하는 것을 지켜보고 있다. 요시지로가 서명을 마치자 맥아더가 연합국 대표로 서명했다.

1945년 8월 6일 새벽, 미국 제20항공부대 제509혼합대대의 티베츠(Paul W. Tibbets) 대령이 B-29 폭격기에 올랐다. 그는 폭격기에 '리틀 보이'라는 별명이 붙은 원자폭탄을 달고 태평양의 티니언 섬에서 이륙했다. 아침 8시경, 티베츠는 히로시마 상공에 도착해서 잠시 바람의 방향을 살핀 다음 '리틀 보이'를 떨어뜨렸다. '리틀 보이'는 낙하산이 펴지면서 매우 천천히 내려가다가 지면에서 600미터 떨어진 상공에서 폭발했다. 그 순간 폭발 지점에는 지름이 100미터나 되는 거대한 불기둥이 생겼고 엄청난 폭발음이 들렸다. 잠시 후 불기둥이 엄청난 크기의 버섯구름을 만들어내자 히로시마 전체는 완전히 검은 연기로 가득 찼다. TNT당량이 2만 톤에 달하는 '리틀 보이'는 폭발하는 순간 사망자 8만 명을 발생시켰다. 8월 9일 오전 11시 30분, 미국은 나가사키에 '팻 맨'이라고 불린 원자폭탄을 떨어뜨렸다. 나가사키는 산이 많아서 히로시마보다 상대적으로 피해가 적었지만, 폭발과 동시에 7만 명이 사망했고 1만 4,000명이 핵 방사광에 노출되었다.

1945년 8월 15일에 일본 천황 히로히토는 전국에 조서를 발표하고 무조건 항복한다고 선포했다. 9월 2일 오전 9시, 도쿄 만에 정박한 미국의 미주리 호에서 항복 문서 조인식이 열렸다. 이로써 제2차 세계대전은 완전히 막을 내렸다.

전범 재판 : 뉘른베르크와 도쿄

제2차 세계대전의 막이 내리자 이제 이 엄청난 비극을 초래한 전범을 처리하는 문제가 남았다. 연합국은 뉘른베르크와 도쿄에 각각 국제 군사법정을 열고, 추축국이 저지른 범죄를 낱낱이 밝히기 시작했다. 전쟁 중에 무고하게 희생되거나 박해받은 사람들을 위해, 그리고 다시는 이런 비극이 일어나지 않기 위해 전범 재판은 반드시 필요한 일이었다.

뉘른베르크 전범 재판

1941년 말 나치 독일의 파시즘이 유럽 대륙을 휘젓고 있을 때 프랑스, 벨기에, 네덜란드, 노르웨이, 그리스 등 8개국 피난 정부는 공동으로 영국 런던에 '연락 회의'를 세웠다. 그들은 이곳을 통해 전쟁이 끝난 후 나치 전범을 처리할 문제에 대해 의견을 나누었다. 다음해 1월 13일, 이 나라들은 런던의 세인트 제임스 궁전에서 인류에 용서할 수 없는 죄악을 저지른 전범들을 사법적으로 처리하겠다고

▼ 1946년 9월 21일, 뉘른베르크 군사법정에서 괴링이 자신의 무죄 변호를 하고 있다. 그는 모든 책임을 이미 사망한 사람들에게 돌리면서 자신은 나치의 유대인 학살에 대해 전혀 몰랐으며, 이는 모두 힘러가 혼자서 벌인 일이라고 주장했다. 또 전쟁을 일으킨 사람은 히틀러인데 왜 자신에게 책임을 추궁하느냐고 반문했다.

▶ 뉘른베르크 군사법정은 연합국에서 제공한 변호사 명단에서 변호사 22명을 선발해 피고인들에게 배치했다. 전범들은 모두 서로 상대방에게 잘못을 돌렸다.

선언했다. 1943년 10월에 영국, 미국, 소련의 외교장관들은 모스크바에 모여 '히틀러가 저지른 악행과 그 책임 문제에 관한 선언'을 발표하고, 히틀러를 비롯한 나치 전범들은 전쟁이 끝나자마자 심판받아야 한다고 주장했다. 제2차 세계대전에서 독일이 무너지기 직전이던 1945년 2월, 영국과 미국, 소련의 세 지도자는 얄타 회담에서 전범들을 신속하고 공정하게 재판하겠다는 의지를 다시 한 번 확인했다. 이후 독일이 항복하자 세 나라의 지도자는 다시 포츠담에 모여서 국제 군사법정을 세워 전범을 재판하고 징벌할 것을 결의했다. 8월 8일에 영국, 미국, 소련, 프랑스 4개국 정부는 런던에서 공동으로 추축국의 주요 전범을 기소하고 동시에 '유럽 국제 군사법정 헌장'을 통과시켰다. 이 네 나라는 독일 남부에 있는 뉘른베르크 감옥에서 유럽 국제 군사법정을 열기로 합의했다. 뉘른베르크 군사법정은 네 나라에서 각각 임명한 재판관 네 명과 부재판관 네 명으로 구성되었으며 영국, 미국, 프랑스의 법체계를 따르기로 했다. 재판관들은 모두 표결권이 있고 판결은 다수결로 정하는데, 최종 결정에는 최소한 찬성표가 세 장 필요했다. 재판장은 재판관 네 명이 돌아가며 맡기로 했다.

1945년 10월 18일에 영국, 미국, 소련, 프랑스에서 각각 파견한 검찰관으로 조직된 국제 검찰과 기소위원회가 소송을 시작했다. 그들은 괴링 등 24명을 전쟁 발발 음모죄, 반인류범죄, 반평화범죄, 전범죄로 기소했다. 이와 동시에 나치당 및 독일의 정치 기구 여섯 개도 범죄 조직으로 기소되었다. 얼마 후 기소된 24명은 영국의 심리학자 앤드루가 관리하는 뉘른베르크 감옥으로 압송되었다. 24명 중 보르만은 있는 곳이 확실하게 파악되지 않아 결석 재판으로 진행되었다. 또 라이는 10월 25일에 감옥의 독방 화장실에서 수도관에 목을 매 자살했으며, 크루프는 '신체와 정신 상태가 좋지 않아서' 재판을 보류했다. 11월 20일 오전 10시, 재판장을 맡은 영국인 재판관 로렌스가 뉘른베르크 군사법정이 정식으로 열렸음을 선포했다. 다음 날, 각국 검찰관들이 기소장을 읽어 내려가면서 기나긴 전범 재판이 시작되었다.

전범들은 모두 자신이 저지른 범죄에 대해 무죄 변호를 했다. 그중 리벤트로프는 히틀러가 평화를 추구한다는 사실을 의심해본 적이 없다며 자신도 신념에 따라 충실하게 명령을 따랐을 뿐이라고 말했다. 카이텔은 군인으로서 상부의 명령을 따랐을 뿐이므로 자신은 무죄라고 주장했다. 1946년 8월 31일까지 뉘른베르크 군사법정에서는 공판이 403차례나 열렸다. 한 달의 휴정 기간을 거친 후 1946년 9월 30일에 다시 열린 법정에서 재판관들은 250페이지에 달하는 판결문을 읽기 시작했다. 괴링, 리벤트로프, 카이텔, 칼텐브루너(Kaltenbrunner), 로젠버그, 프랑크, 프리크(Frick), 슈트라이허, 샤우켈(Sauckel), 요들, 인크바르트, 보르만 12명은 교수형에 처해졌다. 헤스, 레더, 훙크(Funk)는 종신형, 스피어, 쉬라크(Schirach)는 20년 형, 노이라트는 15년 형, 되니츠는 10년 형을 받았으며, 샤흐트, 파펜, 프릿체(Fritzsche)에게는 무죄 석방이 선고되었다. 판결이 끝나자 소련 재판관 니키첸코는 이 판결에 관한 개인의 의견서를 읽어 내려갔다. 30페이지에 달하는 이 의견서에서 그는 판결에 대한 불만을 드러냈다. 그는 독일의 내각, 총참모부 및 국방군 최고사령부가 범죄 조직으로 인정되지 않은 점, 헤스를 무기 징역에 처하는 것, 그리고 샤흐트, 파펜, 프릿체가 무죄인 것을 모두 반대한다고 말했다. 그리고 소련은 이 판결에 대한 태도를 보류하겠다고 선언했다. 실제로 무죄 석방 판결을 받은 사람들도 스스로 매우 놀랐고, 오히려 밖에 나갔다가 분노한 시민의 공격을 받을까 봐 감옥에서 나가는 것을 꺼렸다. 1946년 10월 16일 새벽 1시 11분, 뉘른베르크 감옥의 운동장에서 사형 선고를 받은 12명 중에 보르만과 괴링을 제외한 나치 전범 10명에 대한 교수형이 집행되었다. 보르만은 그때까지도 행방이 묘연했으며, 괴링은 군대식으로 총살형을 요구했다가 거절당하자 형이 집행되기 두 시간 전에 치아 안에 몰래 숨겨 왔던 독약을 먹고 자살했다.

도쿄 전범 재판

한편, 지구 반대편에서도 세기의 재판이 진행되고 있었다. 일본점령군 최고사령관인 맥아더는 1946년 1월 19일에 '극동 국제 군사법정 헌장'을 선포하고 도쿄에서 군사법정을 열었다. 연합군 최고사령부의 국제 검찰은 도조 히데키, 고우키 히로타 등 일본의 중요 전범 28명을 기소했다. 이 극동 군사법정의 재판관은 승전국에서 우선 11명을 지명하고, 맥아더가 이들을 최종적으로 임명했다. 그들은 미국의 히긴스, 중국의 메이루아오, 영국의 패트릭, 소련의 자라야노프, 오스트레일리아의 웹, 캐나다의 맥두걸, 프랑스의 베르나르, 네덜란드의 뢸링, 뉴질랜드의 노스크로프트, 인도의 펄 판사와 필리핀의 하라니야였다. 그중 미국의 히긴스는 나중에 크라메르(Cramer)로 교체되었다. 재판장은 오스트레일리아의 웹이 맡았다. 극동 군사법정도 뉘른베르크 법정과 마찬가지로 영국과 미국의 법체계에 따라 기소 절차를 처리했으며 모든 안건은 다수결로 결정했다.

1946년 5월 3일, 도쿄의 일본 육군 본부 강당에서 군사법정이 시작되었다. 도쿄 재판은 뉘른베르크 재판보다 오래 걸렸다. 이후 2년 반 동안 818차례 공판이 열렸고, 재판 기록은 4만 8,000페이지에 달했다. 법정에 출두한 증인은 419명이었고, 서면 증인은 779명이었으며, 증거는 4,300여 개였다. 최종 판결을 내릴 때 전범 28명에 대한 판결문은 무려 1,213페이지에 달했다. 중국 판사 메이루아오는 자신의 회고록에서 당시 법정이 전범들에게 너무 관대했으며, 증인 명단도 신중하게 살피지 않았다고 말했다. 또 재판관 수에 비해 전범과 증인이 너무 많은 탓에 더 정확한 판결이 이루어지지 않았다고 회고했다. 메이루아오에 따르면 국제 검찰은 거의 미국의 조종을 받아 움직였기 때문에 죄가 있는 전범을 풀어주려고 하기까지 했다. 그러나 자신이 이런 일을 방지하기 위해 매우 노력해서 다행히 중국인의 피를 흘리게 한 일본의 전범들을 교수형에 처할 수 있었다고 말했다.

1948년 11월 12일, 극동 군사법정은 다음과 같은 판결을 내렸다. 도조 히데키, 겐지 도이하라, 고키 히로타, 이타가키 세이시로, 기무라 헤이타로, 마쓰이 이와네, 무토 아키라 7명은 교수형에 처한다. 하타 슌로쿠, 고이소 쿠니아키, 아라키 사다오, 하시모토 긴고로, 호시노 나오키, 키도 코이치, 미나미 지로, 오카 다카즈미, 오시마 히로시, 사토 겐료, 시마라 시게타로, 스즈키 테이치, 히라노마 키치로, 카야 오키노리(결석 재판), 시라토리 토시오(결석 재판), 우메즈 요시지로(결석 재판) 16명에게는 종신형을 내린다. 도고 시게노리는 20년 형, 시게미토 마모루는 징역 7년을 선고한다. 이 밖에 나가노 오사미, 마쓰오카 요스케는 재판 기간 중 사망했

▲ 제2차 세계대전이 끝나고 다시 평화가 찾아왔다. 1945년 10월, 독일 바이에른에서 한 미군 병사가 아이에게 껌을 주고 있다. 물통을 들고 신발을 신지 않은 아이의 모습에서 당시 생필품 부족 현상이 얼마나 심했는지 알 수 있다.

으며, 오카와 슈메이는 정신착란 증세를 보여 석방되었다. 오카와 슈메이는 나중에 쓴 책에서 사실은 자신이 군사법정에서 '미친 척한 것'이었다고 고백했다. 그는 형벌을 피하기 위해 법정에서 갑자기 도조 히데키의 머리를 내리친다든지, 큰소리로 노래를 부르는 등의 행동을 했다. 그는 즉시 정신 병원에 감금되어 판결을 피할 수 있었다. 12월 23일 깊은 밤, 도쿄 근교의 스가모 구치소에서 도조 히데키 등 전범 7명이 교수형에 처해졌다. 이후 냉전 기간이 되면서 하타 슌로쿠, 아라키 사다오, 시게미쓰 마모루 등은 석방되었다.

뉘른베르크 국제 군사법정과 도쿄 국제 군사법정은 헌장의 내용, 조직, 운영 방식 등은 조금씩 달라졌지만, 그 기본적인 목적은 같았다. 바로 파시스트 정부의 정책 결정자, 전쟁의 발발을 결정한 자, 침략 전쟁을 주도한 자, 그리고 이 밖의 주요 책임자를 전범으로 기소하고 징벌하는 것이다. 하지만 무엇보다 중요한 목표는 바로 앞으로의 평화였다. 이 재판은 앞으로 침략 전쟁을 시도하는 국가에 대한 강력한 경고였다.

평화

　제2차 세계대전은 완전히 끝났지만 그것이 남긴 상처와 아픈 기억은 영원히 잊을 수 없을 것이다. 총 61개의 국가가 참전했고, 연합국과 추축국을 합해 약 1억 500만 명이나 동원되어 5,000만 명이 넘는 사람이 희생되었다. 또 전쟁터는 유럽에서 시작해서 아시아, 아프리카, 태평양, 대서양, 인도양, 아이슬란드에까지 이르렀다. 물질적인 피해는 4조 달러에 달했으며, 전쟁 탓에 사망한 사람은 5,000여만 명으로 제1차 세계대전의 4배에 달했다. 이제 우리는 과거의 아픈 역사를 되돌아보면서 앞으로는 이런 비극이 발생하지 않도록 노력해야 한다. 전쟁이 아픈 상처를 남긴 만큼 살아남은 사람들은 더욱 평화를 사랑하며 앞으로 나아가야 할 것이다.

연합국을 이끈 세 인물

제2차 세계대전은 끝났지만 사람들은 여전히 그 치열했던 전쟁을 잊지 않고 있다. 특히 미국, 소련, 영국의 지도자들이 이루어낸 수많은 공헌은 지금도 사람들의 입에 오르내린다. 몸은 불편했지만 의지가 강했던 루스벨트는 휠체어 위에 앉아 전쟁의 거의 모든 사항을 결정했다. 역시 불굴의 의지를 지닌 스탈린은 매일 급격히 바뀌는 전쟁 상황에서도 절대 물러나지 않고 독일에 저항했다. 문학가적 기질이 다분했던 처칠은 아무리 어려운 상황에서도 시종일관 반드시 이긴다는 희망을 버리지 않았다. 이 세 인물은 제2차 세계대전에서 그 누구도 무시할 수 없는 훌륭한 업적을 세웠다.

휠체어 위의 거인 루스벨트

프랭클린 델러노 루스벨트는 1882년 1월 30일에 미국 뉴욕의 한 상류층 집안에서 태어났다. 어렸을 때부터 매우 좋은 교육을 받은 그는 열네 살이 되었을 때 '정치가의 요람'으로 불리는 그로턴 스쿨에 들어갔다. 1900년에 하버드 대학에서 정치학, 역사학, 미디어학을 전공했고, 1904년에는 컬럼비아 대학의 로스쿨에 들어가서 공부했다. 그는 우선 변호사가 되어 경력을 쌓은 다음에 정치에 입문하기로 했는데, 이는 당시 정치에 입문하는 가장 일반적인 방법이었다.

루스벨트는 3년 동안 변호사로 일한 후 1907년에 정치가로서의 길을 걷기 시작했다. 이때 그는 민주당에 가입하여 공화당 정치인인 숙부와 큰 갈등을 일으키는 계기가 되었다. 그의 숙부는 바로 제26대 미국 대통령 시어도어 루스벨트이다. 그는 조카가 민주당에 들어가자 매우 화를 내며 "이 비열한 놈!", "도둑놈!"이라고 욕을 했지만, 루스벨트는 끝까지 자신의 선택을 굽히지 않았다. 사람들 앞에서 매일 수십 차례씩 연설하던 그는 정치가로서 점점 명성이 높아져 마침내 뉴욕 주 상원의원으로 당

▼ 1932년 9월 27일, 루스벨트(가운데) 주지사가 전용 차량에서 연설하고 있다. 얼마 후 그는 민주당 후보로서 대통령 선거에 뛰어들었고, 이듬해 3월 4일에 미국 대통령이 되었다. 루스벨트는 취임한 후 새로운 정치를 시도하며 미국 경제가 안정적으로 성장할 수 있도록 했다. 이때 경제 발전을 이룬 덕분에 미국은 전쟁을 벌이는 동안에도 재정적으로 그다지 큰 어려움을 겪지 않았다. 미국의 경제와 사회는 제2차 세계대전이 끝난 후 오히려 더 크게 발전했다.

▲ 1941년 12월 7일, 일본이 진주만을 공습했다. 당시 미국 대통령이던 루스벨트는 12월 8일 오후 3시 8분에 백악관에서 '대일 전쟁 선언' 에 서명했다.

선되었다. 1913년에 미국의 윌슨 대통령은 루스벨트를 미국 해군 차관으로 임명했고, 이때부터 루스벨트는 미국의 최고 권력층에 발을 들이게 되었다. 1921년 8월, 루스벨트는 가족들과 함께 캠포벨로 섬에서 휴가를 보냈다. 그런데 숲에서 큰 화재가 일어나 루스벨트도 사람들과 함께 불을 끄다가 그만 차가운 바닷물에 빠졌다. 당시에 그는 이 일을 대수롭지 않게 생각했지만, 이 일로 척수에 염증이 생겨서 이후로 평생 휠체어에 앉아서 생활해야 했다.

1928년에 병이 어느 정도 가라앉자 루스벨트는 다시 정치에 뛰어들어 뉴욕 주 주지사 선거에 나갔다. 선거 유세 기간에 상대 후보는 계속 루스벨트의 장애를 들먹이며 주지사로 적합지 않다고 공격했다. 하지만 루스벨트는 이에 조금도 아랑곳하지 않고 이렇게 말했다. "주지사는 서커스 단원이 아닙니다. 여러분은 주지사가 앞구르기를 하거나 뒤구르기를 잘해서 뽑는 것이 아니지요. 주지사가 하는 일은 지적인 노동입니다. 그저 머리로 주민을 위한 복지를 생각해내면 되죠." 얼마 후 그는 뉴욕 주 주지사로 당선되었고, 5년 후에 대통령 선거에 도전하겠다고 선언했다. 실제로 루스벨트는 당선 가능성이 매우 컸던 허버트 후버를 물리치고 미국 제32대 대통령이 되었다. 당시 미국은 무척 심각한 경제 위기에 빠져 있었다. 루스벨트는 취임 선서에서 온 국민이 함께 이 위기를 헤쳐 나가자며 "우리가 가장 두려워해야 할 것은 바로 두려움 그 자체입니다."라고 말했다. 루스벨트는 취임하자마자 미국 경제를 회복시켰고, 1936년에 매우 순조롭게 연임에 성공했다.

1939년 9월, 제2차 세계대전이 발발했다. 이때 루스벨트는 주변의 의견을 모두 물리치고 의회가 전쟁 중립법의 수정안을 통과시키도록 밀어붙였다. 미국은 이렇게 해서 영국을 비롯한 연합군에 무기를 수송할 수 있었다. 1940년 5월, 독일이 유럽 대륙을 점령하려고 들자 루스벨트는 직접 미국 의회에 나가서 국방을 튼튼하게 해야 하니 예산을 지원해달라고 요청했다. 그해에 그는 다시 한 번 연임에 성공했다. 그해 말, 루스벨트는 영국 총리 처칠이 보낸 긴급한 구원 요청 편지를 받았다. 처칠은 이 편지에서 독일의 침략을 막으려면 대규모 장비가 필요한데 영국은 그만한 재정이 없으니 미국이 좀 도와주기를 바란다고 썼다. 영국을 도와주려면 우선 의회를 설득해야 했기에 루스벨트는 다시 한 번 의회에 나가 이렇게 말했다. "우리는 불이 난 이웃에게 정원의 물 호스를 빌려주어야 합니다. 불이 꺼지면 이웃은 호스를 돌려줄 테고, 호스가 망가졌다면 배상하겠지요. 무엇보다 중요한 건 이후 두 집의 사이가 좋아진다는 것입니다." 루스벨트의 말에 설득된 미국 의회는 1941년 3월에 '차관 법안'을 통과시켰다. '차관 법안'은 대통령이 무기를 장만해서 미국의 안전과 관련된 나라에 빌려줄 수 있는 권한을 부여했다. 이 법안이 통과된 후 미국에서 만들어진 엄청난 양의 전쟁 장비가 영국으로 수송되기 시작했다.

일본이 진주만을 공습한 후, 미국은 일본, 독일, 이탈리아에 정식으로 선전포고하고 미국 전역에 전쟁 동원령을 선포했다. 1942년 1월 1일, 루스벨트의 건의로 영국, 미국, 소련, 중국 등 26개 국가의 대표가 미국 워싱턴에 모여 '연합국 선언'에 서명했다. 이로써 국제적인 반反파시스트 연합 전선이 구축되었다. 1943년 1월, 루스벨트와 처칠은 모로코의 카사블랑카에서 회담하여 시칠리아 상륙 작전과 노르망디 상륙 작전을 확정했으며 추축국으로부터 '무조건 항복'을 받아낼 것을 결의했다. 그해 11월에 루스벨트와 처칠, 장제스는 이집트 카이로에서 회담을 열어 중국과 태평양의 전쟁 상황에 대해 이야기를 나누었다. 카이로 회담이 끝나자마자 루스벨트와 처칠은 다시 이란의 테헤란으로 이동해서 스탈린과 회담했다. 이 회담에서 그들은 프랑스를 통해 독일 본토로 진격하는 작전 계획에 대해 합의했다. 또 전쟁이 끝난 후 독일의 처리 문제, 소련의 태평양 전쟁 참전 등의 중요한 문제를 논의함으로써 최종 승리를 향한 기초를 닦았다.

1944년 11월 17일, 루스벨트는 다시 한 번 연임에 성공해 미국 역사상 유일하게 네 번이나 연임한 대통령이 되었다. 1945년 2월에 루스벨트는 건강이 무척 나빠졌으나 개의치 않고 얄타 회담에 참석했는데, 이것이 루스벨트, 처칠, 스탈린의 마지막 회담이었다. 같은 해 4월 12일에 루스벨트는 예순셋의 나이로 조지아 주 자택에서 뇌출혈로 사망했다.

구두장이의 아들 스탈린

▲ 스탈린
스탈린이 세운 소련 사회주의 발전 모형은 20세기의 전 세계에 큰 영향을 미쳤다.

어렸을 때부터 풍족하게 살았던 루스벨트와 달리 이오시프 비사리오노비치 스탈린은 무척 가난한 집안에서 자랐다. 1879년에 조지아 고리에서 태어난 스탈린의 어린 시절은 폭력으로 가득했다. 그의 아버지는 아주 가난한 구두 수선공이었는데 언제나 술에 취해서 아내와 아들을 때렸다. 스탈린이 열한 살이 되던 해에 아버지가 병으로 세상을 떠나자 생활은 이전보다 더욱 힘들어졌다. 몇 년 후 스탈린은 동방 정교회의 중학교에 들어가서 당시 유행하던 혁명 사상을 접하게 되었고, 점차 혁명 활동에 빠져들었다. 그러다가 1899년에는 쿠데타를 일으키려는 자들과 교류한다는 이유로 학교에서 쫓겨났는데 이때부터 더욱 적극적으로 마르크스주의 운동에 참여했다. 그와 그의 동지들은 황제가 통치하는 부패한 황실을 무너뜨리고 공산주의 정부를 세우려 시도하다가 여러 번 감옥에 갇혔다. 여러 차례 투옥과 유배를 겪었지만, 스탈린은 오히려 혁명에 대한 의지가 더욱 강해졌다. 열정적인 스탈린은 금세 레닌의 신임을 얻어서 러시아 혁명을 위해 더 많은 일을 하게 되었다. 1917년에 2월 혁명이 승리하자 스탈린은 유배지에서 페테르부르크로 돌아왔다. 그는 러시아 볼셰비키 당의 제7차 대표 회의에 참여해 러시아 공산당 중앙위원회의 정치국 위원에 당선되었다. 이후 스탈린은 레닌을 대신해서 당 중앙위원회의 모든 보고를 관리하고 결정할 정도로 최고 권력의 중심에 들어섰다. 1917년 10월, 새로 들어선 정부가 민심을 얻지 못하자 러시아 공산당 중앙위원회는 확대회의를 열었다. 그들은 페테르부르크에서 무장 혁명을 일으키기로 했고 스탈린은 이 혁명의 지도자 중 한 명으로 참여했다. 얼마 후, 스탈린은 동궁冬宮에서 벌어진 전투에서 혁명군을 이끌고 가장 앞에 서서 진격했다.

이것이 바로 10월 혁명이다. 스탈린은 10월 혁명이 성공한 후에도 외국 무장 세력 및 국내의 저항 세력에 맞서 계속 전투를 지휘했다. 치열한 전투에서 승리할수록 스탈린의 지위와 영향력은 계속 커졌다.

1922년 4월에 러시아 공산당 제11차 대표회의에서 레닌의 지명을 받은 스탈린은 중앙위원회 총서기로 당선되었다. 이후 30년 동안 그는 공산당의 최고 지도자였고, 1924년 1월에 레닌이 세상을 떠난 후부터는 공산당뿐만 아니라 소련 정부의 최고지도자가 되었다. 권력의 최고봉에 올라선 스탈

▲ 크렘린 궁에 있는 스탈린
1936년 4월 29일에 촬영된 사진이다.

린은 소련을 농업국가에서 공업국가로 탈바꿈시키는 데 최선을 다했다. 1930년대 말, 스탈린은 자신의 권력을 더욱 다지고자 공산당 내에서 대규모 숙청 작업을 시작했다. 이때 공산당과 군대의 수많은 우수한 간부와 장성이 참혹하게 박해당하거나 사형에 처해졌다. 이로 말미암아 소련 군대의 지휘 체계마저 흔들렸고, 이 때문에 소련은 이어진 몇몇 전쟁에서 어려움을 겪기도 했다. 그러나 스탈린은 '일국사회주의론'을 주장하며 소비에트 민족의 위대성을 고취해 국민의 민족주의적인 애국심을 불러일으켰다. '일국사회주의론'이란 세계적인 공산주의혁명이 없어도 한 나라에서 사회주의를 건설할 수 있다는 이론이다.

유럽 대륙에 전쟁의 기운이 감돌자 스탈린은 독일과 1939년 8월 23일에 독일과 '상호불가침 조약'을 맺었다. 스탈린은 이로써 어느 정도 시간을 벌었다고 생각했으나, 독일은 1941년 6월 22일에 선전 포고도 하지 않고 소련을 공격했다. 100만이 넘는 독일 병사들이 소련 국경을 넘어 들어오더니, 하루 만에 국경 안으로 몇십 킬로미터나 진격했다. 소련의 최전방 부대는 아무런 반격도 하지 못했으며, 수많은 군사 시설이 파괴되는 등 상황은 날로 나빠졌다. 7월 3일에 스탈린은 전국에 전쟁 선언 연설을 하면서 국민에게 온 힘을 다해서 독일 파시스트들의 침략에 저항하라고 말했다.

11월 초, 독일군은 소련의 수도 모스크바 근처까지 진격했다. 긴박한 상황이었지만 스탈린은 물러서지 않고 굳건하게 모스크바에 남았다. 11월 7일에 스탈린은 평소대로 붉은 광장에서 10월 혁명의 승리를 기념하는 대규모 열병식을 거행한 후, 군대를 향해 감동적인 연설을 했다. "위대한 레닌의 승리의 깃발을 그대들에게 줄 테니, 독일 침략자들을 격파하라! 독일 점령자들을 몰살하라!" 이후 전투 기간 내내 스탈린은 감동적인 연설로 붉은 군대와 국민을 일깨웠다. 그는 연설할 때마다 언제나 "소련의 붉은 군대는 절대 패배하지 않는다. 소련의 정신도 사라지지 않는다."라고 말했다.

1943년 2월 스탈린그라드 공방전에서 큰 승리를 거둔 소련군은 사기가 올라 이때부터 적극적으로 반격하기 시작했다. 이후 스탈린은 테헤란 회담, 얄타 회담에 참석해서 처칠, 루스벨트와 수많은 문제를 논의하며 반反파시스트 연합을 조직하는 데 큰 공헌을 했다. 스탈린은 제2차 세계대전이 끝난 후에도 계속 공산당과 정부의 최고 지도자로 일했으며, 소련을 강국으로 만들기 위해 온 힘을 기울였다. 1953년 3월 5일, 스탈린은 일흔넷의 나이에 뇌출혈로 세상을 떠났다.

문학가이자 정치가 처칠

윈스턴 처칠은 세 인물 중 나이가 제일 많았으며 정치가로서도 가장 힘든 과정을 겪었다. 그는 매우 어려운 시기에 총리가 되어 열심히 일했지만, 승리가 눈앞에 있을 때 물러나야 했다. 그러나 처칠은 얼마 후 다시 영국의 총리가 되었다. 그는 1953년에 《처칠 회고록─제2차 세계대전》을 펴내 그해에 노벨 문학상을 받기도 했다. 사람들은 아직도 그가 뛰어난 정치가인지, 아니면 뛰어난 문학가인지에 대해 이야기한다.

윈스턴 처칠은 1874년에 영국의 한 귀족 집안에서 태어났다. 그의 조상인 말버러 경은 영국 역사에서 아주 유명한 군 지휘관으로, 앤 여왕이 통치하던 시기에 정계를 휩쓸던 인물이었다. 또 처칠의 아버지인 랜돌프 처칠 경은 19세기 말 영국의 걸출한 정치가였다. 그래서 처칠은 어렸을 때부터 영국 역사에 대한 자부심과 국가에 대한 책임감을 기르며 자랐다.

처칠은 어렸을 때부터 아주 훌륭한 교육을 받았으며, 1894년에는 유명한 샌드허스트 육군사관학교를 졸업했다. 그는 졸업 후 바로 군대에 들어가서 인도 남부의 벵갈루루에 부임했다. 그는 여러 부대를 옮겨 다니면서 강인함과 담대함을 키웠는데 이는 훗날 영국이 전쟁이라는 난관에 부딪혔을 때 큰 역할을 했다.

1900년에 퇴역한 처칠은 보수당의 하원 의원으로 선출되면서 정치에 입문했으며, 4년 후에 보수당에서 자유당으로 옮겼다. 1906년에는 내각에 들어가 식민 차관, 통상 장관, 내무 장관 등을 차례로 맡았다. 또 1911년에 해군 장관에 임명되어 영국 해군의 전투력을 크게 발전시켰다. 제1차 세계대전 기간에 처칠은 통상 장관, 육·해군 장관, 식민 장관 등을 역임했고, 전쟁의 승리를 위해서 많은 공헌을 했다. 1922년에 자유당을 나온 처칠은 2년 후 다시 보수당에

▲ 1945년 5월 8일은 유럽의 승리의 날이었다. 이날 점심을 먹은 처칠이 런던 보건부 청사의 발코니로 나오자 사람들은 그를 보고 환호하며 승리를 기뻐했다. 처칠은 그들을 향해 소리쳤다. "이것은 당신들의 승리입니다. … 이렇게 아름다운 날은 다시 없을 겁니다." 그는 햇볕 아래에서 환하게 웃으며 손가락으로 승리의 'V' 자를 그려 보였다.

들어가서 하원의원으로 선출되었다. 그리고 같은 해에 다시 내각으로 들어가서 1929년까지 계속해서 재무 장관을 맡았다. 이후 10년 동안 처칠은 재야에서 정치 활동을 계속했다. 그의 이런 정치 여정은 루스벨트, 스탈린과 비교했을 때 확실히 굴곡이 많은 편이다.

독일의 지도자가 된 히틀러는 군비를 확장하고 전쟁을 준비했다. 이로써 영국에 대한 위협도 날로 커졌으나, 영국 정부는 여전히 독일이 영국을 공격하지는 않을 것이라고 생각했다. 당시 영국 총리였던 체임벌린은 심지어 직접 베를린에 가서 히틀러와 '뮌헨 협정'을 맺기도 했다. 그러나 처칠은 정부의 이런 안이한 태도를 강하게 비판하며 당장 군비를 확장하고 프랑스, 미국, 소련 등의 나라와 연합해서 독일의 침략에 대비해야 한다고 주장했다. 제2차 세계대전이 시작되자 처칠은 다시 내각에 들어가 해군 장관이 되었고 이때부터 철저하게 전쟁을 준비하기 시작했다. 1940년 5월, 독일이 프랑스까지 침공하자 유럽의 상황은 더욱 나빠졌다. 얼마 후 처칠은 영국의

총리 겸 국방 장관으로 임명된 지 5일 만에 직접 프랑스로 가서 영국의 지지를 확인해주었다.

영국 역사상 가장 어려운 시기에 총리가 된 처칠은 각종 연설을 통해 영국 국민에게 승리에 대한 신념을 심어주었다. "우리는 절대 멈추지 않습니다. 절대 지치지 않습니다. 우리는 단 한 발도 뒤로 물러서지 않을 것입니다. 우리가 원하는 것은 히틀러와 나치의 생명과 영혼입니다. 이 목표에 도달하기 전까지 우리는 잠시도 쉬지 않을 것입니다." 불굴의 의지를 강조하는 처칠의 지도력은 국민뿐만 아니라 상대 당파의 정치인들까지도 감동시켰다. 그들은 "처칠이 총리가 될 것이라고 생각하는 사람은 거의 없었다. 그러나 그는 이 위기 속에서 모두의 환영을 받고 있다. 국민

▲ 이것은 1941년 1월 27일에 다우닝가 10번지의 뒤쪽 건물에서 찍힌 유명한 사진이다. 처칠은 원래 시가를 입에 물고 편안한 표정으로 앉아서 사진을 찍으려고 했지만, 사진사가 원한 것은 더욱 강한 모습이었다. 사진사는 앞으로 걸어가더니 대담하게도 처칠의 손에서 시가를 빼앗았다. 처칠이 매우 화를 내면서 노려보자 사진사는 이 순간을 놓치지 않고 셔터를 눌렀다.

은 그를 유일한 지도자로 여기고 있다."라고 말했다. 어떻게 보면 제2차 세계대전은 처칠이 자신의 능력을 더욱 펼칠 수 있는 일종의 무대와 같았다.

1941년 6월, 독일이 소련을 침공하자 반공反共, 반소反蘇 정책을 펴오던 처칠은 또 한 번 뛰어난 정치가의 자질을 보였다. 그는 조금의 주저함도 없이 소련과 동맹을 맺고, '소련의 위험은 우리의 위험'이라고 말했다. 이에 스탈린도 화답하며 처칠을 '백 년에 한 번 나올까 말까 한 인물'이라고 평했다. 그들의 동맹은 지구상에서 파시스트를 몰아내기 위한 기초를 쌓은 것이었다. 이후에 열린 테헤란 회담과 얄타 회담에서 처칠은 루스벨트와 만나 수많은 중대한 문제에 관해 토론했다. 그러나 1945년 7월 포츠담 회담이 열린 기간에 보수당은 의회 총선거에서 실패했다. 이에 처칠은 전쟁의 승리가 눈앞에 있는 상황에 총리의 자리에서 내려와야만 했다. 이듬해 3월, 처칠은 미국 미주리 주의 풀턴에 있는 웨스트민스터 대학에서 명예 법학박사 학위를 받았다. 그는 수여식이 끝난 후 열린 강연에서 유럽에

'철의 장막'이 드리워졌다고 말했으며, 이때부터 동서양 냉전 시대가 시작되었다.

처칠은 일생에 걸쳐 많은 책을 썼다. 그가 쓴 저서 45권은 출판된후 대부분이 전 세계에 큰 반향을 불러 일으켰다. 그의 책들은 여러 종류의 문자로 번역되어 각국에 출판되었는데 〈선데이 타임스〉는 처칠을 "20세기에 가장 많은 원고료를 벌어들인 사람"으로 꼽았다. 한 평론가는 처칠이 노벨 문학상을 받은 것에 대해 이렇게 말했다. "그가 정치와 문학에서 이루어낸 성과는 실로 대단하다. 이 두 가지 재능을 겸비하고 게다가 뛰어나기까지 한 사람은 보지 못했다." 처칠은 1965년에 아흔한 살의 나이로 세상을 떠났다.

제2차 세계대전에서 연합국을 이끈 세 인물은 현재 모두 사망했다. 그러나 사람들은 여전히 그들을 존경하고 그 세 사람이 세계 평화를 위해 쏟은 열정과 노력을 잊지 않는다.

세계사 ⑨
역사가 기억하는 1, 2차 세계대전

발행일 / 1판1쇄 2013년 6월 25일
        1판3쇄 2018년 2월 10일
편저자 / 궈팡
옮긴이 / 송은진
발행인 / 이병덕
발행처 / 도서출판 꾸벅
등록날짜 / 2001년 11월 20일
등록번호 / 제8-349호
주소 / 경기도 파주시 한빛로 11 309-1704
전화 / 031) 946-9152
팩스 / 031) 946-9153

isbn / 978-89-90636-61-4
잘못된 책은 구입하신 서점이나 본사에서 교환해 드립니다.